《华裔学志》研究

A STUDY ON MONUMENTA SERICA

任大援 主编

创于1897 商务印书馆
The Commercial Press

本书为国家社会科学基金重大项目
"多卷本《中国文化域外传播百年史》（1807—1949）"
（项目批准号：17ZDA195）阶段性成果

谨以此书献给华裔学志研究所原所长、《华裔学志》原主编、
旅德波兰汉学家马雷凯（1951.10.3—2019.11.29）教授

To Professor Roman Malek (1951.10.3 – 2019.11.29)
Former Director of the Monumenta Serica Institute &
Former Editor in Chief of Monumenta Serica
A Polish Sinologist in Germany

目 录

华裔学志：历史、方法与视角（代序）

任大援

    当我们讨论德国汉学百余年的历史时，不能忽视一个突出个案，这就是"华裔学志"。"华裔学志"既是一个汉学研究机构，也是一个具有 80 多年历史的汉学刊物，又是一个独具特色的汉学图书馆。她的独特历史、方法与视角，值得我们关注与探讨。

    华裔学志的历史，在西方的汉学机构中极富个性：

    1935 年，她诞生于北平。

    1935 至 1949 年，她在北平的天主教辅仁大学；1949 至 1963 年，她在日本的名古屋南山大学（Nanzan，Nagoya）；1963 至 1972 年，她又迁至美国加州大学洛杉矶分校（University of California, Los Angeles，UCLA）；1972 年至今，她终于回到德国，在北莱茵威斯特法伦州的圣奥古斯丁市（Sankt Augustin）安家落户。

    如今，在她 80 余年的生涯中，前 30 多年在 3 个不同的国度。这在世界上的汉学研究机构中，也是十分少见的。

    对华裔学志的历史及其相关研究，已经有一些著作和论文，主要有：

    马雷凯（Roman Malek）：《华裔学志五十年（1935—1985）》（1986，德国）；

马雷凯（Roman Malek）:《华裔学志引得》（1935—1983）（1993，德国）；

高杏佛（Cordula Gumbrecht）:《〈华裔学志〉——北平时代（1935—1945）的汉学杂志和它的编辑部图书馆》（1994，德国）

谢沁霓:《从五十到七十年代的〈华裔学志〉（1950—1970）》（1997，台湾辅仁大学硕士学位论文）

王德蓉:《关于〈华裔学志〉前期（1935—1948）的历史考察》（2002，北京师范大学硕士学位论文）

柯慕安（Miroslav Kollár）:《〈华裔学志〉创办者鲍润生神父的生平及其成就》（2004，德国）

巴佩兰（Barbara Hoster）:《〈华裔学志〉及其研究所对西方汉学的贡献》（2004，德国）

马雷凯（Roman Malek）:《怀念卜恩礼神父》（2006，德国）

任大援:《中国学者与〈华裔学志〉》,《国际汉学》第16辑（2008，北京）

魏思齐:编辑《〈华裔学志〉中译标题目录1—50册（1935—2002）》（2004，台湾）

魏思齐:编辑《有关中国学术性的对话:以〈华裔学志〉为例》（2004，台湾）

魏思齐:编辑《〈华裔学志〉中译论文精选:文化交流和中国基督宗教史研究》（2009，台湾）

魏思齐:《根据〈华裔学志〉认识西方汉学家》（2011，台湾）

魏思齐:《西方与老子的相遇:〈华裔学志〉老子论文中译选辑》（江日新译，2019，台湾）

如何看待华裔学志在欧洲及其世界汉学的地位？我以为，如果拿《华裔学志》（*Monumenta Serica*）和欧洲另一著名汉学刊物《通报》（*T'oung pao*）相比，它们可以说是欧洲古典汉学的"比翼鸟"，比翼双飞，但各有特色。

在这里使用"古典汉学"一语，是想强调这两份刊物的研究领域，主要涉及中国（包括周边的国家民族）之史学、语言学、文学、宗教学、考古学、民族学、艺术学、社会学，也包括天文、地理、历法、科技、工艺等领域。而有别于对中国近代及现当代的政治、经济、外交关注较多的"中国学"（Chinese Studies）。法国学者洪怡沙（Isabelle Ang）和魏丕信（Pierre-Etienne Will）在介绍《通报》时这样写道："该刊物的创始人主要是关心中国与周边国家之间交往的研究，进一步推而广之则是关心对东亚与中亚国家以及东西方世界之间关系的研究。此外，他们都是早熟地以某种形式从事跨学科研究的鼓吹者，而跨学科研究必然会运用'交叉目光'。"[①]这段对《通报》特色的介绍，也同样适用于《华裔学志》。这两份杂志都有连续不断的久远历史，但《通报》的历史更长，至今有120余年，而《华裔学志》至今有84年。

和《通报》相比，《华裔学志》有三个特色：其一，在中国学者的参与及其与中国学者的互动方面，《华裔学志》有突出的表现，比起《通报》似乎略胜一筹；其二，《华裔学志》的刊物背景，决定了她对传教史的研究与关注；其三，《华裔学志》有两套配合的出版物——《华裔学志丛书》（*Monumenta Serica Monograph Series*，始于1937年）和《华裔选集》（*Collectanea Serica*，始于1964年）。这两套丛书与《华裔学志》杂志本身相得益彰，三足鼎立。此三点将在后面加以讨论。

《华裔学志》为什么能有上述三个特色？这与《华裔学志》在创立之初的早期目标、方法和视角有关。

辅仁大学创立之初，校长陈垣（1880—1971）先生（后为《华裔学志》执行编辑之一），曾提出辅仁大学学术研究工作的三个任务，即：1.应用西方最新的研究方法学整理、组织中国的历史数据；2.编纂和翻译相关参考书籍，协助中外学者的研究工作；3.借由书刊的出版和向外流通，发布汉学研究领域的最新发现和研究成果，促进国际学术合作。②《华裔学志》第一任主编鲍润生神父（Franz Xaver Biallas, SVD, 1878—1936）也指出，《华裔学志》要为一般大众完成的目标是：远东现今面对现代社会和文化变迁的紧迫压力，如此在要求身处现代风暴和压力期的传教人员对此地民族、语言、文化有更深刻的认知。……我们希望在此类事务上襄助传教人员，促进我们的传教任务。③

从上述《华裔学志》的两位核心人物所说的话到今天，80多年过去了。作为后人，当我们面对66卷《华裔学志》、69部《华裔学志丛书》、24部《华裔选集》和10余部其他相关著作，如果我们有资格做一个评价的话，可以说，陈垣先生所指出的三个任务，"华裔学志"都出色地完成了；鲍润生神父所要求的"对此地民族、语言、文化有更深刻的认知"这一点，也取得了成功。④我们说，《华裔学志》所取得的成就，可以告慰于鲍润生神父和陈垣先生的在天之灵。同时，我们也深切缅怀自"名古屋时期"就成为《华裔学志》中坚人物、后来成为主编的卜恩礼神父（P. Heinrich Busch, 1912—2002）。

今天，当我们重新审视陈垣先生所提出的"应用西方最新的研究方法学整理、组织中国的历史数据"时，就不难发现，陈垣先生所说代表了当时中国学界精英一个共同看法，即提倡用科学方法整理国故。蔡元培先生曾在《学风》"发刊词"中发出感叹："中国之地质，吾人未之绘测也，而德人李希和为之；中国之宗教，吾人未之博考也，而荷兰人格罗鲁特为之；中国之古物，吾人未能有系统之研究也，而法人沙望、英人劳斐为之；中国之美术史，吾人未之试为也，而英人布绥尔爱铿、法人白罗克、德人孟德堡为之；中国古代之饰文，吾人未之疏正也，而德人贺斯曼及瑞士人谟脱为之；中国之地理，吾人未能准科学之律贯以记录之也，而法人若可侣为之；西藏之地理风俗及古物，吾人未之详考也，而瑞典人海丁竭二十余年之力考察而记录之……庖人不治庖，尸祝越俎而代之，使吾人而自命为世界之分子者，宁得不自愧乎？"⑤蔡元培先生的言论发表于1914年，在20年后，

《华裔学志》在中国出版，正是适应了中国的学术精英迫切希望了解和学习西方学术方法，进行学术交流的需要，尽管她还只能被少数学术精英所了解。从这个意义上说，《华裔学志》从一诞生就与中国学术界有着深层的互动关系，也可以说是"文明互鉴"的一个个案。

但是，自20世纪50年代开始，由于某些原因，中国大陆的学者通过汉学来了解甚至学习西方的学术方法，借鉴汉学家的研究成果，进行学术往来与交流，这样一条道路被阻塞了；而在80年代之后，由于改革开放，这种作用才再一次被释放出来。

谈到《华裔学志》所表现出的西方与中国学者的互动特色，还必须指出中国学者对华裔学志的影响与贡献。关于这一点，可以参见拙著《中国学者与〈华裔学志〉》，发表在《国际汉学》第16辑。此外，在2002年，台湾辅仁大学为延续辅仁大学在汉学研究方面的传统、推动中西文化交流，与"华裔学志"共同设立了"华裔学志汉学研究中心"（Monumenta Serica Sinological Research Center，又名 Monumenta Serica Taipei Office），通过在台湾的中国学者和汉学家的共同努力，加强中西方汉学家之间的沟通与对话。

关于华裔学志对传教史的关注，是一个可以深入讨论的话题。这个话题可以从两方面看：

第一，从鲍润生神父在《华裔学志》创办之初提出的，通过学术研究"促进我们的传教任务"，到世界迈进21世纪的今天，《华裔学志》的办刊视角是否有所变化？对这个问题，早在20多年前，台湾学者谢沁霓女士就曾提出过，后来巴佩兰女士也提到过。我们会在今后再详细地讨论，此处只想借用《华裔学志》第54卷的一篇文章的题目来概括，这就是"从宗教使者转为文化传播者"。当然，以色列学者伊塞（Gad C. Isay）的那篇文章是讨论个案问题，在这里仅仅是借用其题目而已。这种"文化传播者"的视角，自从华裔学志研究所（Monumenta Serica Institute）1982年开始创办了新杂志《今日中国》（China Heute），1988年在圣奥古斯丁市建立了"中国中心"（China-

Zentrum），这种视角就更加明显了。

第二，我们应如何看待《华裔学志》（包括《华裔学志丛书》和《华裔选集》）对传教史的研究？这个问题或者可以这样发问：对传教史的研究是基于传教的立场，还是基于文化史与学术史的立场？在这点上，可以回顾一下鲍润生神父说过的话："我们也希望表达另一种常常已经是超前的思想。在那些住在东亚的西方人中，有一些人对研究文化和人有很浓厚的兴趣，尤其是对中国文化和中国人民。这也是一些天主教传教士们的真实想法，他们很好地保持了传统，试图寻求宗教目的和文化研究、人类学研究的统一。"⑥事实上，诚如马雷凯神父引用白冷外方传教会会士（S. M. B.）贝克曼神父（Johannes Beckmann，1901—1971）在《传教学新杂志》（*Neue Zeitschrift für Missionswissenschaft*）中的观点所表露的，认为其文化史研究的意义大于传教本身的研究。事实上，自从 400 多年以前利玛窦（Matteo Ricci，1552—1610）来到中国，教会一天也没有停止过对中国文化的思考与对话，那些睿智的学者与思想家，不论他们的身份属于或不属于教会，同样为后人留下了珍贵的遗产。《华裔学志》是这份珍贵遗产的记录者，是欧洲与中国文化对话的推动者。

《华裔学志》在其历史发展中所形成的研究方法与视角，在 20 世纪 80 年代之后再一次被关注。其中一个重要方面，就是《华裔学志》关于传教史及相关领域的研究对中国明清思想文化史的意义。80 年代之后的一批中外学者，特别关注明清之际中国文化思想的演变。这种演变是在中西文化的互动中完成的，《华裔学志》（包括《华裔学志丛书》和《华裔选集》等著作）为中西读者提供了丰富而且深刻的研究成果。

近些年，汉学在成为中外学术界的"显学"的同时，也常常受到某种误解。这一方面表现在用所谓"后殖民主义"学说对汉学加以批评；另一方面也表现在有些人从实用主义的角度看待汉学，把中国文化当作解决现代社会人们所面临种种精神危机的"灵丹妙药"。在这样的背景下，当我们回顾德国汉学所走过的道路，检讨《华裔学志》的视角与方法，才真正发现坚守严肃学术立场的可贵。

我们这样看待"华裔学志"：华裔学志的历史，是中西学者共同关注的历史；华裔学志保持了西方古典汉学的一贯方法，坚持纯粹的学术立场；华裔学志对传教历史的关注，实质是对文化史的关注，它反映了汉学发展的客观历史事实。20世纪80年代以后，华裔学志通过"丛书"和"选集"的形式加大了对传教史研究的深度和广度，是对中西文化交流史的一个重要贡献。

经历了80多年的风雨，《华裔学志》犹如一棵枝叶繁茂的大树，卓尔不群。我们衷心祝愿她更加茁壮地成长。

（初稿写于 2010 年，改定于 2019 年 6 月）

注　释：

①《〈通报〉杂志小史》，见《法国当代中国学》，第591页。

②《倾听未来计划》，见《辅仁学志》第4期（1935年10月），第157页。

③《华裔学志》，见《辅仁学志》第5期（1936年5月），第78页。

④ 关于传教任务，由于时代的变迁而有所变化。这一点需要详加讨论。在这里需要指出的是，一方面，华裔学志及"丛书"和"选集"继续对传教史进行研究；另一方面，1982年开始创立的新杂志《今日中国》，更多地承担了这方面的任务。

⑤ 这里提到的人物中，已知的有德国地理学家、地质学家李希和（今译李希霍芬，Ferdinand von Richthofen，1833—1905），荷兰汉学家格罗鲁特（今译高延，J. J. Maria de Groot，1854—1921），法国汉学家沙望（今译沙畹，Édouard Chavannes，1865—1918），美籍德裔汉学家劳斐（今译劳费尔，Berthold Laufer，1874—1934），瑞典汉学家和探险家海丁（今译斯文·赫定，Sven Anders

Hedin，1865—1952），英国学者布绥尔（今译布舍尔，Stephen W. Bushell，1844—1908）。其中也有笔者尚不能确切指出姓名的学者。他们对中国历史与文化的研究和实地考察的成果，在今天也还值得重视。而在当时，他们对中国的研究在某些方面走在中国学者前列，对中国学者有一种刺激的作用。

⑥ 参见 Roman Malek："Monumenta Serica（1935-1985）"，*Verbum* SVD 26（1985），p. 262。

华裔学志五十年（1935—1985）

〔波兰〕马雷凯（Roman Malek）　石天然、李莹莹 译

一

早在 40 年前，白冷外方传教会会士贝克曼神父就在《传教学新杂志》（*Neue Zeitschrift für Missionswissenschaft*）（1/1945/141）的述评中，对当时创办只有 10 年的《华裔学志》（*Monumenta Serica*）给予了很高评价："这份杂志不仅制作精良，而且清楚地显示了辅仁（大学）令人印象深刻的成就，同时也展现了一种如何衡量精品的、科学的标准。尽管其大部分内容都是涉及史前史、宗教史和艺术史等方面的汉学成就，但也有一些特别的文章直接或间接地涉及甚至涵盖了中国的传教史。"贝克曼神父在其中挑选了一些和传教史相关的论文并对其进行严格的评估后指出："《华裔学志》第 1 卷就已经对中国的传教史做出了显著的学术贡献，这些贡献对（德国）国内的传教史研究影响卓著，不可忽视。"

在贝克曼神父做出这一评价 40 年之后的今天，时值《华裔学志》50 年金禧，我希望能证明《华裔学志——东方研究杂志》（*Monumenta Serica: Journal of Oriental Studies*）是不辱自己对传教史研究使命的。借此机会，我希望能淡化评述这段历史，而只提供一个大纲，或许以

后我会对之加以详述（关于《华裔学志》历史的一个关键性研究正在准备阶段）。下文将着力于描述圣言会（SVD）近些年来的贡献。

二

20 世纪 30 年代的北平无疑是当时汉学研究的一个重要据点，中国的国学大师以及德国、法国等著名的汉学家都云集于此。就在这座高等学府众多的城市中，由美国本笃会（OSB）于 1925 年首先创办、圣言会在 1933 年接管的辅仁大学占据了极其重要的位置[①]。安东·博雷尔（Anton Borer）神父在 1949 年写道，北平作为一个古老文化的中心，"应该成为未来天主教活动的基地"，"城市给他们的文化和他们民族的世界观都打上了自己的烙印，一些新的观念由此就从这些城市辐射开来，散播到整个国家——北平尤为如此，因为它培养了整个中国各种类型的学校的老师。如果这座城市被天主教思想所影响甚至控制，那么中国所有其他省市都将受影响"。[②]

辅仁这所拥有很多外国汉学家、传教士讲学的天主教大学，因受到中国学者的激励，开始以这座城市正风行的汉学研究作为自己的标志性象征。博雷尔神父写道："非宗教的学术著作的出版为当时仍在中国（1949）盛行的一些诸如'教会是文化和发展的敌人'这样的怀疑论点提供了很好的辩解。北平的天主教教育体系和天主教大学的学术出版物就是当时天主教学术成就的有力证明。"[③]自 1929 年起，辅仁开始出版评论年刊《辅仁学志》（*Fu Jen Magazine*，用中文写的一套汉学系列著作）。早在 1926 年，由学术文章编成的《辅仁英文学志》（*Bulletin of the Catholic University of Peking*）就问世了。该学报与《华裔学志》的历史关系甚密。由鲍润生神父出版的第 9 期学刊（1934）的"前言"中写道：

> 学刊和大学一道成长。从小小的通讯报，一步一步发展到一本学术刊物。在这样的发展背景下，创办了《辅仁学志》。与此同时，由于自身的特殊性和遍及海内外的合作者与读者的广泛参与，

学刊也变得越来越国际化。

鲍润生神父是在最后一期学刊的"前言"中写下这番话的。他同时也给出了自己为何要写这段话，并且宣布另一本新期刊诞生的理由：

同时我们也希望提出另一种已经很先进的思想。在那些住在东亚的西方人中，有一些人对研究文化和民族有很浓厚的兴趣，尤其是对中国文化和中华民族。一些天主教传教士们也是这样，他们一直保持良好的传统，试图寻求宗教目的和文化研究、人类学研究的统一。而另一方面，当时这些学者与欧美科研中心的合作却很不便捷，因而必须有一个地点可以对这类研究给予持续的支持。北平现在既是古老文化的中心，也是中国现代科研运动的集散地。这座城市使得在对东亚研究中最有可能获得成功的中欧合作成为可能。除此之外，天主教大学既拥有最努力的学生，也拥有最有天赋的学生。为了符合这一传统，本笃会除了自身运营学校的工作之外，也把注意力投向了中国文化。圣言会总结出一条特殊而狂热的，可以基督化中国的民族、语言、文化的方法，正如国际出版物《人类学》（*Anthropos*）所证明的那样。所有这些情况促使我们决定将学刊发展为一部研究远东人民和远东文化的国际性期刊，并且将地点选在了北平。虽然在当时看来，由于各方面特别是财政方面的限制（因为所有的资金都必须优先考虑大学的需求），这只是一个初步的尝试。因此，《华裔学志》从1935年开始以半年刊的形式开始发行。（第2页）

这样，创办《华裔学志》的构思就在1934年孕育而生（副标题是"东方研究杂志"），严格意义上来说这是一本为辅仁大学而创办的汉学期刊。当时用中文"华裔学志"是由鲍润生所决定（使用一个中文名字是由鲍润生所决定，但"华裔学志"四字是当时辅仁大学校长陈垣先生所起。即关于中国及其周边人民的研究）。拉丁名serica源于以前对中国人的一种古老称法"赛里、赛里斯"（ser, seres），意思是制造丝绸的人。这个名称可以在一本古老的拉丁著作中找到④。《华裔学志》

的早期历史更为复杂，并且与很多在现在研究看似无关的背后的论争相联系。然而，这与其创办人鲍润生神父，肯定是有一定联系的。

三

　　鲍润生神父在他创办《华裔学志》的时候就已经声名卓著了⑤。1878 年 11 月 15 日鲍润生神父出生于施瓦茨（Schwirz，属德国布雷斯劳［Breslau］教区），从 1893 年开始在奈斯（Neisse）学习，之后在圣加布里（St. Gabriel）、穆德凌（Mödling）活动。在那里他于 1905 年被授为神父。之后的五年中（1905—1910）他一直在圣温德尔（St. Wendel）担任老师。早在 1906 年时，威廉·施密特（Wilhelm Schmidt, 1868—1954）神父就要求圣言会的创办者杨生（Arnold Janssen, 1837—1909）送鲍润生去圣加布里学习民族学，并担任由他于 1906 年创办的《人类学》杂志的助理⑥。但鲍润生在 1910 年受命去了中国⑦。之后从 1910 年到 1913 年他在柏林学习汉学和民族学。1914 年他有一部分时间在巴黎深造，师从著名的汉学家高延（J. J. Maria de Groot, 1854—1921），孔好古（August Conrady, 1864—1925），顾路柏（Wilhelm Grube, 1855—1908），佛尔克（Alfred Forke, 1867—1944）和伯希和（Paul Pelliot, 1878—1945）。在第一次世界大战中，他被任命为随军神父。尽管局势动荡，他仍然在莱比锡取得了博士学位。1921 年他启程来到中国，在那里首先完成了自己博士论文的发表，之后又忙于各项研究。1927 年他出版了自己的博士论文修订版《屈原的〈远游〉》。同年他加入了皇家亚洲学会（Royal Asiatic Society）。一年后一本备受赞誉的《屈原赋〈离骚〉》（*Elägien von Ch'u*）问世了⑧。

　　鲍润生神父是 1933 年圣言会首批被调到北平接管辅仁大学人员中的一位。他的首要任务之一是在征求过由教育部指定的大学理事会的意见后，建立起新的雇用关系。关于这一点我们在上文提到过的《辅仁英文学志》中可以读到（第九卷，第 190 页）⑨：

　　　　五月底（1933），山东省区舒德禄（Thodoro Schu, 1892—

1965）神父和鲍润生神父以新修会的名义抵达北平开展工作。在蒙席安东尼乌提（Ildebrando Antoniutti）的协调安排下，一切都进行得井然有序。八九月间，新的神父和修士陆续抵达，月底就开始了新制度下的课程。

这位首先到来的圣言会的汉学先驱随后就成为汉学系的主任。也是从那时开始，他计划创办一个大学里的汉学期刊。

仅仅在大学工作了三年后，他就于 1936 年 5 月 28 日辞世了。后被葬于著名的栅栏墓地，紧靠着辅仁大学第一位圣言会会长穆尔菲（Joseph Murphy，1895—1935）神父。[⑩] 知名的汉学家、贵格会传教士福开森（John C. Ferguson，也是《华裔学志》的合作者之一）写下了以下这段简短的讣告：

> 他的逝世是我们的一个巨大损失。他将长眠于栅栏墓地，与利玛窦、南怀仁、汤若望和郎世宁为邻。他是教会对中国新生活的又一个贡献。[⑪]

就连著名的胡适教授都在悼念信中表达了自己深深的遗憾，认为辅仁大学失去鲍润生神父是一个巨大的损失。[⑫]

鲍润生神父是一个极其勤勉的学者。他写作很多，计划更多。他对一些流行的学术成果也是很尊重的，例如在《辅仁学志》和《Steyler 专栏》中发表的那些文章。然而他最重要的贡献就在于创办并最终出版了《华裔学志》，尽管他自己只亲自参与了第 1 卷的出版。

鲍润生神父的作品如下：

1. 书籍

（1）《孔子和对他的崇拜，附录包括"对中国文化史的贡献"和"孔子故里指南"》，*Konfuzius und sein Kult. Mit Ahbildungen und Karten. Ein Beitrag zur Kulturgeschichte Chinas und ein Führerzur Heimatstadt des Konfuzius,* Peking-Leipzig, 1928, Pekinger Verlag，第 130 页。

（2）《孔子》*Confucius*, Leuven 1932，第 32 页。（Xaveriana No. 98）

（3）《孔子》*De Confucius-Vereering*, Leuven 1932，第 32 页。（Xaveriana

No. 99）

2. 学术文章

（1）《屈原的〈远游〉》第一部分（介绍），第二部分（文本、翻译和评论）。Küh Yüan's "Fahrt in die Ferne" (Yüan yu). I. Teil (Einleitung), in: *Asia Major* 4 (1927) 50–107; II. Teil (Text, übersetzung und An merkungen), ebd. 7 (1932) 179–241.

（2）《屈原：他的生平和诗歌》，K'ü Yüan, His Life and Poems, in: Journal of the North China Branch of the *Royal Asiatic Society* 59 (1928) 231–253.

（3）《韩文剧本的起源》，Der Ursprung der koreanischen Schrift, in: *Anthropos* 25(1930) 731–736. *Anthropos* 25 (1930) 731–736.

（4）《屈原的〈九歌〉》，Aus den 'Neun Liedern' des Kü Yüan, in: Jubiläumsband der Deutschen Gcesellschaft für Natur und Völkerkunde Ostasiens I (1933) 395–409.

（5）《屈原的〈九歌〉》，Aus den 'Neun Liedern' des Kü Yüan, in: *Bulletin of the Catholic University of Peking* 1934, No. 9, 171–182.

（6）《最近的汉语词典研究》，Recent Studies in Chinese Lexicography, ebd, 183–186.

（7）《屈原〈九歌〉的最后部分（翻译）》，Die Ltetzten der 'Neun Liedern' Kü Yüan's (übersetzt), in: *Momumenta Serica* I (1935–1936) 138–154.

（8）《H. S. Aldrich 奥德里奇的〈实用中文〉》（书评），Rec.: H. S. Aldrich, *Practical Chinese*, ebd., 225–228.

（9）《中国（教育与教学）》，China (Bildungs-und Erziehungswesen), in: Lexikom der Pädagogik der Gegenwart (Freiburg), Kol. 448–455.

（10）《佐伯好郎对 The Jesus-Messiah-sutra〈序听迷诗所经〉翻译与编辑》，Translation and Edition of: Y. Saeki, The Jesus-Messiah-sulra, in: *Collectanea Commissionis Synodalis* V (1932) 1113–1136.

3. 大众科学文章

（1）《天主教徒陆伯鸿（Lopahungt）》，Lopahung, der mann der Katholischen Aktion, in: *Steyler Missionsbote* LVI (1928/1929) 130–141,168f.

（2）《孔府里的孔子》，Confucius en zijn vereering in Kufoe, in: De Katholieke Missien LIII(1927–1928)126–134,153–158, 165–172,189–192, 214–216, 229–233; LIV(1928/1929)9–15, 28–37.

（3）《孔府与中国文化》，Küfou and China's Culture, in: *Fu Jen Magazine* IV(1935) 4–5, 14f. 19–21, 46f.

（4）《华裔学志》，Monumenta Serica, in: *Fu Jen Magazine* V (1936) 77f.

参见：*Amerikanisches Familienblatt* 26 (1927) 221–222; *Fu Jen Magazine* V (1936) 103; *Our Missions* 6 (1936) 142–146; *Steyler Chronik* 1919, 88; 1920, 70; 1921, 60; 1927, 35; 1933, 91f; 1937, 266.

四

汉学期刊的创办标志着圣言会自 1875 年开始在中国出现后更进一步地发展起来。关于中国的想法最初激发了杨生去创办圣言会。⑬ 巧合的是，《人类学》的创办者威廉·施密特神父来华时恰逢《华裔学志》第 1 卷筹备出版正酣之时，他不仅对汉学期刊的创办表示了欢迎，还显示了自己在这方面的强烈热情。甚至可以说他亲自为《华裔学志》写了第一篇稿件。⑭ 经东亚之旅后他写了下述文字：

　　去年，当我和北平天主教大学的教授就进一步发展的方式和目标进行探讨时，我和中国的教授进行了磋商……他们强调天主教大学不像其他的那样，因此，人们期待着……它关心人文科学、哲学、伦理学、世界观系统……。正在准备一个东方学院的筹备工作，除了汉学之外，还要培养一切语言文化知识，这些知识对中国有影响，或者受到他们的影响……⑮

创办于一所教会大学的事实不可避免地决定了《华裔学志》的特性。正因如此，学志中特别是圣言会中"使徒"的意义和天主教大学的重要性紧密相连。⑯《华裔学志》就是辅仁大学学术地位的一个有力证明，也是展示其实力的一个很好的平台。⑰勿需多言，《华裔学志》对中国知识分子及其对传教的态度都产生了影响。韩志吾（Han Tse-wu）在《天下月刊》中做出了如下评论：

> 我通过总结这部学志得出了一些个人观点。我不是天主教徒，但我对天主教的学术成就及其对文化研究的贡献十分仰慕。和他们相比，今天中国的大多数新教传教士都显得有些无知。《华裔学志》是天主教对文化的一大贡献。但再洗礼派（Anabaptists）和基督复临安息日会（the Seventh Day Adventists）除了给中国的教会学校带来了棒球和口香糖外，还带来了什么呢？

鲍润生神父自己也感觉到了在辅仁大学进行传教和开办专业的汉学期刊的重要性："除了已经陈述的那些原因外，今天还要讲一个特殊的理由。由于现代社会、文化方面的变化给远东地区带来了很大的压力，这些压力也就促使传教士们需要具有更扎实的民族、语言、文化方面的知识以及在现如今这样的局势和压力下工作的特殊能力。通过西方大学的专门研究及东方学者的合作，我们对于中国和中国人的理解无论在内容上还是方法上都得到了进一步拓展和深化。对于传教士来说，跟上中国社会发展的步伐已经变得越来越难了，而找到有效的方法和途径则是难上加难。我们希望在这方面帮助传教士，以在一定程度上满足他们不断提出的要求。"⑱

不幸的是，由于各种各样与编辑者或圣言会无关的情况，与教会大学（辅仁大学）的关系无法再维持。原有的这种合作关系到 1949 年最终破裂，而且也没有再如愿恢复建立起来。尽管如此，通过《华裔学志》的各段历史我们可以看到，当时的编辑人员一直不遗余力地维持《华裔学志》原有的特点和创办目标。

五

《华裔学志》的第一位总编就是鲍润生神父（第 1 卷，1935）。当时在北平的很多著名汉学家和中国学者担任了副主编。例如，1935—1948 年期间编者中的田清波（Antoine Mostaert，1881—1971），就是一个重要的蒙古学家，著有《鄂尔多斯蒙古语词典》（*Dictionnaire Ordos*）、《鄂尔多斯教本》（*Textes Oraux Ordos*）等。1926—1931 年期间，田清波神父已经成为《人类学》的副主编。[19] 1935 年（第 1 卷）至 1948 年（第 13 卷）期间，另一位更负盛名的编者是陈垣（1880—1971），他同时也是辅仁大学的校长。他不仅为《华裔学志》做出了卓越贡献，而且还帮助辅仁大学树立了良好的形象。在谈到辅仁大学和《华裔学志》的任务时，他这样说道：

> 1. 用最新的西方方法将中国的史学材料系统化；2. 通过编译、翻译相关文献资料促进中外学者的学术研究；3. 通过出版、传播海外最新汉学研究成果及其发现，来推动国际学术合作。[20]

钢和泰（Baron Alexander von Staël-Holstein，1876—1937）从初期就开始和编辑人员一起工作，即 1935—1937 年之间。[21] 鲍润生神父逝世后，他先后担任了代理主编顾若愚神父（Herman Köster，1904—1978）和主编雷冕神父（Rudolf Rahmann，1902—1985）的顾问。其他副主编（1935—1948 年期间）包括在辅仁大学主讲艺术史的艾克（Gustav Ecke，1896—1971）和图书馆员谢礼士（Ernst Scherlitz，1902—1940）。[22] 他们二人都是北平德国学院的成员，该学院由郑寿麟于 1931 年创办。[23] 其他一些著名的中国学者如沈兼士（1887—1947，被认为是《华裔学志》的创办者之一[24]），他也是从最初期就和辅仁有关联。还有张星烺（1888—1951）和英千里（1901—1961）（二人都在 1935—1948 年期间任副主编）也是密切的合作伙伴。

鲍润生神父 1936 年逝世后，顾若愚神父成为《华裔学志》的代理主编。[25] 正是他发表了第 2 卷的《华裔学志》并为鲍润生撰写了讣告。

直至 1957 年《华裔学志》的第 16 卷，他一直担任副主编（1942—1948 年期间中断）。雷冕神父 1936 年被任命为辅仁大学新校长和《华裔学志》主编。在此之前（但包括 1936 年）他担任《人类学》的主编㉖。1948 年以前他一直是汉学期刊的编辑。对于雷冕神父人生的这个阶段，博格曼（Arnold Burgmann，1909—1987）神父无可非议地评价道："雷冕确实在做一件困难的工作，作为非汉学家，他作为《华裔学志》的编辑是十分不易的。在这方面，他完全依赖于和有能力的人及中国学者的合作。"㉗

作为一位人类学家，雷冕神父也多次在《华裔学志》发表有关人类学的文章（大多是书评）。当时的编辑人员除了前文提到过的那些，还有顾若愚和福克司（Walter Fuchs，一名福华德，1902—1979），后者于 1936—1948 年期间任职于《华裔学志》。㉘1938 年丰浮露神父（Eugen Feifel，1902—1999，早已积极投入到《华裔学志》的工作中）㉙和戴何都（Robert des Rotours，1891—1980）也成为其中的编辑。从 1942 年的第 7 卷开始，方志浵（Achilles Fang，1910—1995）㉚、罗越（Max Loehr，1903—1988）㉛和卫德明（Hellmut Wilhelm，1905—1990）㉜（三人一直工作到 1948 年）的到来扩充了副主编的队伍。在北平的人类学家、圣言会士弗里茨·鲍乃曼（Fritz Bornemann）被任命为杂志编辑一事，曾有过一次谈话。㉝

《华裔学志》开始是由权威的北平亨利·魏智（Henri Vetch）书店进行出版，但从 1946 年第 10 卷开始，就改由辅仁天主教大学出版社出版。但编辑工作早在 1948 年第 13 卷时就中断了，直至 1954 年才在东京这座圣言会研究机构的发源地复刊。第 14—16 卷就是在这里出版的。1949—1954 年这段时间里，有一些人支持复刊，也有一些人预言《华裔学志》将最终难逃停刊的噩运。㉞

《华裔学志》最终获得了重生，并且在圣言会的全面领导下更具竞争性和活力。卜恩礼成为主编，并任职至 1982 年（1983 年 1 月 28 日弥维礼神父［Wilhelm K. Müller］开始任主编）。35 卷中的 20 卷是卜恩礼神父在任时出版的。㉟在东京的这段时间，只有圣言会士才能成为副主编。这些副主编包括：叶德礼（Matthias Eder，1902—1980）㊱、顾若愚、罗度华（Eduard Kroker，1949/1955—1957 年间及 1974 年至今任副主编）、约翰内斯·马林格（Johannes Maringer，1902—1981）㊲、石眉鸣（Gerhard Schreiber，1911—1972）㊳。

1957 年《华裔学志》搬迁到了名古屋（Nagoya），在那里圣言会管理着南山大学（Nanzan University）。1958 年以前编辑人员都没有变化，卜恩礼任主编。当时仅有三名副主编：丰浮露、石眉鸣、范德本（Harrie Vanderstappen，1921—2007）。1959 年副主编又一次全部更换。新任人员为：巴纳（Noel Barnard，1959 年任职至今）、罗文达（Rudolf Loewenthal，1959—1985 年任职），司律思（H. Serruys，1959—1983 年任职）和司礼义（P. Serruys，1959—1985 年任职）（二人都属圣母圣心会［CICM］），另外还有丰浮露、石眉鸣和范德本。而《华裔学志》的实际编辑包括卜恩礼、丰浮露和石眉鸣。

在理查德·鲁道夫（Richard C. Rudolph，1903—2003）神父的建议下，1962 年编辑部和书库又一次搬到了洛杉矶㊴，并在加州大学洛杉矶分校成立了人类学研究所（Anthropos Institute），编辑（卜恩礼、丰浮露、石眉鸣）也成为大学的"常驻"教授。副主编包括：巴纳、陈纶绪（Albert Chan）、蒋复聪、罗文达、王际真、理查德·鲁道夫㊵、西斯托·罗索（A. Sisto Rosso）、法夸尔（M. D. Farquar，从 1968 年开始）。但事实上，《华裔学志》是由卜恩礼、石眉鸣和丰浮露编辑的。

《华裔学志》及其书库的再次搬迁是 1972 年迁至圣奥古斯丁，人类学研究所当时也在那里（从 1962 年开始）。同时还有圣言会传教学研究所，它的出现有很多原因，但多是内部原因。卜恩礼神父曾写道：

对于从洛杉矶到圣奥古斯丁的转变，编辑们感到双重的希望。一旦他们相信这本杂志的生存能在德国长期得到更好的保证，那么他们就希望编辑部在这个环境中受到关注；另外使杂志成为天主教会表达对中国人民和中国文化兴趣和尊重的途径。[41]

除了编辑部需要搬迁外，还有 8 万册藏书（中文、日文）、近 200 种期刊——所有这些书籍最初都被收藏于"民族和文化博物馆"（Haus Volker und Kulturen），之后收藏于人类学研究所。在人类学研究所的后任所长吕贝塔（L. Luzbetak）的建议下，居住在圣奥古斯丁的《华裔学志》合作人也成了人类学研究所的成员。人类学研究所的新章程规定了《华裔学志》的目标即为推动汉学发展。《华裔学志》形成了一个"完整的组织"，"也是人类学研究所中一个有创制权的组成部分，其成员也同时归属于研究所"。[42]

迁至圣奥古斯丁之后，副主编人员也进行了调整，德国汉学家也被邀请加入其中。副主编人员名单如下：从第 31 卷开始到今天，巴纳、鲍吾刚、陈纶绪、蒋复聪、乔伟（J. W. Chiao）、丰浮露、傅海波（Herbert Franke）[43]、伊娃卡夫（Eva Kraft）、罗度华、罗文达、西斯托·罗索、鲁道夫、司律思、司礼义、史景成（C. C. Shih）、汉斯·斯丁格（Hans Steininger）、范德本、黄秀魂（Shirleen S. Wong），1982 年以前弥维礼也是副主编之一。柯博识（Jacques Kuepers）在第 33 卷、施寒微（Helwig Schmidt-Glintzer）在第 34 卷也曾是副主编。

六

在《华裔学志》第 1 卷的编辑说明中（1935 年第 1 卷，第 II 页），其目标就曾明确提出：

> 从杂志的首期标题和内容就可看出其创办目标。我们致力于提供更多的信息以促进关于中国及周边国家民族、语言和文化的研究，同时也包括民族学领域和史前研究领域。……最后我们希望远东的学生，特别是那些被研究地区的学生，能从中获得鼓舞和指导。

《华裔学志》自从脱离了辅仁大学之后，就成了圣言会一份主要学术期刊。作为一本专业的汉学期刊，《华裔学志》将自己定位成一本面向西方学术界，致力于推动西方学者对中国文化和中国传教史在尊重的基础上进一步理解的刊物。复刊后的那卷（1955年），编辑说明中写道，期刊希望"坚持1935年由其创办者鲍润生神父确立的任务和目标"。此外，"作为这个对中国研究有悠久历史的新国家的客人（比如日本），我们希望《华裔学志》能继续保持它处于中国文化研究中心点的优势，反过来服务于它的读者和合作者。"正如总编卜恩礼神父说的那样，《华裔学志》同时也应是"天主教会表达对中国人民和中国文化的兴趣和尊重的途径"[44]。这一观点被西方多名学者在之后的学志中不断重复和强调。[45]德高望重的德国汉学家傅海波在他的著作《汉学》（Sinologie，Bern 1953，第15页）一书中指出："中国出版的最重要的期刊之一，就是由北平辅仁大学从1935年开始发行的《华裔学志》。"他还遗憾地表示："作为中国变化的一个产物，《华裔学志》不能在当时出版。"著名的天主教学者薛光前（Paul Kwang Tsien，1910—1978）写道："截至目前，《华裔学志》仍是研究中国的最杰出的、水平最高的学术期刊之一。"[46]圣言会士孙志文（Arnold Sprenger，1929—2015）教授曾经这样写道：《华裔学志》曾为圣言会、天主教会以及天主教传教工作提供了极好的服务。"[47]此外还有两条材料值得被全文引用，它们是：汉学家伯希和致时任编辑雷冕的一封信（第1卷，1935—1936年，第192页），以及同样是写给这位编辑的来自梵蒂冈国务秘书的一封信。

　　（一）

我亲爱的神父：

　　欣闻您将出任一本新的以欧洲语言出版的汉学杂志《华裔学志》的主编，该杂志将在"北平辅仁大学"扮演与以中文出版的

《辅仁学志》杂志类似的角色。

就该杂志作为读者所期待的协作者的性质这一方面，您是否允许我提几个简单的建议？当然了，您将会与那些博闻强识，在任何主题上都有发言权的学者们协作。但是，您也一定会求助于那些在中国境内的传教士们，正是关于他们，我有几点建议。

一位身处中国内陆、几乎与西方隔绝的传教士，在那些需要很大阅读量的问题面前可能不如上文提到的那类学者那么有发言权，但是由于他们对于身边事物有亲身感触，他们依然能对科学研究做出很大的贡献。

若这位传教士曾有过语言学方面的训练，而且听力很好的话，他将能收获到很丰富的方言的表达法与语音，就像司各特（Scheut）的比利时传教士那样。各地的习俗差异巨大，其礼仪与历史传说等方面也是如此；唯有在当地长时间居住过的人才有可能开展这项工作，传教士们正是该项任务的不二人选。最后，一些偶然发生的事情，如农业耕作、道路或沟渠的开凿、由河流改道等原因引起的冲突，甚至一些村民进行的秘密挖掘等，都可能使一些重要的资料重见天日。传教士可以得知这些新发现，就像之前我们率先得知在契丹帝王墓里埋藏的铭文的人那样，这样一来我们就可以知道那些通常没有基本信息的文物碎片的来源及其原本所处的条件了。

如果您能将《华裔学志》办成集中上文所提到的各类信息的喉舌的话，您就为中国学的研究做出了极大的贡献。

亲爱的神父，向您致意。

伯希和

1935 年 6 月 3 日，北平

（二）

尊敬的神父（北平天主教辅仁大学，校长雷冕）：

我很荣幸地告知您，教皇陛下怀着极为满意和愉悦的心情，收下了您赠送的《华裔学志》杂志已出版的全部刊物。

这本刊物，由于其高贵的宗旨、所刊文章的科学严谨性，以及丰富的资料，很好地符合了北平天主教大学的名字——辅仁，而这也正是您旺盛活力的象征与成果。

教皇陛下祝愿这本珍贵的刊物在传播真理方面办得越来越好，在对您、对这所忠诚而可敬的机构里所有的教师和学生表示衷心感谢的同时，赐福于你们，愿你们得享天国的光明与慰藉。

尊敬的神父，主内平安，向您致敬。

马里奥内主教

教皇陛下之国务秘书

1942 年 1 月 24 日于梵蒂冈

第 45665 号

七

因此，作为一本"东方研究杂志"，《华裔学志》与中国文化的方方面面都有关联。然而，人们更倾向于发表与中国传教事业和中国宗教史有关的内容。[48]若某卷刊物将重点置于汉学的这个或那个方面（例如，最近几卷刊物着重于语言学），则是由于时任协作者的兴趣使然，他们想要为自己的老师或同行办一些"纪念文集"，因此推出了一些特刊。尽管如此，在这 35 卷中，还是比较平均地涉及汉学的各个领域。

除了期刊外，《华裔学志》还出版《华裔学志丛书》。目前已出版了 16 本，还有 3 本正在筹备中。还有一些已出版的书并未被列入这一系列。

八

在某段时期，特别是 20 世纪 80 年代，《华裔学志》接到包括圣言会在内的一些部门的请求，请他们开设一些专门的栏目，刊登现代中国尤其是中华人民共和国时期的宗教和基督教以及中国传教史等专题文章。他们希望能有一个受到天主教和传教士观念感召并且能够胜任有关汉学工作的文献信息办公室。经过与相关人士多次讨论和通信联系之后，由亚琛的传教团体决定，在"华裔学志"设立了一个信息编辑服务机构，名为《今日中国——关于中国的宗教和基督宗教的信息》(*China Heute. Informationen über Religion und Christentum im chinesischen Raum*)。最开始是年刊，1982—1984 年，出版了 3 期，由科尔德霍夫（Hildegard Coldehoff）女士出任主编（她是由亚琛的传教团体委任的）。1984 年 9 月，一位圣言会修士被任命，取代前者成为主编。直到 1984 年 9 月，《今日中国》的出版费用可能都来自亚琛的传教团体的补助。但是这之后，它转而依靠圣言会的资助或朋友们的善款来维持（就像《华裔学志》一样）。

《今日中国》完全是一本关于华文地区之宗教的刊物，主要关注中华人民共和国的宗教史。出版者对于该地区的基督宗教及其现状以及中国传教史最为感兴趣。这正切合了圣言会的历史与使命。《今日中国》并不关注那种日日更新的新闻，而是描述和记录华人居住地（中国大陆、台湾地区、香港地区和新加坡及海外等）的宗教及基督宗教发展情况，以及这些地区的宗教政策。《今日中国》起着一种资料记录的作用，试图可以将现有的相关材料进行系统分类。其关注点在于，向德语地区的相关人士提供可信赖的关于中国宗教和教会的信息，从而建立一种向华语世界传教的意识。《今日中国》是与中国对话的一个媒介。然而，这份刊物不仅仅希望为相关的教会范围提供信息和资料，还希望向汉学家们报告中国的教会与宗教情况，因为正是这类信息，一般汉学出版物或语焉不详，或汉学家无法接触到。除此之外，华裔学志办公室还正在建立一个关于中华人民共和国宗教情况以及中国传教史的资料档案馆。

九

　　《华裔学志》编辑部的全体职员渴望着——正如现任主编弥维礼所写的那样——"与专家和教会这两方面的期待和观点相适应"。从这个意义上来说，我们的汉学活动"就像其他所有的科学一样，就是许多人共同努力，坚持不懈地去探究一个特定的问题：首先洞察自己，然后推己及人"[49]。

　　为了保持本刊物一直传承的普及性汉学的特点（这一点符合本刊创办者和出版者的意愿），《华裔学志》还将服务于中国基督宗教与中国宗教知识的传播。作为圣言会出版的刊物之一的《华裔学志》，加上《今日中国》，有朝一日可以实现教皇保罗二世（John Paul II）的愿望："基督徒不应该将尊重事实的客观记录和对文化真相的更正确理解，与自己所宣称的信仰隔离开来。"[50]此外，《华裔学志》应当"为将来长期在'中央之国'的传教活动进行准备，提供一种颇有价值的途径"[51]，不管这种传教活动将以何种形式展开。不过，就像孙志文教授所说的那样，"对这本杂志的目标表现出更多的兴趣和理解，是整个圣言会，尤其是辅仁大学将来的任务。"[52]

注　释：

　　① 辅仁大学极为复杂的创办过程和早期历史在此将不赘述。有一些很好的文章可以帮助理解这段历史，如唐纳德·帕拉贡（Donald Paragon）的《英敛之与辅仁大学的诞生》（载于《华裔学志》第20卷［1961］，第165—225页）。但对于北平辅仁大学历史的详细论述仍然是一个迫切的需要，它将帮助人们更好地总体理解中国近些年的传教史和天主教对待中国学校和教育制度有时令人疑惑的态度。由于这种关联，我们更应当强调一些教外人士在辅仁创办过程中的重要作用。对于辅仁历史的完整呈现将揭开很多疑团。K. J.

Rivinius 有一篇关于教会政策与辅仁大学的创办及之后为圣学所接管之间关联的精妙文章，见 *Verbum* 21(1980)206–208。

② A. Borer, *Katholisch Peiping*, NZM 5(1949)53.

③ 关于北平高等教育的调查，刊于《辅仁英文学志》。讨论了高等教育在中国天主教传教中的重要性。

④ 参见 W. Pape, *Worterbuch der griechischen en Eigennamen*, Braunschweig 1911.1377: *Totius Latinitatis Lexicon*. Ed. by Aegidius Forcellini, Prati 1871,vol. V。

⑤ 鲍润生的传记资料，参见 J. Goertz, Fr. Franz Biallas, in: *Zur Ewigen Heimat* 1 (1936)4, 177–179; G. Fennrich, Die Steyler Patres Arndt (1962), Biallas (1936) und Schebesta (1967) im Dienst der Völkerkunde, in: *Archiv für Schlesische Kirchengeschichte* 29 (1971) 256–261; R. Malek, "*Monumenta Serica*: Journal of Oriental Studies". in: *Collectanea Thcologica* (Warschau) 48 (1978) Ⅱ. 167–174。

⑥ 参见 A. Janssen, Aus Briefen, *Die Anfänge des Anthropos*, in: *Verbum* SVD 8 (1966) 145.Cf. also F. Bornemann, P. Wilhelm Schmidt SVD. 1868–1954, Romac 1982 (Analecta SVD–59) , 57 and 161; K. J. Rivinius, *Die Anfänge des "Anthropos"*. Briefe von P. Wilhelm Schmidt an Georg Freiherrn von Hcrtling aus den Jahren 1904 bis 1908 und andere Dokumente, St Augustin 1981 (Veröffentlichungen des Missionspriesterseminars St. Augustin Nr. 32), especially 141。

⑦ 见 Nuntius SVD I (1896–1932) 1–82, 227 and 271, 440, 568, 592, 604. Cf. also R. Hartwich, *Steyler Missionare in China*. Ⅱ. Bischof A, *Henninghaus ruft Steyler Missionsschwestern 1904-1910*. Beiträge zu einer Geschichte, Romae 1985 (Analecta SVD-61/ Ⅱ), 507f。("鲍润生神父在 1910 年实际上就有可能去中国了，但是威廉·施密特神父建议他继续深造。持更怀疑态度的 Vilstermann 神父更是评价道：'鲍润生神父应该为他的科研工作做出更充分的准备。'")

⑧ 参见 The Review of J. P. Steffes, ZMR 19 (1929) 283: "Der Verfasser geht von der Voraussetzung aus, daß dem Missionar vor allem die geistige Welt des Volkes vertraut sein muß, bei dem er das Christentum verkündigen will. Deshalb zielt sein Streben dahin, dem Leser in sehr angenehm lesbarer und unterhaltender, aber doch literarisch und durch eigene Erfahrung unterbauter Darstellung, die durch Illustrationen anschaulich belebt wird, ein Verständnis von der Geistesart des Konfuzius und seiner Lehre sowie von dem Kulte, den der Weise bis auf unsere Tage in seiner Heimat genießt, zu vermitteln. Dabei rollt er ein gut Stück chinesischer Geistesgeschichte auf und gewinnt mit Hilfe der kulturhistorischen Methode sehr lehrreiche Einsichten und Zusammenhänge."

⑨ 参见 K. J. Rivinius, *Die Katholische Fu Jen Universität in Peking*, art. Cit., 222。

⑩ J. Coertz, Pater Murphys Heimgang, in: *Zur Ewigen Heimat* 1 (1936) 4, 165–169.

⑪ *Journal of the North China Brnch of the Royal Asiatic Society* 67 (1936) 214. Cf. also: *Ostasiatische Rundschau* 17 (1936) 12, 331; *Monumenta Serica* Ⅰ (1935) 244a–c; *Steyler Missionsbote* 64 (1937) no. 8, 205; *Fu Jen Magazine* Ⅴ (1936) 103.

⑫ *Zur Ewigen Heimat* 1936, 179.

⑬ Especially F. Bomemann, Arnold Janssen, der Gründer des Steyler Missionswerkes 1837–1909, Romae 1969 (Verbum Supplementum 12), 41 f., 47–50, 58, 88 ("The only and exclusive purpose of the Society are the foreign missions, especially in China"), 127–154, a.o.; H. Rzepkowski, Die China-mission in den Dokumenten dcr Gesellschaft des Göttlichen Wortes, in: *Verbum* SVD 21 (1980) 247–251; R. Harwich, *Steyler Missionare in China. Beiträge zu einer Geschichte.* Ⅰ. Missionarische Erschließung Südshantungs 1879–1903; Ⅱ. Bischof A. Henninghaus ruft Steyler Missionsschwestern 1904–1910, Romae 1983–1985 (Analecta SVD–61/ Ⅰ–Ⅱ).

⑭《亚洲最古老的文化圈》,《华裔学志》第 1 卷（1935），第 1—16 页。《华裔学志》第 13 卷（1948）是为了纪念威廉·施密特神父的八十寿辰的，第 14 卷（1949—1955）中约翰内斯·马林格神父在其讣告中写道:《华裔学志》和威廉·施密特神父之间的渊源要追溯到 1934 年，当时其创办者、汉学家鲍润生神父忙于筹备新的期刊，而威廉·施密特神父恰好因为到东亚的一次学术

旅行而两度来到中国。他在由自己教友所创办的辅仁大学和另两所北京的大学——燕京大学、清华大学以及'南京国立大学'中讲学。他的到来连同他在《人类学》所积累的经验对实现这个孕育已久的计划影响非常之大。"

⑮ W. Schmidt, Die Friedensmission der katholischen Wissenschaft im Fernen Osten, in: J. Thauren (ed.), *Weltmission-Weltfriede-völkerversöhnung*, Mödling 1936, 78. Cf. also id., Eindrücke von einer Ostasienreise, in: *Schönere Zukunft* Ⅱ (1935/1936), 729–731, 786–788, 815–817.

⑯ See in this connection especially relevent for today: A. Sprenger. Die Katholische Universität in China (Taiwan). Fu Jen Universität 1979, in: NZM 36 (1980) 114–135, 219–234.

⑰ F. Bornemann, *Geschichte unserer Gesellschaft, op. cit.*, 111.

⑱ 见《辅仁学志》第 5 期，1936 年，第 78 页。

⑲ J. L. Van Hecken 出版了一本十分详尽全面的自传文献: *Antoine Mostaert (1881-1971),* in: NZM 28 (1972) 30–43, 81–94, 185–199.《华裔学志》第 10 卷（1945）也有田清波神父专门的传记和著作目录，第 1—4 页。

⑳《倾听未来计划》,《辅仁学志》第 4 期，1935 年，第 157 页。

㉑ 关于他的生平和工作，参见 *Harvard Journal of Asiatic Studies* 3 (1938) 1–8; *Artibus Asiac* 7 (1937) 227–229; E. Schierlitz, in: *Monumenta Serica* Ⅱ (1937) 286–291。

㉒ *Monumenta Serica* VII (1942) VII–IX; Chang Tien-lin, Dr. Ernst Schierlitz, in: *Ostasiatische Rundschau* 21 (1940) 62–65.

㉓ 关于艾克、谢礼士和北平德国学院，参见 B. Wiethoff, "Wolfgang Franke", in: *Oriens Extremus* 24 (1977) 1/2, 2–19, esp. 3f。

㉔ 方志澎写过关于他的自传文献，见《华裔学志》第 13 卷（1948），第 409—412 页。

㉕ 关于《华裔学志》的这段历史，有一段详尽客观的评价描述: Aus den Anfängen der "Monumenta Serica" by Frau Jos Huppertz, in: H. Köster (ed), *China erlebt und erforscht Partielle Beiträge zur kritischen Chinakunde*, München

1974 (Selbstverlag), 191–233。这里也许要提到曾将《荀子》翻译为德语（Kaldenkirchen 1967. Veroffentlichungen des Missionspriesterseminars St. Augustin Nr. 15），直到晚年仍有争议的汉学家顾若愚神父，这方面参见 Wolfgang Franke 的文章, Ostasiatische Professoren an Westlichen Hochschulen. Notwendige Bemerkungen zu einer Rezension von Hermann Köster, in: *Nachrichten der Gesellschaft für Natur-und Völkerkunde Ostasiens* 1975, No. 117, 63–65。

㉖ 关于雷冕，参见 inter'alia *Fu Jen Studies* 1973. Commemorative Issue in Honor of Ru dolf Rahmann SVD, esp. Ⅰ–Ⅷ；A. Burgmann, Rudolph Rahmann SVD zum 75. Geburtstag, Anthropos 72 (1977) 369–375。

㉗ A. Burgmann, art. Cit., 371.

㉘ 参见 W. Franke, Walter Fuchs in Memoriam, in: *Oriens Extremus* 27 (1980) 2, 141–150（"Als Mitherausgeber der Monumenta Serica hat er zusammen mit P. Eugen Feifel und Achilles Fang zeitweise deren Gesicht entscheidend mitgepräigt" –144)。遗憾的是，在《华裔学志》上完全没有提到福克司逝世的内容。

㉙ 丰浮露神父后来是《华裔学志》的主编。参见 *Catalogue of the Catholic University of Peking (1944-1945)*。他是西方哲学史教授（cf. *ibid.*, 1943-1944, 13）。

㉚ 参见 *Harvard Journal of Asiatic Studies* 14 (1951): 527–566。

㉛ 参见 A. Spiro, Max Loehr's Periodization of Shang Vessels, in: *Journal of Asian Culture* V (1981): 107–135。

㉜ 参见《华裔学志》编者的注释：*Monumenta Serica* XXIX (1970–1971) Ⅰ–Ⅱ and P: W. Mote, Hellmut Wilhelm. A Biographical Note, *ibid.*, Ⅲ–Ⅻ。

㉝ 参见 In Memoriam Confratrum. Ed. by F. Bornemann Romae 1978 (Analecta SVD–43), 372, note 79。

㉞ 参见 H. Köster, Zur christlichen Verkündigung in China, in: *ZMR* 37 (1953) 200. note 25。

㉟ 卜恩礼神父，1912 年生于特利尔（Trier）教区的比尔德斯托克

（Bildstock），1924 年入圣温德尔的教会学校学习。在完成入学考试后，于 1932 年开始自己在圣奥古斯丁的传教会的见习修士期。他在那儿同时还学习哲学，在罗马完成了神学的学习，并于 1938 年任命为神父。同年他开始在中国的传教。学习了一段时间汉语之后，他开始在辅仁大学教授西方哲学史，在北平又取得了硕士学位，学位论文是《荀悦——东汉末年的思想家》。之后他又在纽约的哥伦比亚大学继续深造并获得博士学位，学位论文是有关明朝哲学的《东林书院和它的政治及哲学意义》。毫无疑问，他最主要的成就还是主编《华裔学志》。

㊱ 参见 R. Rahmann, Matthias Eder SVD (1902–1980), in: *Anthropos* 75 (1980) 905–907; P. Knecht, Dr. Matthias Eder SVD (1902–1980), in: *Asian Folklore Studies* XXXIX (1980) 2,1–4。《民间传说研究》（后更名为《亚洲民间传说研究》）1942 年在辅仁由叶德礼神父创办。最初只是辅仁大学东方民族学博物馆的一份出版物。叶德礼神父 1939—1957 年期间担任《华裔学志》的副主编。在《辅仁学志》（1939 年 12 月）中我们能读到以下这句关于《华裔学志》的话："期刊现在由 Rev. Dr. Matthias Eder SVD 负责出版。"但是在期刊第 4 卷（1939—1940）的首页上我们却看不到记录。可以肯定的是，雷冕神父是编辑，因此叶德礼只能是"社长"。

㊲ 1954—1957 年（第 14—16 卷），Maringer 神父任《华裔学志》的副主编，关于他的自传文献参见 H. G. Bandi, Johannes Maringer zum 75. Geburtstag. In: *Anthropos* 72 (1977): 669–682, and id., Johannes Maringer SVD (1902–1981), *ibid.*, 77 (1982): 239–241。

㊳ 1954—1972 年，G. Schreiber 神父任《华裔学志》副主编、管理人。参见《华裔学志》第 30 卷（1972—1973）I。

㊴ 参见 Nunitus SVD VII (1959–1963) Fasc. 1–5, 606。

㊵ 《华裔学志》第 34 卷（1979—1980）就是为了纪念他的七十寿辰。这里大家能看到他的生平文献。

㊶ Steyl Korrespondenz 1 (1973) 1.4.

㊷ 参见 Statutes of the Anthropos Institute (24 June 1982) 7 (Appendix I. art. 1)。

㊸ 参见 W. Bauer, Herbert Franke und die deutsche Chinaforschung nach dem Kriege, in: *Studia Sino-Mongolica Festschrift fut Herbert Franke*. Ed. by W. Bauer, Wiesbaden 1979, 7–17。

㊹ *Steyle Korrespondenz* 1 (1973) 1, 3.

㊺ 参见 Reviews in the "Orientalische Literaturzeitung" of Fr. Weller, Th. Thilo and D. IIeyde (1938, 1939, 1940, 1942, 1977—see the contents of each) and the numerous reviews of the individual articles in *Revue Bibliographique de Sinologie* (see contents of the joumals reviewed)。

㊻ American Mission in China, in: *Chinese Culture* III (1960) 2, 69.

㊼ 孙志文（Arnold Sprenger）备忘录（手稿）1。

㊽ 大部分文章（1948 年以后）以及一部分卷册（自第 14 卷起，1949—1955 年）的选刊（单行本）至今仍可查到，有兴趣者可通过该杂志的编者进行查阅。地址：Arnold-Janssen-Str. 20，D-5205 Sankt Augustin。同时还收录了第 15—16 卷专著以及"华裔丛书"系列。

㊾ T. Grimrn/R. Schneider, Gegenwartsbezogene Ostasienwissenschaft, in: *Oriens Extremus* 24 (1977) 1/2, 39.

㊿ 教皇在教廷文化理事会全体会议上的致辞，1985 年 1 月 15 日，刊于《罗马观察家报》(*L'Osservatore Romano*)（德语版），1985 年第 9 期，第 9 页。

(51) 贝克曼（J. Beckmann），NZM 1955 年，306 页。

(52) 孙志文（Arnold Sprenger），《备忘录》，*op. cit.*1。

《华裔学志》创办者鲍润生神父的生平及其成就

〔捷〕柯慕安（Miroslav Kollár）　查岱山 译

"我对中国越加研究，便越发喜爱中国"

（鲍润生神父致鲍德姆斯〔Johannes Bodems，1867—1927〕函，
1920 年 3 月 21 日）

一、引言

　　从事古典中国研究的汉学家在以西方语言发表的研究文献中常常
会碰到一个载于《华裔学志》的数据。《华裔学志》是 1935 年由天主
教圣言会创办的汉学期刊，内容包括以英文、德文和法文发表的文章。
去年（2002）《华裔学志》出版第 50 卷。它是以西方语言出版的、历
史最悠久同时最具重要性的汉学期刊之一，也是天主教唯一一份有关
汉学的期刊。它的历史及附属于它的编辑部图书馆的遭遇可谓波折坎
坷，令人动容。[①] 而这本期刊创办人的一生经历也非同寻常。1936 年
5 月 28 日，这位教会派遣在中国的传教士、《华裔学志》的创办人，
也是天主教圣言会的第一位汉学家和第一位在北平辅仁大学担任教授
之职的鲍润生博士，[②] 染恙不久，不料倏然病逝于北平。鲍润生博士

时值壮年，在学术研究的体能和质量正处于巅峰时期，骤然去世，令人惋惜。

作为个人，作为教会的弟兄、传教士和学者，他长年的努力奋斗，在他的长上和教会兄弟的眼中却显得"毫无成就"，也被形容为"缺乏创造力"。直到他死前不久，他才得到他渴望已久的大众和专业人士的认可。当时的他，已是一位 58 岁、年近花甲的传教士兼汉学家，长期以来生活在艰苦和矛盾冲突之中。他面对传教工作和学术研究的取舍，对理想与现实的抉择，对本身期许、希望和愿望以及别人对他的期许、希望和愿望之间的衡量。鲍润生神父在这种矛盾冲突之中奋斗了几乎有 30 年之久，也许这时候的他才感受到一丝的成就和满足。

尽管如此，他还是孜孜不倦地设法阐明，从事汉学研究对于在中国传教具有使徒任务的层面和宣教的重要性。其间虽然困难重重，他还是设法将二者结合、实现。有关科学、学术活动、学术研究，特别是在汉学的领域，对中国福音化的过程所能扮演的角色，他曾有过许多前瞻性的构想和计划。可惜的是，这些构想和计划的实践只有极少数是他能够亲自执行和亲眼看见的。有几项构想是在他过世之后，而有更多项甚至是在他过世多年之后才实现，或者，至少后来证实了这些构想的正确性，并获得认可。鲍润生神父和他的教会弟兄生活在当时的时代背景下，当时的人——无论是出于何种理由——不是每一个都能够，或愿意去了解他那极具远见的思想，或对他那些往往带有批判性的观点表示理解。因此，我们看到有一次在其所描述的"颇为多彩多姿的生活"中，特别是在他的通信中对其生活的简单描述，发现一些他个人的挫折、失望以及所受到的伤害；偶尔也会看到他的长上对他的些许怀疑或不了解。客观来说，这一切也不足为奇了。

二、鲍润生神父的生平

鲍润生神父出生距今正好 150 年。他的一生直至晚年，都具有些许悲剧性色彩。他出生在西里西亚（Schlesien），当时西里西亚在政治上隶属德意志帝国，大部分居民信奉天主教，教会上属于布雷斯劳教区。几百年以来当地的居民分别属于波兰籍或德国籍，说两种语言。

（一）鲍润生神父在欧洲时期（1878—1921）

鲍润生神父于 1878 年 11 月 15 日星期天出生在纳姆斯劳（Namslau）县施瓦茨镇的一个农家。出生的第二天，便在班威茨（Bankwitz）的本堂以弗朗茨·克萨韦尔（Franz Xaver）的名字接受天主教的洗礼。他父亲名叫安东（Anton），母亲名叫伊丽莎白（Elisabeth），娘家姓托马勒（Thomala）。双方均是施瓦茨镇上的人。他们一家人住在一栋小小的农舍里。父母过世后，鲍润生继承了这栋农舍，但也承受了他们留下的债务。他们家一共有七个女儿、五个儿子。其中两个女儿夭折。鲍润生是第十个小孩，他下面还有两个弟弟。[③] 他便在这样一个小孩众多的贫苦家庭中长大。在家中他们可能是说当地通行的西里西亚方言。这种方言是波兰语，可是受到德语的影响。1885—1893 年，鲍润生在施瓦茨的天主教国民学校就读，他很有天分且成绩优秀，同时身心发展均衡健康。[④] 他有个愿望，便是想成为传教士。后来这个想法逐渐成熟，[⑤] 到了 1893 年 10 月，他向附近位于奈斯的十字圣架（Heiligkreuz）修道院提出书面的入学申请。这所学校是当时成立不久的圣言会一年前才在德国境内设立的第一所修道院。[⑥]

圣言会的会祖杨生神父[⑦] 于 1875 年 9 月 8 日在荷兰的史太尔（Steyl）建立了德国的第一所修道院圣米歇尔（St. Michael），一直到 1928 年为止，这所修道院也是总会所在地。后来学校人数迅速增加，到了 1889 年，在奥地利维也纳附近的穆德凌成立了第二所修道院圣加布里。之后有许多年的时间这所学校也充当圣言会欧洲总会的所在地。为了训练人数越来越多的未来传教士，总会长杨生神父沿用在史太尔已试用成功的计划：两年的学习期，其中包括四学期的哲学课程、古代语言和现代语言以及自然科学方面的科目。紧接着是初学时期，之后还有四年的神学课程。⑧

　　鲍润生神父申请就读十字圣架修道院获准后，便于 1893 年 10 月 22 日以 15 岁的年龄成为传教士学校学生。在家和上课时所使用的语言为德语。但是从一开始便有些学生来自说波兰语的地区。鲍润生神父被分到第六年级，因为他之前已私底下上过拉丁文课，所以他五年内便完成了六年的高中课程。1898 年他考完毕业考之后，便以书面形式向总会长杨生神父提出申请，继续深造。8 月底他转往圣加布里就读。以后的七年，那儿成了他的第二个家。在修道院他对历史和数学深感兴趣，同时拉丁语、希腊语和法语也学得很好，在班上名列前茅，属佼佼者。⑨ 在修道院学习结束后，他于 1900 年 8 月 31 日领受修会会服，一星期后开始了他的初学期。他初学期的辅导神师吉尔（P. Wilhelm Gier，1867—1951）⑩ 一年后向史太尔报告：

　　　　鲍润生虽然并非聪明绝顶，但是他靠着无比的活力和超乎寻常的勤勉而成果丰硕。他的弱点是过于担忧受到挫折的屈辱，同时十分在意别人是否对他轻视、小觑。不过他非常受教，也颇为尽心尽力地设法改善自己的弱点。⑪

　　1901 年 10 月 20 日鲍润生发初愿，同时继续深造。在这段更上层楼的学习过程中，他主要的兴趣范围是哲学、教会史和对信仰的辩解学。此时他依旧是班上成绩的佼佼者。⑫ 1904 年他提出发终身愿的申请⑬，并于 1904 年 10 月 24 日发下终身愿。1905 年年初，对他而言，那一刻终于来到，在所谓传教地区申请（petitio missionis）的时候，要表达他希望前往何处传教的愿望。他写道：

　　　　有关未来的特殊愿望并不存在，我愿意……去任何地方担任任何的职务。要我自己选择的话，去非洲和澳洲传教是我的首选，之后是美洲，最后的志愿是中国，虽然我当然也愿意去中国，假如这是上主的意旨。⑭

　　总会长杨生神父如果要前往圣加布里，带领等待司铎圣事的新晋神职人员做"避静",并且帮助他们准备首台弥撒时,大多数时候他都会比预定时程要早些到达。1905 年,他从 2 月 16 日到 5 月 19 日停留在圣加布里,并利用这段时间预备传教地区派遣的任务。⑮ 杨生神父首先跟每一位新晋神父讨论他们的想法和意愿,然后将这些跟各教区当地的要求加以比较。1905 年 2 月 24 日鲍润生跟其他八位修道同学领受传教士神职,两天后鲍润生神父主持了他的首台弥撒。⑯

早在 1904 年秋,新任命的鲁南(山东南部)宗座代表,圣言会的韩宁镐(Augustin Henninghaus, 1862—1939)主教⑰写信到史太尔,信中提到有关史太尔首次派遣任务的优先级。他有意强调学术、新闻媒体以及学校教育的领域。他这么呼吁:

> 我请求派遣几位学有专精的神父来推动学术及较高等的学校教育。对这件事我真的念兹在兹。首先,天主教修会对教会及修会本身的声誉有所亏欠。请看看在中国有关天主教的文献以及有关中国的天主教文献。除了耶稣会的一些贡献外,可以说完全付诸阙如,得多下功夫。第二点,我们对中国人也有所亏欠。未来的世界很可能会由黄种人来左右,或者至少在某种程度上是如此。我不知道您们在欧洲是否察觉到,在这里各方面均力争上游。我们可以借着科学来打动中国人。如果不这样,我们会被中国人无情地甩到一边。……中国人有他们独特的文化。所以我们必须要派些专人来中国。……假如我们想增加、强化我们在中国的影响力,那么我们在这方面就得加把劲。第三点,我们也需要这类的人才到我们的学校帮忙。如果我们的学校要进步、发展,就需要学有专精之士。但是我们不能匆忙地随便找些人来;要找的人先得学会中文,换句话说,现在就要未雨绸缪。第四点,这件事最终对传教人员本身也有必要性。在漫长的传教生涯中,如果欠缺精神上的激励,人会变得萎靡不振。我总觉得,奋发上进对传教人员来说,有如第八件圣事。如果有几位能干的人手,他们就会起酵母菌的作用。……可以考虑的人选有自然科学家……,可是

特别需要的是汉学方面：历史学、宗教学、民族学以及汉语方面的人才。⑱

对中国教区，总会长杨生神父特别挂心。从一开始，他便计划训练派往中国的传教士。早在1879年他就派遣了第一批两位传教士到鲁南，福若瑟（J. Freinademetz, 1852—1908）神父和安治泰（J. B. Anzer, 1851—1903）神父。圣言会的用意首先在于到非基督宗教地区，特别是在亚洲，宣扬福音。⑲

可是，对自然科学的推进，在1885年最早期的修会章程中便已列为修会的任务之一，尤其是在语言学、文化史和宗教史方面。⑳这也推动圣言会神父威廉·施密特于1906年创办了一份有关民族学和语言学的国际性期刊《人类学》。㉑由于这份期刊办得非常成功，从此它便成为圣言会从事类似计划的启发、指标，也是之后创办《华裔学志》的准则。前面引述的韩宁镐主教所写的信，似乎打动了杨生神父，使他做出决定，派遣颇具天分的鲍润生神父到中国从事汉学研究的工作。今天从韩宁镐主教当年仿佛"天意注定"的信函中已经可以看到创立汉学期刊《华裔学志》构想的诞生时刻。之后，到了1935年，鲍润生神父才在北平辅仁大学将这一构想实现。1905年会长杨生神父把他决定的派遣名单㉒寄给他派驻史太尔的圣言会总参议会参议员。他是如此解释的：

> 派往中国的名单上有八个人。很可能原本我打算派往罗马的鲍润生神父也会前往中国。他是位在科学方面非常具有才华的人才。不过，虽然他的学业表现优异，同时在神学的科目中他的成绩也一向名列前茅，我却没有派遣他去罗马；关于这一点，我对他实在感觉有些歉疚。我担心他会因此对我耿耿于怀。……不过，如果这件事行得通的话，这样做却是我们（今年）对中国所能做出的最大贡献。……另外我还要补充一点，就是中国这一次获得许多优秀的神父，其中包括在科学方面表现得出类拔萃的鲍润生神父……。㉓

鲍润生神父被派往中国，可是一件始料未及的、具有政治背景的事件㉔打破了他原先计划好的 5 月底的中国之行。在圣温德尔（属萨尔州［Saarland］)㉕和十字圣架这两个地方的圣言会有七位担任教职的神父没有德国国籍。在政府相关单位的命令下，必须立刻离开德国。杨生神父不得不在 1905 年将五位具有德国国籍的新神父，其中包括鲍润生神父，原本任职的决定加以更改。他们不能前往原先指定的地方，而必须立刻担任那七位神父遗留下来的教职。因此，鲍润生神父没有去中国，而是去了圣温德尔担任教师。㉖他于 1905 年 5 月 24 日抵达圣温德尔。㉗1906 年 7 月，威廉·施密特神父请求总会长指派鲍润生神父为《人类学》期刊工作。然而总会长杨生神父拒绝了这项请求。㉘到 1910 年为止，鲍润生神父在圣温德尔教授数学、世界史、地理学、德语、法语和意大利语。㉙

1909 年 1 月 15 日，圣言会会祖杨生神父在史太尔逝世。布鲁姆（Nikolaus Blum，1857—1919）㉚神父继承他的职务。1 月底鲍润生神父就申请分配他传教的任务。一年后，布鲁姆神父便指派他前往山东传教。㉛可是威廉·施密特神父建议布鲁姆神父，考虑到学术推广的任务，在鲍润生神父启程之前，先派他学习汉学。布鲁姆神父是山东地区的负责人，他赞成此建议。鲍润生也表示同意。㉜

于是鲍润生神父便于 1910 年秋动身前往柏林，到 1912 年年底，他都在研读汉学，㉝地点在柏林的洪堡（Friedrich-Wilhelm）大学㉞以及莱比锡。当时他的教授包括几位著名的汉学家，有在柏林的高延㉟和佛尔克㊱以及莱比锡的孔好古。㊲在大学的时候，他听从威廉·施密特神父的指示去听梵文课和一些与民族学有关的课程，其中包括"亚洲艺术的发轫""原始民族的心理"。在东方研究院中，除了汉语课外，他还听俄语课，因为威廉·施密特神父认为俄语对东亚很重要。㊳

鲍润生神父时常与威廉·施密特神父通信和会面，为的是讨论他汉学的学业、各项研究与计划。威廉·施密特神父另外建议他去学藏文以及佛教的两种方言——巴利语（Pali）、印度古代及中世纪北部和中部之方言（Prakrit），并且还推荐他，在柏林的学习结束后花几个学期的时间去巴黎进修汉学。㊳从 1912 年 12 月起，鲍润生神父住在巴黎，在索邦（Sorbonne）师从著名汉学家伯希和㊵学习汉学和藏语，一直到 1914 年夏。他计划最晚在 1914 年夏结束学业，取得博士学位，以便可以在秋季时启程前往中国。不过在 1913 年他又重新被指定前往中国传教。㊶布鲁姆总会长、韩宁镐主教和威廉·施密特神父深信，鲍润生神父在经过柏林、莱比锡和巴黎的名师在汉学领域四年的调教，已经取得未来在中国从事学术和编辑出版工作成功的先决条件。对于自己成为训练有素的汉学家的经过，鲍润生神父后来在中国是这样写的：

> 年近 30 岁的我才开始研读汉学。但这并非我自己喜欢，而是因为别人的要求才做出这样的决定。原本我对中国从未感兴趣。在我晋铎后，我们修会最崇高的会祖（杨生）无论分配给我任何其他的任务，都会比汉学更让我喜欢。可是他们却要求我前往中国，因为总得有人去嘛。他们告诉我，将来我到中国之后，在工作上会得到全力的支持。后来他们再一次提供我去中国的机会。不幸的是，我却找不到任何一位老师可以给我指出一条明路。我所学的汉语仅是半吊子而已。还有人建议我再去学梵文和藏语，殊不知，单是学习汉学我已精疲力竭。凡是懂得汉学的人都知道，仅仅知道那些该学的东西已经非常困难了。除此之外，我还有个特别的地方，就是，假如我不能够清楚地看到我的目标以及我所学事情的价值，我便无法抓住重点。所以我便盲目地摸索，到处听别人的建议，指望这样也许可以找到正确的方向。接着战争爆发了……。㊷

1914 年第一次世界大战爆发，全球情况丕变，使得鲍润生神父暂时无法完成他的学业，也无法动身前往中国。同时，他因为具有德国国籍，有服兵役的义务，必须立刻离开巴黎。于是他前往圣加布里。1915 年元月，他因为熟悉多种语言，被征召回德国入伍，担任随军神父以及战俘的宗教、心灵辅导。在卡塞尔（Kassel）的玛利亚医院他照料许多伤员以及15000名战俘，他们大多为法国人、波兰人和俄国人。为了在莱比锡补修博士学位，他必须补考国家高中毕业会考，然后在莱比锡大学注册。除了许多必修的科目之外，他专注于汉学的学习，并经常去莱比锡上孔好古的课；同时遵从孔好古的建议，在卡塞尔撰写他的新博士论文。㊸1918年秋，大战刚结束，他从卡塞尔将印好的博士论文呈交莱比锡大学的哲学院。1918年12月13日，鲍润生神父荣获哲学博士学位。他博士考试的主考科目是汉语。此外，他没有考梵文，而是考了斯拉夫语言及文学，最后一科是人种学。㊹

他留在卡塞尔直到1919年6月战俘营解散为止。从1919年7月起，他受到维也纳枢机主教之请，留在圣加布里。除了其间有半年时间他是在日内瓦之外，在圣加布里有两年之久。㊺在战后的几年当中，由于政治的因素，无法派遣德国传教士前往中国，鲍润生神父考虑改变他的德国国籍，以便尽快申请波兰国籍。㊻他向莱比锡大学申请，将学校规定他有关中国诗人屈原㊼的论文的出版期限加以延长，因为他计划到了中国之后把他业已完成的论文做必要的补充。他请求总会准许他尽快前往中国，以便及早出版他的研究成果。㊽

1920年11月，他收到新任总会长吉尔神父派遣他前往中国传教的明确决定。㊾于是他在1921年春回到圣言会在史太尔的总会，在那儿逗留了数星期，并跟吉尔神父讨论他未来学术研究工作的计划和理念。5月份和6月份他在西里西亚跟家人共处，之后便与他们告别。接着他在布雷斯劳和柏林参加一门科学彩色摄影术的速成班。㊿1921年7月20日，他从史太尔出发前往中国。他受总会之托，先取道美国，在那逗留九个月，在英语、德语、波兰语、斯洛伐克语等各个教区为史太尔的中国传教工作广泛宣传。㊿1

（二）鲍润生神父在中国时期（1922—1936）

1922年4月，鲍润生神父从美国经日本前往山东，于1926年6

月 3 日抵达兖州府。从他首度被任命到此时,历经漫漫 17 个年头。如今他已年近 44 岁。前面曾提到,他在启程前,曾亲自向总会长吉尔神父呈交中国之行的计划。对于他整体中国传教任务中,在学术研究方面的优先项目,他以条列式的形式归纳如下:

1. 在中国主要的任务,个人认为在于学术研究方面,而且是在与传教有关的框架之内。这也就是说,特别是与传教工作有密切关系,且能帮助传教工作的科研工作。其中包括对中国及中国人、风俗习惯、语言、中国历史与文化发展的研究等……在传教人员的团结努力之下,我们的修会应该出版各种刊物。^⑤

2. 这种学术研究的工作日后必须继续拓展,而且几乎所有在中国的传教人员都应该参与合作。因此,有人建议在东亚就应该为东亚而成立并发行一份自己的期刊,而《人类学》期刊的内容就事论事,很难讨论、处理东亚的种种问题。此外,基于各种理由,要发行一份有关东亚的期刊,最容易也是最便宜的方式就只有在东亚出版。其中最简单的理由便是,这份期刊必须要有中国人共同合作才行。

3. 类似这样在学术研究方面的合作方式,也许可以在宗教方面作为东亚天主教在学校教育、福传等工作上的合作的准备……

4. 在我们的修会中必须找个地方成立一个类似"作者之家"的场所……在这个场所不只是为欧洲写一些关于中国的事物,而是要从各个方面研究、探索中国。……在这"作者之家"应该有个好的图书馆,馆中尤其应该典藏搜集中国的作品、报章、期刊。

最后,他为自己请命:"希望能提供我最好的汉语老师,以便我能学会日常的语言,至于费用在所不惜。当然,也希望能获得大力支持以便购置中文著作。"^⑤

起初鲍润生神父待在鲁南主教总署的兖州府,住在圣座委托监督韩宁镐主教处。他原本打算找个纯中国人居住的地区住上几个月,以便找位有学问的中国人,帮助他学习日常用语;同时他觉得,在之前求学的过程中尚有许多缺漏之处,也希望这位中国人能帮他尽快地加以弥补。然而他的请求遭到拒绝，上级神长认为，这些他也能在兖州府找教会的普通职员帮忙。身为受过良好教育，且多多少少胸怀壮志的汉学家，他觉得这样根本不够。所以他被迫把他从亲朋好友处募集来的钱，自己聘请了一位私人老师。由于水土不服，在中国的头半年他都在生病。尽管如此，他还是抱病学习，努力地整理多篇文稿，补充他私人的汉学作品藏书，并且搜集他研究工作所需要的汉语出版物。在邻近的孔子家乡曲阜他开始为计划要写的一本书搜集资料，特别是拍了许多照片。1923年，他被调派到风光明媚的海滨大城市青岛。在那儿他负责许多外国人包括说英语和法语的天主教友的宗教辅导工作。同时，他也被任命为玛丽亚方济各传教修女会（FMM）主办的孤儿院和老人院的灵修神父。此外他还负责辅导住在青岛的许多波兰人和俄国人。这些宗辅工作耗费了他许多的时间。[54]

尽管如此忙碌，他在青岛开始分析整理在曲阜所搜集的材料。在青岛居住期间为他提供了较好的科研条件，因为一开始的时候，他可以运用所谓的"Faber—图书典藏"，只可惜不久后，卫礼贤（Richard Wilhelm，1873—1930）[55]便将大多数的馆藏资料携往欧洲。1924年他为预计于1925年举办的梵蒂冈世界福传展完成了所谓的"曲阜模型"，并把它寄到罗马。[57]

不过，他所期待的对他学术研究计划的支持及财务上的帮助以及早先在鲁南的韩宁镐主教和其他长上对此不时做出的非常体贴的保证，却很快地显示其实极为有限。相对地，大家看到他具有汉学的训练并具备一定的资格，认为他可以在很短的时间内发表许多学术研究作品。等一段时间之后，他并没有什么作品问世，于是大家对他产生了某些怀疑，也对他保持若即若离的态度。他的长上指责他"在科研上不具创造性"。终其在中国服务的岁月，这项批评始终困扰着他。[57]1925年年初，他便接收到来自史太尔的提醒，非常明白地要求他尽快发表学术研究的著述。[58]就因为他那种讲求彻底，有时近乎吹毛求疵的研究风格，导致长上对他汉学能力的质疑，引起彼此间关系的紧张。自此，鲍润生神父感觉自己受到误解，变得十分孤单与失望，同时内心也深受伤害。后来他写信向史太尔报告：

> 我曾多次恳求帮助，得到的答复却是：不可能。之后我也常听说，长上不愿意帮助我，因为我没有出版任何作品，大概也弄不出任何名堂来……，这使得我与长上间的关系变得越发僵持。[60]

更令他难过的是，他十分明白，他之所以会选择汉学研究，照理说正是得感谢韩宁镐主教对他殷切的期许。[60] 一开始他还想要设法改变他的长上们对他负面的看法，争取他们对他的处境和计划的理解。然而这一切的努力毫无成果。面对在兖州府的韩宁镐主教和之后在宗座委任青岛地区监督维昌禄（Georg Weig，1883—1941）神父[61] 以及他在修会的长上，他的行为举止越来越退缩，彼此的距离越来越远。最后他灰心地选择全然的孤独。唯一表示理解他，而且他也完全信赖的是他在修会的弟兄兼好友约翰·维格（Johann Weig）神父。[62] 在青岛和鲁南的处境让鲍润生神父越来越难忍受，他看不出在这里当传教士或汉学家会有任何前途可言。[63] 不久之后有人寄信到史太尔控诉他。1926 年 4 月 19 日，就在他打算前往上海，想在那儿发表几份规划好的作品前夕，他收到史太尔的正式来函，要他立刻返回欧洲。[64] 在此必须补充一点，事情恶化到这种地步，他自己也并非全无责任。其中，部分是因为他的个性不是那么比较正面，例如他的高傲；另外他在欧洲以往的记录对此也有所影响。[65]

对鲍润生神父而言，召他回欧的消息犹如晴天霹雳，一时之间他完全不知所措，陷于一生中最困难的处境。他询问其朋友约翰·维格神父的意见，约翰·维格神父建议他立刻动身前往上海，从那儿写信去史太尔请求进一步的澄清。第二天鲍润生神父便离开青岛。约翰·维格神父答应他会写信给史太尔总部。[66] 鲍润生神父写了数页的长信，信中恳求延长他在中国的停留时间；信中还附上他业已完成和完成一半的作品名单。不过起了比较大的作用的，是前任总参议会议员约翰·维格神父的信。这封信使得总会最后修改他们的决定，改派鲍润生神父去上海，暂时为期一年，以便让他能够将其汉学研究的作品完成并出版。如果他完成了对他的这项要求，便能够继续留在中国。鲍润生神父感谢给他这么宽大处理的机会，并且保证一定会竭尽所能，全力以赴。⑥⑦ 在上海他住在圣言会的一栋小房子里。他生活在一个四个人组成的小团体中，对此他十分满意。他新的长上后来很体谅地向史太尔提出报告：

> 鲍润生神父很努力……。无疑他还有些偏差，在某些方面他对于修会会规中对宗教方面的要求并不是全然理解。长年来他在外面，非常独立自主；他在中国的生活对这一点并无改善。我们训练他，派他到这里来从事汉学研究。不过，我们却完全忽略了提供给他任何的资源。在青岛修道院的长上要他去找更高一级的长上，而更高一级的长上只耸耸肩告诉他，他做这做那所需的钱得自己想办法去筹。……这种状况绝非正常。……但是他经常需要各种数据和书籍。我曾对他说，我愿意为他筹措属于必要的经费。……⑥⑧

鲍润生神父自从在柏林和巴黎读大学时代起，便喜欢并搜集重要的汉学著作和工具书。多年以后，他建立了一座小小的私人汉学图书馆。⑥⑨ 在这个向全世界开放的中国大都会中他如鱼得水，感到自由自在，因为他终于有机会去使用典藏丰富的汉学图书馆，帮助自己从事研究工作。从日后可知，除此之外，他还能够接触到许多在不同学术研究机构任职的欧洲汉学家与传教士，其中包括耶稣会在徐家汇的著名机构。1927 年鲍润生成为上海"皇家亚洲学会"（Royal Asiatic Society）的会员。他在学会的刊物中以英语发表作品，并发表专题演讲稿。由于法语、英语流利，因此他不仅活跃于上海的学术界，在外交圈也很受欢迎。例如，他与德国总领事馆交往密切。不过，后来他的一些修会弟兄给他冠上的带有讽刺意味的称呼，说他是"交际草"，却是有些夸张。虽然他在上海修道院的长上将他与外界的密切往来视为眼中钉，但事实上正是由于这些关系，他才能够为圣言会在中国的传教工作做出重大的贡献。在有急难的时候，他常常受到请托，借用他在外交上的手腕和语言方面的能力来帮助解决问题。而他也总是有求必应。⑦此外，他在上海也定期协助德国小区乃至俄国人和波兰人的宗教、心灵辅导工作。⑦

在调往上海之前，鲍润生神父就在考虑，是否要接受司泰莱（Erzabt Stehle）本笃会神父⑦亲自对他的邀请，前往在北平的天主教辅仁大学担任教授之职。⑦1926年秋他写信到史太尔谈到此事：

> 假如我要写有关中国方面的事情，那我就不能只窝在上海……因此我想，如果我去北平的大学任教，我就能完美地运用我的知识，为在中国的传教工作做出最大的贡献……该所大学的一项主要任务是促进汉学研究，如此我也正好找到我所追求的……本笃会特别缺乏熟悉欧洲汉学研究的人才，所以十分需要我这种人才。⑦

他的长上对此基本上并不反对。相反地，他们巴不得让鲍润生去北平，而且越快越好。因为他们担心，那些新派来中国的传教士经过上海时，会"被鲍润生神父影响，有样学样"。⑦鲍润生神父之前在上海认识了几位年轻的传教士，后来在北平辅仁大学又遇见他们。其中有一位是圣言会神父，名叫顾若愚，⑦日后成为鲍润生神父的好友，也是鲍润生神父希望能接替他在《华裔学志》担任编辑工作的人。教会在中国的代表刚恒毅（Celso Benigno Luigi Costantini，1876—1958）总主教⑦在上海认识了鲍润生神父，后来彼此成为好友。他希望能延聘这位训练有素的汉学家来北平这所天主教大学任教。他要求成立一所"中国语言学校"，有意委托鲍润生神父建校并主持校务。可是鲍润生神父与大学之间关于他教授身份及合作事宜的交涉却因为种种因素而一再延宕，特别是因为大学本身财务上的困难。接着在1930年，对北平天主教大学十分关心的司泰莱神父在美国逝世，以致整件事情一直到1933年年初仍毫无结果。但从某个角度来说，此事一再拖延却正中鲍润生神父的下怀。因为他可以无拘无束地致力于汉学的研究工作，同时还能够为新的作品搜集资料。[78]1930 年 2 月 24 日，他在上海庆祝晋铎 25 周年银庆。他的总会长吉尔神父也来信祝贺他。鲍润生神父很感动地回信：

> 因为大环境关系，此地的庆祝颇为冷清。不过这正合我意，因为大家都知道我不喜欢这类的庆祝活动。这样我反而得到安宁，可以借这个机会静静地自我反省。愿仁慈的天主宽恕我一切的软弱、缺失和罪愆。也愿他……再恩赐我健康地多活几年，以便我能好好地完成我已开始着手做的和预备做的一些事情，为光荣主，也为我们修会的益处！……的确，我担任神职 25 年的过程十分崎岖坎坷。我真的很高兴我现在安定下来，且能较为专注于我的工作。[79]

1931 年 11 月 5 日，刚恒毅总主教正式提名鲍润生神父为"北平天主教会议委员会负责编辑中华百科全书专员"（Attachés der Synodalkommission in Peking für die Redaktion der chinesischen Enzyklopädie）。他迫切地要求鲍润生神父接受这项提名，并开始搜集词条，先收录在小型的、只有两册的百科全书中加以处理，日后再扩充为大型的百科全书。早在 9 月 13 日，北平天主教会议委员会的主任委员刚恒毅总主教便决定要聘用鲍润生神父及另两位受过汉学教育的传教士，由鲍润生负责编辑即将翻译成汉语的《赫德尔百科全书》（Herder-Enzyklopädie）。[80]总会长吉尔神父对此非常诧异，持保留态度，并且提出质疑，因为他认为鲍润生神父不适合担任这份工作。不过最后他还是发了通电报，书面同意这项任命。相反，刚恒毅总主教打从一开始便认为受过汉学教育的鲍润生神父为正确的人选，还要任命他为总编辑。然而由于上级神长的干预而未实现。[81]编辑方面的工作，基于教宗庇护十一世（Pius XI）本人的愿望，在上海进行。鲍润生神父再三考虑才接受了这项任命，接手这份工作，后来在北平继续进行。[82]1934 年，发行百科全书的任务移交给北平天主教辅仁大学。鲍润生神父成为三位主编之一，负责十大主要词目领域中的三项词目领域搜

集的任务，即文学、社会科学和语言学。[○]

如他所料，他在北平担任教授之职一事迟无下文。可是令他惊讶的是，1933 年 5 月 13 日他接到罗马紧急聘请他担任总编辑的任务，这大概算是他一生中所担任过的最重要的职务了吧。因为他要随同地区长上舒德禄神父立即动身前往北平，以便在那儿与本笃会展开北平天主教辅仁大学移交的交涉，同时还要把所有与此相关的问题与困难澄清，使得辅仁大学移交给圣言会的准备事宜能够尽可能进行得顺畅。[○]

北平天主教辅仁大学长期以来苦于财务困难。1933 年年初，美国的本笃会由于财务情况恶化，不得不退出领导圈子，准备将几乎有1000 名学生的辅仁大学移交到别的单位手中。这件事本笃会于 1933 年年初正式地向罗马的传信部（Propaganda kongregation）报告，基于教宗庇护十一世的期望，与圣言会的总会领导展开有关北平天主教辅仁大学移交的事宜，最后圣言会于 2 月 13 日有条件地[○]接办辅仁大学。1933 年 4 月 29 日，天主教辅仁大学正式移交给圣言会，除了大学本身之外，还包含了附属于大学的研究机构和一所男子中学。[○]正式的移交本应在 8 月举行，不过由于本笃会想要在 6 月 19 日学期结束后立刻离开北平，传信部便极力建议总会长葛林德（Josef Grendel，1878—1951）神父，即刻派遣一位未来的教授前往北平，协助宗座代表和本笃会准备移交事宜。就圣言会而言，当时可以考虑的人选只有鲍润生神父，因为他在汉学方面的著作已颇为出名。传信部也基于刚恒毅总主教的推荐，希望鲍润生神父在交涉时能担任圣言会的全权代表。不过葛林德总会长在内部做出决定，要鲍润生神父在所有的事情上和做任何决定时，都要由 1928 年起便是北平天主教会议委员会的苗德秀（Theodor Mittler，1887—1956）神父加以判断，并要得到他的同意，不可以单独做主。为了这件事情，葛林德神父也发了电报并另以书面方式告知地区长上舒德禄神父。[○]

舒德禄神父便把这件事告诉在上海的鲍润生神父，鲍润生神父接受了这个条件。二人便于 5 月 30 日动身前往北平，以便处理这件事情；第二天他们抵达北平，住在宗座代表处。苗德秀神父陪同二人，然而没有参与交涉事宜。宗座代表按照罗马的指示，在各方面均尊重鲍润生神父的意见。而鲍润生神父则与苗德秀神父磋商所有的事情，尽管葛林德总会长的这项指示一定让鲍润生神父很为难，也很难过。[88]

鲍润生神父除了汉语外，法语和英语也说得很流利，这让所有人印象深刻。[89]他首先努力与教育部任命的中国方面的负责单位建立起合作的关系，并进行各项交涉、谈判。为了继续保持辅仁大学到目前为止所具有的美国式风格以及它原本在社会大众眼中的形象，大学的财务在形式上由美国圣言会管理。由于刚恒毅总主教的大力推荐，要任命一位美国人担任辅仁大学的新校务长。于是7月4日决定由美国人穆尔菲担任辅仁大学的首任新校务长和圣言会修道院院长。9月穆尔菲抵达北平。[90]6月20日辅仁大学的移交工作正式完成，鲍润生神父跟他的修会弟兄迁入辅仁大学。对当时的领导阶层而言，最主要的问题是师资以及必要的行政管理人才的延聘。[91]从8月1日起，大学的领导应该完全交给圣言会负责，可是在9月25日开学前还有很多问题要解决，其中包括学生宿舍的兴建——这件事后来完成了。鲍润生神父是圣言会第一位被辅仁大学聘任的教授。很快他便获得华籍校长和教授们的欣赏。他尽心尽力，运用他外交上的特长和实事求是的态度，解决了绝大多数的困难。7月初舒德禄神父和苗德秀神父启程离去，从那时起，鲍润生神父便留在北平，直到他过世。7月初，他受地区长上舒德禄神父的委托，寄了一份详尽的报告到罗马，内容是有关辅仁大学的状况、师资方面的需求以及对年度预算的建议。在附带的信中他写道：

> 地区长上舒德禄神父和苗德秀神父大约在12天前启程离去，把……处理这儿所有事情的任务交给了我。因此我要向您们报告这些事情后续发展的情况，另外还要补充报告早先的一些事情……由于我们抵达后的前三周必须住在代表处，所以不太容易对学校整个情况有较确切的了解……安东尼乌提蒙席对我们的行

动给了最多的指示。他明确、坚定的做法使得许多事情对我们而言变得容易多了。当然，有时候情况有些棘手……。不过我们都能诚惶诚恐地，在必要的时候也能以适当的果断克服了一切困难，终于得到学校的经营权。……我要结束这封信了，因为……我在写信时被打断无数次，因为不停地有教授们、学生们或其他人带着他们的问题或想法来见我……假如新的神父校长来的话，我才能好好喘口气。真的是这样。⑨

1933 年年底，总会长葛林德神父为了鲍润生神父这篇报告以及他所做的种种努力，向他表达谢意，同时很亲切地写了封信鼓励他：

接下来……容我表达我无比喜悦的心情；我觉得，您个人的生命中最重要的转折点现在开始了。您之前的学业、工作都是预备工作，现在完成目标的时刻来到了。因此对于新的任务您必须全力以赴，把您全部的力量和知识投入。特别是您必须做出彻底、积极的贡献，而且，在校务之外的，特别是在文学方面的贡献，您必须为他人做表率。这是大家所期盼的，尤其是那些对您的天赋和能力较为了解的人，对您可是抱着殷殷厚望啊。我还要恳切地请求您，要把我们修会这一桩新的，眼下或许是最为艰难的工作好好地推动，使您可以成为大家的楷模。⑨

鲍润生神父很高兴来到北平。⑭ 他把葛林德神父的这番话十分放在心上。1933 年接手这份工作后，他整个心思都放在如何让辅仁大学进步发展上。他对汉学和教育念兹在兹，整整三年的时间他全心全意地投入教学、汉学的研究以及各项计划的实现，直到他突然去世。

1936 年 5 月鲍润生神父突然生病：5 月 17 日他感到不舒服，有点发烧，他以为自己感冒了；到了 5 月 19 日他的情况没有改善，由于他年近六十岁，大家认为最好当晚就送他去法国人开的圣米歇尔医院就诊。检验结果显示，他罹患了"斑疹伤寒"。大家都不明白他怎么会感染这种病，也许他是在几天前因为长痂，到辅仁大学"伤寒治疗实验室"接受实验室主任治疗时受到感染的。鲍润生神父是后来自己提到这种怀疑的，面对可能的死亡，他不改一向的幽默，也没有丧失旺盛的生命力。修会弟兄对他开玩笑，他也不以为忤，做好最坏的打算。他告诉别人，在德国卡塞尔的时候他曾亲自为一些染患伤寒的士兵举行过病人圣事。虽然他对斑疹伤寒的发病过程很清楚，但依旧心平气和，神智清楚，勇气十足地面对死亡。由于高烧会造成谵妄（神志不清），有人建议他，虽然他此时神智还很清楚，身体也还不算虚弱，最好还是在5月21日星期四接受病人圣事。5月25日他陷于神志不清的状况，之后便是典型的病情向坏发展现象。谁要是认识健康时候的鲍润生神父，看到他原本那么有活力，突然间被这险恶的疾病打垮，一定会非常惊讶，因为他生病前是那么健康！[95]1936年5月28日星期四，一位修会弟兄为他做临终祈祷，下午1点时，鲍润生神父在没有太多痛苦之下阒然长逝，他的遗体于第二天在修会弟兄的陪伴下被移往栅栏墓地。5月30日星期六早晨8点，在众多好友、教授和学生的陪伴下，在北平天主教教堂举行隆重的告别式。辅仁大学团体院长主持追思弥撒。北平主教满德贻（Montaigne）主持墓地礼仪，最后葬礼在栅栏墓地举行。鲍润生神父与伟大的传教士兼学者利玛窦、汤若望和南怀仁安息在一起。[96]

我跟中国人相处愈久，我就愈能了解，大家对于前辈传教士所说的话，即他们宁愿跟中国人相处，而不那么喜欢跟欧洲人相处。

鲍润生神父1936年元月15日致总会长葛林德函

三、鲍润生神父的成就

前面提到过，鲍润生神父在1921年便说明他在中国的工作计划：1.对中国的国家、人民、风俗习惯、语言、历史文化发展做科学的调查研究； 2.与其他传教士合作出版各种作品，之后为东亚发行一份特别的期刊； 3.促进在中国的传教士与天主教友的合作； 4.在中国成立一个"作者之家"，收藏中国的作品、翻译作品，特别是要成立一个很好的汉学图书馆。现在来看看，他待在中国的 14 年中，这些计划到底实现了多少。

（一）鲍润生神父发表的作品及计划中的作品

鲍润生神父认为，有三类作品是必要的：1.他在莱比锡写博士论文时开始的纯学术研究工作； 2.给传教士使用的汉语语言文化概论； 3.提供介绍中国的文章给各种期刊刊登。他为了这三类汉学方面的作品孜孜不倦地搜集大量的资料，而且同时撰写好几份稿件。[97]从 1923 年起，他准备出版其博士论文。原本他想补充一些在德国找不到的汉语资料和出版物。经过修订之后的博士论文《屈原的〈远游〉》1925 年在莱比锡已完成且可付梓，但等到 1927 年才在《大亚洲》（Asia Major）期刊上发表。发行人布鲁诺·辛德勒（Bruno Schindler，1882—1964）[98]博士为了印刷鲍润生神父的论文，必须先在中国定制新的汉字铅字。由于鲍润生神父必须将全部的《屈原赋〈离骚〉》加以整理，他拟定了一个计划，为发表一篇更大篇幅的作品做准备。计划中要翻译的文章《屈原的离骚》（"Lieder von Ch'u"）预备后来集成一册发行。1928—1935 年，鲍润生神父在不同的期刊上发表了他针对此一主题翻译的一些文章。

关于第二项任务，他于 1924 年着手介绍（中国人）对孔子的崇拜。为了在罗马举行的博览会而定制的"曲阜模型"给了他很好的机会，他打算把寄到罗马的"模型"说明书加以扩编，使之成为一本较为通俗的书。不过由于 1923 年以来搜集的材料越来越丰富，他便计划把它编成一本较有学术性的书，配上照片、地图和素描，书名叫作《尊孔的历史发展以及在文化上的意义》（Der Konfuziuskult in historischer Entwicklung und kultureller Bedeutung）。基于这种理由，

1925 年 9 月他第二次参加曲阜的祭孔典礼。他在青岛整理了笔记，后在上海完成此作品。1927 年，他将这本关于孔子的书交给两位汉学家——其中一位是来自汉堡的颜复礼（Fritz Jäger, 1886—1957）[99] 评论，结果获得非常好的评价，大家催促他赶快出版这本书。1928 年这本书终于出版了，书名叫作《孔子与孔子崇拜——中国文化史论文集与孔子故乡导读》（*Konfuzius und sein Kult. Ein Beitrag zur Kulturgeschichte China und ein Führer zur Heimatstadt des Konfuzius*）。汉学圈对这本书的反应出奇得好。他自己写道：

> 《孔子》一书并没有如我所期望的那么完美。不过总体而言，我对它还算满意，特别是出书以来，我所听到的评论还算不错。自本地出书以来，短短时间内的销售量令人满意。[100]

1927—1935 年，鲍润生神父发表了好几篇针对此一主题的文章。他在上海期间（1926—1933），单就写作方面来看，是他收获最丰硕的时期。他为不同的期刊写稿并发表了许多学术性和通俗性兼顾的文章。除此之外，他为《人类学》期刊写了一些书评。在北平期间他也发表了一些研究成果。有几篇文章，他虽然搜集了材料，有些写好了，有些完成一半，可是都是原稿，未发表。例如，他 1925 年开始写一本书，名字叫作《中国人的饮食、居住和衣着》（*Nahrung, Wohnung und Kleidung der Chinesen*），大约有 400 页。写这本书的原因是孔好古教授和何可思（Eduard Erkes, 1891—1958）博士的请托。[101] 未完成的还有他的另外一本书:《当前中国精神上的巨大改变——原因及影响》（*Die geistige Umwälzung Chinas in der letzten Zeit—in ihren Ursachen und Wirkungen*），这本书他从 1928 年开始写的。1926 年他寄了篇较长的文章给司泰莱神父，名字叫《关于中国的传教与研究》（"Mission und Erforschung Chinas"）。他原本想发表在《辅仁英文学志》，文章中有些地方他还想要修正，但是从未被刊出。

从 1925 年起，除了汉学方面的研究之外，他开始着手写作其大部头著作《中国文字、历史及宗教导论手册》（*Handbücher zur*

Einführung in das chinesische Schrift，*Geschichte und Religionen*，两册）。
这部书是特别为新晋传教士而写的，直到他去世时尚未完成。他当时
和年轻的传教士谈过好几次话，他发现他们迫切需要有关中国各方面
的详尽介绍。那个时候有关这方面用德语写的手册还付诸阙如，于是
他决定要写这样一部书。鲍润生神父在大学时代就偏爱历史学，因此
他首先着手写《中国历史手册》（*Handbuch für Chinas Geschichte*，两
册）以及《中国宗教手册》（*Handbuch für Chinas Religionen*，共一
册）。同时他也搜集有关历史⑩的材料以及第三本手册《汉语教程》
（*Lehrgang der Mandarin-Sprache*，四册）。他最主要的用意是为那些新
晋传教士提供专业的引导，让他们认识中国的文字、文学、历史和宗
教，因为他们对此懵然无知。除了纯汉学的事物外，他从 1923 年起便
把这件事看作他真正能为传教所做的工作。他编的《手册》便是为了
这一目的。1926 年鲍润生神父应许多传教士的请求，开始整理有关汉
语的材料。他也想亲自担任新晋传教士的老师，把他的《手册》先行
试用。他建议，新派的传教士应该先在欧洲开始学习汉语，所以他就
写了《汉语教程》第一册。因为他要找一位共同发行人，便在 1928 年
跟曾经与莱辛（Lessing，1882—1961）合出过一本教科书的威廉·欧
特曼（W. Othmer，1882—1934）博士展开磋商。⑩然而与欧特曼的合
作必须得到莱辛的许可，而莱辛不赞成。鲍润生神父又试了一次，还
是没结果。他没办法找到别的传教士来合作，只得一个人负责全部的
准备工作。这套《汉语教程》应该在青岛付印，原本计划有四册之多。
从 1929 年起，鲍润生神父完成了前两册。不过为了使整部书的编纂具
有一致性，他打算等到后两册的完整原稿出来之后，再将第一、二册
付印。他以为很快便能完成。⑩至于其他两册及《中国人的饮食、居
住和衣着》这本书，他打算到了中国后，找些适合的中国人一起审改。
他想借着这种方式，可以把"那些随口批评这些作品耗时有余，重要
性不足的批评"摆脱。⑩除了这些作品外，他也准备将他编的《汉德
袖珍辞典》（*Chinesisch-Deutsches Taschenwörterbuch*）付印。1933 年，

《汉语教程》前两册终于在青岛付印，没多久却又停了下来，因为出版商突然过世。同时鲍润生神父也被调往北平任职，不再有时间从事汉学方面的工作。[⑩] 由于鲍润生是圣言会第一位汉学家，他的长上们也因此对他的期望甚高。他的著作并不是很多，这也许跟他的研究风格有关，这也导致他与其长上之间的关系有点儿紧张；他的长上常怪他缺乏"创造力"。熟悉他的人却说，他的汉学研究特别详尽、扎实，这是他的特色。这也刻画了他的一生，同时是他无法完全达成别人对其期望的原因所在。他对自己完成的稿件总要再三检查，非得每一字、每一句都确定无误，否则便不愿发表。有时为了一个逗点用得是否正确，必要的时候他会去查阅语法专业书求证。一直到他过世，鲍润生以其写作严谨得"要命"而出名，在他书桌上找到的无数原稿就是最好的证明。约翰·维格神父对他知之甚稔，针对他这一个性上的"弱点"，约翰·维格神父写道：

> 有人怪鲍润生神父缺乏创造力，我认为这样说对他是不公平的。他十分勤快，除此之外，他做任何事都十分仔细，创作务求完美无缺，在这方面他容易或有点吹毛求疵。但是，如果他像某些所谓"汉学家"，写的东西错误百出的话，那么他写的东西就可以成立一个图书馆了。[⑰]

鲍润生神父显然也知道自己这一"弱点"，因此他才更加努力地工作。不过他对批评所怀的戒慎或恐惧之心太强烈了；他真的需要鼓舞、激励和美言，但是这些他都得不到。他寻找志同道合之士与训练有素的合作同仁，可是到头来他仍然形单影只，无人依靠。他急需一位中国人当助理，申请了许久，却始终没有获准。尤其是许多作品他修订再三，本来可以付印，但他缺乏勇气，犹豫不决，不敢发表。他的目标是交出去的作品，必须完美无缺，无懈可击。他自己也承认：

> 我希望（我的作品）出版后不会有任何评论家说，我的研究不够扎实，说我疏漏了这些或那些版本。因此……（我计划）到了中国之后做必要的补充，然后出版一部无懈可击的作品。[⑱]

另外还有一件事耽搁了作品的发表，那就是鲍润生神父往往不知其作品该在哪里付印。首先是印刷费用会让他的长上退避三舍；另外教会在兖州府和青岛虽然有较为便宜的印刷厂，但是印刷的质量却不能达到鲍润生神父的要求；再加上他也希望能获得一些稿费，以便能购买些新的汉学著作，增加他图书馆的馆藏。此外，他为教会期刊写文章，或替《人类学》写书评也花了不少时间。由于做事仔细，有责任心，他都会先详加阅读书评对象，以便能够客观地评论。最后一件事便是，他在头十年"丧失"了很多时间去承担心灵辅导工作，后来在大学里出于种种责任、义务，又花了不少时间。

（二）在天主教辅仁大学担任教授之职的鲍润生神父

鲍润生神父 1933 年来到北平辅仁大学时，在汉学界已经颇有名气。他在辅仁大学任职只有三年时间，但是这三年却是他生命和作品的高峰，在辅仁大学终于找到了他作为一位汉学家在 1926 年便清楚陈述的事情：

> 我得到这样的结论，即对我的工作最好，也是对教会工作最能产生绩效的，便是让我在大学任职。因为我在教会所欠缺的，可以在大学找到：跟训练有素的中国人合作；有图书馆在身边以及可以到内地做学术研究。[108]

从 1933 年 6 月 20 日起，鲍润生神父住在北平辅仁大学，他全心全意地把自己奉献给大学外部和内在的建设。他成为教授，担任社会系的系主任，也担任历史学教授。他的教学负担超重，因为他从秋天起，每周授课十四个小时，讲授六门不同的科目（"中世纪语言学""文明史""社会学原理""语言学概论"以及讨论课"汉民族的形成"和"法语的结构与发展"）。有些课程根本没有教科书，他必须重新组织安排，教授和学生有任何问题也不断地来找他。除此之外，他也被提名担任《辅仁学志》（中文）和《辅仁英文学志》的编辑。他必须阅读许多稿件，有的时候得自己撰稿。他请求总会长葛林德神父准许他减少课时，因为想留出更多的时间去编辑他想要创立的期刊，最重要的是，他想要撰写一些稿件。⑩

鲍润生神父也得定期向罗马提供有关北平天主教辅仁大学详细的报告，特别是有关人事和财务、学科与课时的分配以及新聘教师等方面的问题。作为社会系的系主任，他开始着手全系的重整与发展，虽然当时在欧洲社会学还不是众所周知的学科，但是鲍润生神父深信，对于正处于社会巨大变动时期的中国，社会学有其重要性。为了社会系的发展，他计划至少要开两门民族学的课程，除此之外还要开社会学本身的课程，最后还有实用的基础课程。人事问题十分棘手，因此他建议，即将访问北平的施密特神父是否至少能开一整学期的民族学和宗教学的课程。不过 1935 年的时候，施密特神父只在北平天主教辅仁大学停留了几星期而已。对于计划中的新期刊，鲍润生神父写道：

> 《辅仁英文学志》第 9 期已付印，这应该是该学报的最后一期。因为对于一份学术性的期刊而言，它的形式不太合宜。……必须要把它变成类似大学的年刊或大学的国际性社会学期刊，尤其是后者，许多理由都说明应该把它改变成国际性的社会学期刊。从各方面听到的说法是，在中国的传教士会对此十分感激。……不过，今年我们忙课程都几乎忙不过来。⑪

至 1935 年，辅仁大学成立已十年，不过财务上依旧很紧张。鲍润生神父建议总会长葛林德神父趁辅仁大学十周年校庆时，在罗马发起"普世捐献"，可是没有下文。至于《辅仁英文学志》的后继刊物，据他所写，应该在 6 月出版。他已收到许多作者的好文章，同时，他请求派遣顾若愚神父来北平协助《中华百科全书》的编纂工作。⑫ 1935年 5 月，施密特神父受教宗的亲自委托，访问北平天主教辅仁大学，以便跟教会的弟兄们商讨大学的现况与未来的发展。但是他此行最主要的目的是向教宗报告大学的状况以及远景，同时希望能从教宗那儿争取较多的财务上的支持。鲍润生神父后来向罗马报告这次访问时表示，在辅仁大学能有位知名的学者来担任客座讲学和演说，对大学会有很大的帮助。可是由于施密特神父停留的时间太短，想借几场客座演讲对学生产生直接影响的希望未能实现。[⑩]1935年辅仁大学校长建议由鲍润生神父担任"教务长"，可是由于总会有意见而作罢。1936年年初，鲍润生神父向罗马报告有些教会弟兄在大学中与中国人交往时所遭遇的困难，同时把他对中国人的看法表达得很精彩：

> 有些大人物，不只是我们修会里头的大人物认为，在大学里对待中国人，不管他们是老师或学生，就像我们在教会里头对待中国教友那般……。可是我自己的经验是，中国的学生对我，不管是在日常生活中还是在课堂里，都彬彬有礼，言听计从，如同当年在圣温德尔时修道院的修生一样。……我们的大人物中有许多忘记了，他们首先应该平等对待中国的教授。许多人老是说：中国的教授根本不可靠。这种说法真令人受不了。……可是，假如有人稍做努力，并且多少懂得点心理学，我是指出自本能的心理学，而非仅来自书本上的心理学，那么我们便可在中国人身上找到真理，跟在其他人那儿可以找到真理一样。当然我们也必须对中国人的风俗习惯及其悠久的历史、社会教育多少要知道一些，并且把这些纳入考虑范围。[⑪]

鲍润生神父善尽他在大学的职责，可是1935年年底《华裔学志》第1卷出刊后，他把自己的每一分每一秒都奉献给下一卷的准备工作。

（三）鲍润生神父作为《华裔学志》的创办者及发行人

鲍润生神父的一项特殊贡献，也是他汉学研究生涯的高峰，无疑就是1935年《华裔学志》的创办及发行。他从来到北平的那一刻起，他的全部心力不仅奉献给了大学，也奉献给了汉学。

在北平天主教辅仁大学有一些受过汉学训练的外国人与传教士任职。辅仁大学参与北平的汉学研究已有若干年，在北平的大学当中也拥有了一定的地位，而北平在这期间也成为汉学研究的重镇。[⑫]辅仁大学1929年起便发行《辅仁学志》（大约300页，年刊），更早在

1926 年起出版了《辅仁英文学志》，主要刊登学术性质的文章，从某些方面来看可算是《华裔学志》的前身。从 1933 年起，鲍润生神父成为它的发行人，开始在这份期刊中发表有关汉学方面的文章。最后一期（第 9 期）是 1934 年出版，在这期的"前言"中，鲍润生神父说明了为何要办一份新的有关东亚的期刊，也谈到对这份期刊内容的构想。他强调在东亚生活的外国人对东亚民族、文化，特别是对中国人民和文化研究的兴趣。他进一步写道，这一点也适用于许多天主教传教士，他们很想把他们的传教目标与文化、民族学的研究加以结合。[⑯]

现在鲍润生神父可以将他多年来的理想实现，在辅仁大学办一份汉学期刊。期刊的中文名称为《华裔学志》，意思是"为中国人及中国邻近民族所办的学术性期刊"。期刊的拉丁文标题是对中国人的古老称呼 Ser, Seres（Serica），意指制造"丝"的民族，这个称呼中国的古老名称很早便出现在古拉丁文献中，Monumenta 在拉丁文中意为"纪念碑"。期刊的英文名称为 Journal of Oriental Studies。[⑰]鲍润生神父的专业训练及其从事学术研究的小心谨慎，使得《华裔学志》从第 1卷开始便有极高的水平，他也赢得宗座代表对他理念的支持。虽然这本新的期刊是圣言会的资产，圣言会也负责一切的开销，但是刚开始时，期刊是由魏智书店（出版社）印行，因为辅仁大学印刷厂尚未完全竣工。亨利·魏智当时是在北平最负盛名的西方出版家和书商，因此，鲍润生神父和他订立为期十年的合约是相当合理的。[⑱]鲍润生神父自任发行人和主编。《华裔学志》的任务和特性在第 1 卷（1935—1936）由创办者在"编者语"（Editotial Note）当中有所描述。作为发行人，他办这份期刊的用意是，为研究中国及中国邻近国家的民族、语言及文化搜集资料，并兼顾社会人类学与史前学的领域，通过文章和评论提供读者最新研究讯息，同时对东亚的大学生提供他们学业方面的鼓励与引领。发行人对各类学术性的文章，即便是有争议性的，都很欢迎。

陈垣教授也是多年来天主教辅仁大学的校长，他认为辅仁大学的任务与鲍润生的想法有相似之处：1.有系统地整理中国的史料，并且运用西方最新的研究方法；2.通过参考书籍、工具书的翻译来支持中国及外国学者的研究工作；3.借由发表汉学领域研究的最新发现来促进国际学术的合作。⑲鲍润生神父1935年创办《华裔学志》时，已是一位著名的汉学家。基于在学术界建立起来的许多人际关系，他成功地为《华裔学志》找到一些非常优秀的同仁，其中包括校长陈垣本人，一位非常知名的历史学家。鲍润生神父从一开始便非常重视要促成与中国学者的合作。对《华裔学志》内容颇有影响的是沈兼士先生，他主张《华裔学志》要辟一专栏，叫作"期刊简介"，在专栏里不仅讨论西方的专门期刊，也要讨论中国和日本的专门期刊。担任合作同仁（副编辑）多年的有下列著名汉学家：圣母圣心会的田清波神父（他是位著名的蒙古学家）、钢和泰、艾克和谢礼士。⑳还有四位著名的中国学者：陈垣、沈兼士、张星烺和英千里。㉑1935年在北平待过几星期，并在辅仁大学担任客座讲学及演说的施密特神父也对期刊的成立兴奋地表示祝贺，并为《华裔学志》写了第一篇文章。㉒

《华裔学志》第1卷出刊后，鲍润生神父向罗马报告：

> 关于我们的《华裔学志》还有几句话要说。您在这之前已收到第1卷，并看得出我们想要什么，但愿下一卷会比开始第1卷更好。因为万事起头难，一定会有缺失的。可是请求您不要忘记一件事，我在这儿孤军奋斗，印刷厂的设备不齐全，中国的印刷工人又是生手，在这种情况下出版这份期刊，事实上我等于必须包办一切：校读全部稿件，因为印刷工人几乎根本不懂里面出现的语言或只知道皮毛；我必须安排调整期刊全部的内容，因为印刷工人对学术性期刊以及期刊的排版懵然无知。由于使用"整排活字排版机"（莱诺铸排机）的缘故，往往更正一个错误会带来新的错误，以致有些错误校对后简直需要再校6遍或更多遍才行。……幸好我已找到了好些共同编辑者，他们目前虽然不能全部来帮忙，不过我希望能争取到他们更加密切的合作。我也很希

望能有一位或好几位圣言会的弟兄来帮忙，然而暂时还找不到任何一位可以让我列于共同编辑人的名单上。……中国人的合作特别重要。其他的传教士大概会跟着来。⑫

圣言会总会长葛林德神父显然很满意，他写信到北平：

> 感谢天主，《华裔学志》已经出版了。……愿《华裔学志》能很幸运地像《人类学》期刊一样，给福传工作带来启发、鼓舞、引领和帮助。只要情况一允许，修会的弟兄会被个别任命担任《华裔学志》的合作同仁。⑭

总会长葛林德希望鲍润生神父能多吸收些修会的弟兄到他的团队工作，鲍润生神父也愿意尽快地做到这一点。他原本期望不久之后，除了顾若愚神父之外，还能请到胡鲁士神父（Heinrich Kroes，1903—1989）和丰浮露神父。⑮

由于《华裔学志》是在一所天主教大学发行的，也为这份期刊的性质定了调，使它具有深刻的传教上的意义。《华裔学志》可算作辅仁大学的"招牌"，是辅仁大学学术研究的具体明证，创刊号所获得的成果不断持续下去。⑯《华裔学志》第1卷从任何角度来看都是成功的，也因此给鲍润生神父带来赞许，不仅在专业学术圈内，也包括在罗马教会的最高阶层。⑰鲍润生神父收到许多当时知名汉学家的来函，这使他感到十分兴奋并受到鼓舞，把期刊继续办下去。⑱随着《华裔学志》于1935年出刊后，尽管面对许多外在的困难，这本期刊由于水平极高，刊登文章主题又具多样性，而发行人也愿意提供学术界不同意见讨论的空间，很快便发展成为具有领导地位的汉学刊物之一。

将近20年之后，著名汉学家傅海波在他的经典巨著《汉学》中写道："要谈到在中国发行的最重要的汉学期刊，非北平天主教辅仁大学的《华裔学志》莫属（自1935年起）。"⑲

（四）鲍润生神父的各项计划

鲍润生神父对《华裔学志》以及天主教辅仁大学有很多构想和计

划。他不仅要发展《华裔学志》，而且以后还要成立"北平天主教辅仁大学东方研究院"，最主要的目的是给年轻的传教士培训汉学。

1936年年初，他写信到罗马，报告此时已趋成熟的计划，要成立"东方研究院"（Institute of Oriental Studies，IOS）。自从施密特神父1935年到北平访问后，成立这个研究院已指日可待。[⑱]当时鲍润生神父跟施密特神父讨论所有的困难和细节。在他过世前不久，他还完成了一份有关在北平天主教辅仁大学成立"东方研究院"的详尽"备忘录"（15页）。他把这份《备忘录》寄给在罗马的修会总会长葛林德神父。[⑲]鲍润生神父基于本身的经验，以及他与在中国的不同教会团体富有经验的传教士交谈，很早就深信，成立这样一个研究院很有必要。辅仁大学的参议会也赞成此计划，蔡宁（Maria Zanin，1890—1958）总主教认为，成立东方研究院有绝对的必要，欧洲的汉学家也乐意能有直接在中国学习汉学的机会。该《备忘录》分成八点：1. 宗旨与目标；2. 理由；3. 组织；4. 院址；5. 课程与师资；6. 研究机构；7. 财源；8. 开始运作。

东方研究院成立的目的在于，通过各种课程、研究工作、出版物来促进对中国以及邻近中国的各国的民族、语言和文化方面的知识和研究，特别是促进那些在中国想要完成他们学业的外国传教士、中国传教士以及平信徒汉学家的知识和研究。这所研究院应当是一个天主教的、国际性的以及跨宗教的教学、研究和翻译学院，并且设在天主教辅仁大学之中。特别是在师资、课程和图书馆方面，大学和研究院要相互支持，因此它应由隶属大学的校长或教廷督导管辖。不过在教务方面，研究院由本身的院长管辖（都属于圣言会）。由于对在中国的外国传教人员而言，要在中国被视为学者，某种形式的中国的人文素养是必要的，这是无法以在欧洲所受的教育来替代的。因此像这样的一个机构，对汉语的教育是非常必要的，特别是：1. 对未来新的传教士的语言老师的养成教育；2. 对于将来要在教会学校担任老师的传教士；3. 对于未来要从事学术研究的传教士。成立东方研究院的另一个原因是，要促成对双方都有益处的、双方都努力追求的欧洲传教士与中国教授之间的合作。而相互的帮助，按照鲍润生神父的理解，只有在相互认识后，彼此惺惺相惜下才能够产生。通过这种合作，应该可以将以前耶稣会结束在辅仁大学的工作时，天主教传教士与中国教授之间的鸿沟弥补起来。

学业跟研究的内容应该包括中国语言、文学、中国历史、哲学、宗教、艺术，最后还要包括民族学、社会学、经济学、民俗学和教育学。作为先决条件应当上两年汉语理论和实习的预备科目，除此之外，英语是主修科目，还要选修德语或法语，才有资格或才能被推荐入学，并于学期末时参加考试。整个学程最多录取40位学生，上课为期三年，授予毕业证书。

之后是三年课程的详细描述、学科的分配以及课表。至于师资，考虑过的人选有：鲍润生（教授"白话文与文言文理论""中国文言文阅读与诠释导论""儒道与国教""社会学"与"民俗学"）、雷冕、顾若愚、胡鲁士、丰浮露（以上皆属圣言会）以及田清波（圣母圣心会），此外还有谢礼士、艾克、雅沃尔斯基（Jan Jaworski）和福克司；中国师资有：英千里、张星烺、沈兼士、陈垣和余嘉锡。

研究院计划要做的研究报告有：中国的历史与文学、中国的宗教、哲学和教育，特别是它们与传教工作的关系，另外还有艺术、民俗和方言。东方研究院应当提供老师、学生以及汉学家各方面的协助。特殊的任务是把世界名著以及天主教文献翻译成中文，特别是要好好地将整部《圣经》翻译成中文。作为重要的财务来源，要将辅仁大学印刷厂扩建，未来的厂址就使用辅仁大学"附属中学"的建筑物。整个计划在最顺利的情况之下，将于1937年秋开始运作。

葛林德总会长对这份有关东方研究院的详尽计划很满意，也愿意提供支持⑫；当时共同提出此构想的施密特神父，也很愿意看到这项计划尽快地实现。然而由于鲍润生神父猝然过世，这项计划被迫推延。

鲍润生神父还想借着促进圣言会与其他修会更密切的合作，来保证辅仁大学获得较好的人才来源。这一点是他在一篇文章中提出的建议，文章叫《通过与其他在中国传教的修会的合作，来改进北平天主教辅仁大学基础的建议》("Vorschlag zur besseren Grundlegung des Werkes der Kath. Universität in Peking, China durch Zusammenarbeit mit anderen in China wirkenden Missionsgesell-schaften")。[⑬] 1936 年 2 月底，他为圣言会的领导阶层把 5 页长的《建议》归纳为三个重点。

要把在中国的天主教大学扩充，需要更多的财力与人力，这不是某一个修会能单独承担起的。由于在中国各地天主教高等学府的实际运营状况都很严峻，鲍润生神父认为，最简单的出路便是请求罗马教廷传信部提供较高的财务资助。因为这件事也跟当时世界的景气有关系，所以对于如何挣脱人事上的困难，他又看到另一条出路，那便是要靠不同的修会在北平天主教辅仁大学里更密切的合作。其方法是把大学按照不同的学院分配给不同的修会负责。辅仁大学在 1936 年的时候共有三个学院："教育学院""理学院"和"文学院"。因为不久后各学院要重组，鲍润生神父建议，把耶稣会在天津所办的商业专校变为一个新的学院，归并到辅仁大学。另一种可能是，邀请在华北无论人事或财务均非常稳定的舒特温德（Scheut-velder）圣母圣心会来参与辅仁大学的校务。由于圣母圣心会长期以来在医药界很活跃，而且刚好正在北平盖医院，鲍润生神父认为，可以请圣母圣心会成立医学院并且负责经营管理，而且将来也许还可以接管学院，圣言会则可继续保有两所学院。当然，有了新的学院，必须盖新的建筑。学校的行政管理可以由校长统一负责，不过各个学院的运营领导可保持独立自主。鲍润生神父认为这个解决方案不仅可以减轻两个修会财务和人力上的负担，而且最终也可能真正促进与天主教修会积极的合作。他深信，大学几个主办单位间某种形式的竞争是有好处的，也能让各个修会相互之间学习。

葛林德总会长[⑭]从罗马给他的答复措辞很谨慎，不像他支持成立东方研究院那么积极正面。他虽然赞同各个学院分配给不同的修会，在财务和人事上固然有些优点，但也认为这么做会危害到大学内部的统一，优点比它带来的风险小得多。鲍润生神父《建议》中的其他构想，葛林德总会长也认为不符合实际而拒绝。鲍润生神父在 1936 年 1 月 15 日致葛林德总会长的信中说：

> 显然，我们在此所做的努力，要通过重大的牺牲，甚至要牺牲性命，才能获得成果！

四、结论

1936 年 5 月 27 日，鲍润生躺在病床上奄奄一息，葛林德还不知道此事，他写信给鲍润生：

> 非常感谢……有关计划中的北平天主教辅仁大学东方研究院的备忘录……现在，亲爱的鲍润生神父，如同我对《华裔学志》的祝福，也祝愿计划中的研究院蒙天主赐福、成功……如今对你的一生而言，是收获的时刻到了：现在你必须收割所有你以前耕耘栽种的；你现在不去收获，将豪无成果地消逝。⑬

葛林德总会长没错，对鲍润生神父的一生而言，最后收获的时刻到了——不过，它比预期的时间快了太多。

（一）鲍润生神父的逝世，他的后继者及遗世资产

所有认识鲍润生神父的人对他的猝死都感到震惊，对大家而言，特别是对他修会的弟兄和整个辅仁大学而言，这不啻晴天霹雳。⑬他在罗马和中国的长上们如韩宁镐主教、威廉·史密斯神父，还有许许多多其他的人都对他去世的消息深感震惊，因为鲍润生神父在那时候是圣言会唯一具有资格的汉学家。在北平的蔡宁总主教立刻赶来吊唁，在罗马表达哀悼的人很多，包括安东尼乌提蒙席、耶稣会汉学家德礼贤（D'Elia）神父和刚恒毅蒙席，刚恒毅蒙席对此噩耗特别难过。⑬

鲍润生神父的过世，尤其令他的中国友人及欧洲友人、同僚，基督信徒与非基督信徒感到难过，⑬有些人在他的遗体旁痛哭失声。⑬他

的学生们对这位博学又有多种语言才华的教授向来十分尊敬，也为他的去世深感惋惜。鲍润生神父作为科学家和朋友，究竟有多么受到器重，可从许多唁文里清楚地看出。例如在南京的德国大使的唁文，唁文中表示，鲍润生神父在外交圈中也以学者之名享有盛誉。胡适教授为辅仁大学的这一重大损失深感痛惜，他也给辅仁大学校长陈垣写了封唁函。[40]

很快，在北平和罗马的相关人士都清楚了一件事情，那便是鲍润生神父创办了《华裔学志》实在是很好的开始，现在要做的是，让这本新办的学术期刊能在北平辅仁大学手中好好办下去。总会长葛林德神父针对这件事写信到北平给期刊的发行人顾若愚神父：

> 故鲍润生神父的一生，实在犹如一出悲剧……不过他在他生命的末期，在辅仁大学达成了某种类似外在的目标；而在《华裔学志》上，他也亲身体验到他最后的一项成就。为此，我真的替他感到高兴……眼前我们的任务是应当如何尽量地接手鲍润生神父的工作和目标，继续努力奋斗下去。[41]

鲍润生神父的继任者是谁似乎一开始便很清楚，因为他于1936年5月21日在医院里，在很多人见证的情况下请求顾若愚神父，接手《华裔学志》的编辑工作，同时也接收他身后的遗著和图书馆。鲍润生神父当初在短短的时间内将顾若愚神父引领进入汉学研究的天地，他早就将他的各项计划和工作向顾若愚神父做了交代，而且他所有有关汉学的书信来往和文章，他都跟顾若愚神父讨论过。关于计划中的为传教士而办的研究院、"东方研究院"的整体擘画，特别是有关学生及资源的分配，也都是他与顾若愚神父一起在顾若愚神父的房间里共同拟定的。[42] 胡鲁士神父也是鲍润生神父创办期刊所信赖的同仁。顾若愚神父到北平才一年，他是因为威廉·史密斯神父和鲍润生神父的推荐被派来的，为的是参与《百科全书》的编纂工作。鲍润生神父染病时，《华裔学志》的第2卷快要编好了，只缺几篇书评和琐碎的东西，顾若愚神父虽然不是汉学家，但他答应做最后的校读，同时负责处理出刊相关的事宜。鲍润生神父把一切交给他全权处理，而且感到心满意足，因为继承人选的问题已安排好了。鲍润生神父过世后，顾若愚神父接手第1卷第2期的发行工作，他想按照创刊人所清楚规划的指导方针继续进行鲍润生神父开展的工作。这一点他在"编者语"中写得清清楚楚（参见本文附录），不过编辑的工作他只做了短短的时间。总会长葛林德希望天主教北平辅仁大学的校长以及《华裔学志》的发行人能由同一个人担任。当雷冕神父⑬于1936年被任命为辅仁大学校长之后，便也同时接手《华裔学志》的编辑工作。⑭

鲍润生神父的勤勉以及他学术研究能力的明证，不仅是他登峰造极的贡献《华裔学志》，而且在审视他许多稿件以及这些稿件按照他修会弟兄的愿望出版后，也可进一步地作为证明。鲍润生神父在临终前把他所有的文稿⑮托付给顾若愚神父，1936年7月总会长葛林德写信给顾若愚神父：

> 他的思想和许多事情，如果他具体完成得越少，我们就得越费心，要把他工作成果尽可能地保存下来。⑯

顾若愚神父因为《汉语语法》⑰的稿件，立即动身前往兖州府韩宁镐主教那里。他想，后来要把主教的意思向罗马报告。⑱1936年年底，顾若愚神父因为《百科全书》而待在欧洲。圣言会总会对《华裔学志》做了一些规定。根据这些规定，从1936年夏季起，担任北平天主教辅仁大学校长的雷冕神父要接替顾若愚神父担任《华裔学志》的主编工作，而顾若愚神父则被调往鲁南。关于鲍润生神父的遗稿则做出下列的决定："鲍润生神父的遗稿当中如有马上可以出版的，或很容易便可出版的，就应该尽可能快一点出版……，不管是以单独印行的形式，或者以期刊中刊行的方式都可以……。至于那些目前还无法出版的，就要妥当地保存起来，以便日后我们的弟兄之中也许有人可以把其中某些工作继续做下去，例如比较大部头的作品《汉语教程》。在《华裔学志》的下一卷，最晚在下下一卷，毫无疑问的（！）会发表一篇纪念鲍润生神父在学术上所做贡献的短文，这篇文章最好能附上鲍润生神父作品的完整书目。"⑱当顾若愚神父回到北平后，雷冕神父请求他为《华裔学志》写一篇悼念鲍润生神父的文章，并附上他的生平，因为顾若愚神父接收了鲍润生神父的遗稿。不过他显然拒绝了这一请求，不久便离开了北平。1937年年初，雷冕神父向罗马报告，悼念文章将由田清波神父负责撰写，也许会和由顾若愚神父补充的鲍润生神父所写的文章《汉学的历史》一起发表。⑲不过可以确定的是——无论原因为何——鲍润生神父的遗稿或任何一篇他的文章都不曾以他的名义发表过，其遗稿的命运一直到今天仍是个未解开的谜团。至于他作品的书目以及他的传记是否会出版，也一样无解。

（二）结语

鲍润生神父是个平凡的人，他是一位传教士、一位学者；他有他的弱点，但是他也有坚强的人格。他是一个身体健康、性格开朗的人，也是一个具有批判性精神的教会弟兄。在面对他人，面对其他国家的人民及其他种族的时候，他热爱真理与正义，也要求真理与正义。他犯过错误，也为犯错而感到难过，因为他多多少少具有火爆的斯拉夫民族个性。在他一辈子的修会生涯中，当然也曾有过紧张冲突的时刻，但这些都不是他单方面造成的。每当他被无理斥退或被拒绝、怀疑的时候，他都会谦虚地忍气吞声。

虽然他天性有些急躁，但他高尚的行为举止给很多人留下了深刻的印象。尽管他的一生经历过不少危机，却始终不屈不挠。他在北平那段时间，定期参加教会弟兄的团体活动，对大家一视同仁。别人对他开玩笑，他从来不以为忤，也会对别人开开玩笑，他具有真正的幽默感和外交手腕，当然还有语言的天分。除此之外，不管是平民百姓或是学者鸿儒，中国人或是外国人，基督信徒或是非基督信徒，鲍润生神父都以他的构想和理念赢得了众人的喜爱与推崇，他与他们当中的许多人建立了深厚的友谊。

鲍润生神父有许多深谋远虑的构想。他在贯彻实行有关汉学方面的计划时，总是无比仔细尽心，可是他在学术研究的进度却比较缓慢。虽然他有心，最后却无力完成所有的计划，然而他还是努力不懈。虽然不能说他是"著作等身"，但他所发表的作品皆为成熟之作。他过世后，还有许多事情有待完成。

鲍润生神父的骤逝使当时成立不久的北平辅仁大学痛失一位极负盛名的学者。当初在接办辅仁大学时，他负责各项事宜的交涉，是过渡时期的领导者。从1933年起，他把全部的心力倾注在辅仁大学的发展上；他也是第一位被大学聘任的教授，而且真可谓诲人不倦。

最后可以确定地说，不管是在欧洲人眼中，还是在中国人的眼中，鲍润生神父可谓是"嵚奇磊落辅仁人"。他与中国学者有着最密切的关系，也对他们产生了很大的影响。中国的学者们不仅欣赏他的汉语知识和学识，也欣赏他的为人。他的贡献，也是他成就的冠冕，就是他在1935年创办的《华裔学志》。多亏他在学界和人际的良好关系，才能为《华裔学志》建立一个优秀的工作团队。遗憾的是，他只看到了开创初期。他对辅仁大学的发展、对期刊的未来以及对中国福传的推动，还有许许多多的具体计划。可惜天不假年，他无法一一完成一生的志业，他的身后留下未竟事业，有待在未来的岁月中完成。

鲍润生神父是位心怀汉学的传教士，也是心怀福传的汉学家，他一生努力要将这两个层面加以结合，而且或多或少有些成就。虽然他未能完成他所愿或所能达成的一切，然而有一点他是成功的，那就是他从一位从事学术研究的汉学家变成一位真正的中国人的朋友。他珍惜热爱中国的历史、语言，更珍惜热爱这片土地上的中国人民。他亲手创办，如今已近70年历史的《华裔学志》就是他热爱中国的纪念碑。

（原载辅仁大学《华裔学志丛书》第一辑：《有关中国学术性的对话：以〈华裔学志〉为例》，魏思齐主编，辅仁大学出版社，2004年。翻译：查岱山，辅仁大学德文系教授。）

附录：

鲍润生神父为《华裔学志》第 1 卷（1935）写的"编者语"：

本期刊的宗旨可见于期刊的名称及第 1 卷的内容。

我们的用意是提供大众各种资料，以便研究中国及其邻近国家的人民、语言和文化，同时也不忽略人种学和史前史的领域。

在各类文章、书评中，我们要为读者提供当代学术研究的最新成果。

最后我们希望，在研究工作上占有天时地利的远东学生，能在这本期刊中找到鼓励和引导。

我们欢迎各类学术性文章，也包括一些有争议性的文章，但是这类文章应避免任何人身攻击。

北平辅仁大学校长陈垣在《华裔学志》第 1 卷（1935）第 244 页献给鲍润生的诗作：

闻鲍润生司铎翻楚词书此为赠⁸¹

屈子喜为方外友，骞公早有楚辞音，
而今又得新知己，鲍叔西来自柏林。
演西也是西来客，天问曾刊艺海尘，
此日若逢山带阁，引书定补鲍山人。

闿铙涧生习锋绣楚词真足矜 陈垣

孟子卷为方外友肇以早有楚之词真而不又行

新知已铙叔西来自柏林

演西也是西来客天南曾刊艺海虚告若

逢山带阁引书定补铙山人

关于本诗中的一些词语，注释如下：

1.铙公指道铙，乃公元 6 世纪著名的佛教僧人。他著有《楚辞音》，该书在《隋书·经籍志》中虽有提及，却佚失已久，直至在著名的敦煌出土文献中发现有一版本。

2.鲍叔，原指鲍叔牙，春秋齐国人士，与管仲为莫逆之交，引为美谈。

此处用"鲍叔"喻指鲍润生神父。

3. 耶稣会士阳玛诺（Emmanuel Diaz，1574—1659），字"演西"。他著有天文学论著，名为《天问略》，借用了《楚辞》《天问》的篇名。下句"艺海尘"指丛书《艺海珠尘》，清嘉庆年间吴省兰辑，其中收录了阳玛诺的《天问略》。

4. 山带阁是康熙年间文人蒋骥的室名别号，他编有《山带阁注楚辞》，书中多处引用利玛窦和汤若望的著作。利玛窦神父被尊称为"利山人"，意即"隐遁之人"。作者此处是说，假若蒋骥看到鲍润生译注的《楚辞》，将会像称呼"利山人"那样称其为"鲍山人"。

圣言会顾若愚神父写的"编者语"

我满怀悲伤地向《华裔学志》的读者宣布鲍润生神父突然过世的消息，由于他的骤逝，北平天主教辅仁大学可谓蒙受巨大的损失，而且还会进一步影响到整个的汉学界。鲍润生神父多年来的不懈努力，给汉学研究带来丰硕的成果。鲍润生神父初染病时，曾亲自要求我保管他的文稿，并且继续他未竟的工作。虽然他许多伟大计划的执行一定会延搁，但是我们全心地希望能将这些计划实现：《楚辞》的审定版（附完整的索引）、汉语语法等。

有关鲍润生神父所创办的《华裔学志》，天主教辅仁大学已决定继续办下去，深信没有任何其他的"杂志"更能帮助我们纪念鲍润生神父。他那具有批判性的精神将继续陪伴、指导这本期刊未来的发展方向，这是我们编辑部的一致愿望。

对于我们忠实的作者们，我要请求大家把投给《华裔学志》的所有文章、书评等稿件直接寄给我。有关行政方面的事宜，请向法国书局的发行人魏智（H. Vetch）先生洽商。

顾若愚博士

注　释：

① 到目前为止，这本期刊历经的情况如下：北平（1935—1949）、东京（1949—1956）、名古屋（1956—1963）、洛杉矶（1963—1972）及圣奥古斯丁（1972 至今）。

② 有关鲍润生生平资料参见 Goertz, "P. Franz Biallas"，发表在 "*Zur Ewigen Heimat*" 1（1936）4,177–179; G. Fennrich, "Die Steyler Patres Arndt（1962）, Biallas（1936）及 Schebesta（1967）im Dienst der Völkerkunde"，收在 *Archiv für Schlesiiische Kirchengeschichte* 29（1971），256–261; J. Huppertz, "Aus den Anfängen der *Monumenta Serica*"，发表在 H. Köster（编者），"*China erlebt und erforscht. Partielle Beitr"ge yur kritischen Chinakunde*（München 1974），191–233; R. Malek, "Monumenta Serica：Journal of Oriental Studies"，发表在 *Collectanea Theologica*（Warszawa）48（1978）II.167–174; 另见同前者所著的文章 "Monumenta Serica（1935–1985）"，发表在 *Verbum* SVD 26（1985），261–276; 同前者 "Monumenta Serica Biblioigraphie（1935–1985）"，发表在 *Neue Zeitschrift für Missionswissenschaft* 42（1986），129–136：C. Gumbrecht, *Die Monumenta Serica—eine sinologische Zeitschrift und ihre Redaktionsbibliothek in ihrer Pekinger Zeit*（*1935-1945*），Köln 1994，特别是 33–38、47–52，另参见 *Bibliotheca Missionum* XIV/1，第 19 期，第 336 页；R. Malek, *Monumenta Serica* Index to Volumes I–XXXV，St. Augustin 1993，不同的资料见 R. Hartwich SVD（编者），Joh. Weig, *Chronik der Steyler Mission in Tsingtao 1923-1947*，Romae 1980（Analecta SVD-46）；同前者：*Steyler Missionare in China. Beiträge zu einer Geschichte*，第三册：*Chinesische Revolution und Erster Weltkrieg 1911-1919*；第四册：*Geistlicher Führer seiner Chinamissionare Rev*，mus. P. Wilh. Gier 1922；第五册：*Aus Kriegsruiiiiinen zu neuen Grenzen 1920-1923*；第六册：*Aus den Wogen des Chinesischen Bürgerkrieges 1924-1926*，Romae 1987–1991（Analecta SVD-61/III–VI）；另见 *Amerikanisches Familienblatt* 26（1927），221 及以下：*Fu Jen Magazine* 5（1936）103; Our Missions 6（1936），142–146; SChr 1919.

88；1920，70；1921，60；1927，35；1933，91 及以下；1937，266。

③ 参见"Taufbuch Bankwitz, Jahr 1878"的复印件，发表在今波兰教区档案室，5936 b.；另参见"来自 Schwiirz Krs. Namslau 的鲍润生的履历，第 1011 号"以及 1893 年 10 月 12 日的"Verwandtschaftliche Mittheilungen"，见圣言会总档案室，11. 214。

④ 在他的书信往返中有多处线索可循，表明他的波兰出身。参见包括 "Berichte über die Novizen"，Eikenbroock 1901 年 6 月于圣加布里致杨生神父函，AG，68.015："鲍润生：有波兰人的特性。很乖巧，值得推荐。"在鲍润生高年级部高年级班的结业证明中，他在施瓦茨的老师 H. Niedziella 于 1893 年 3 月 25 日写道："勤勉异常，态度值得赞赏，同时按时上课。他的成绩特优。"Carlsruhe 大夫于 1983 年 10 月 12 日开立的证明中写道："来自施瓦茨的男孩 Franz Xaver（鲍润生）15 岁，身体与精神均很健康，无身体的残疾。"（载于 AG Ord. 27）。

⑤ 他于 1893 年 10 月 15 日在施瓦茨所写的"个人履历补充"中曾提到他做出这样决定的动机："我们的导师告诉过我们，目前大约还有一亿人没有信教，不认识救世主。他为孩子们准备了下列的书来阅读：*Manna für die Kinder*，*Missionär* 以及 *Apostelkalender*。……因为这些著作以及天主的恩宠，我内心想要成为传教士的念头逐渐成长。……我迫切地请求录取我进入奈斯的修道院。同时我在修道院承诺，我将全心全力地追求一位好的传教士所应具备的德行。"

⑥ 在十字圣架（Heiligkreuz）修道院的前几年分一到七年级。学习的最后两年，就是所谓的"高中"是在圣加布里结业。在十字圣架拉丁语很受重视，除此之外，还上法语和意大利语。关于这些以及十字圣架修道院的历史参见 J. Alt SVD, *Arnold Janssen, Lebensweg und Lebenswerk des Steyler Ordensgründers*，Romae 1999（Aanalecta SVD-81），454–479; 另参见 K. J. Rivinius, *Die Geschichte des Missionshauses Heiligkreuz. Von Anfängen bis 1945*，抽印本取自：*Archiv für schlesische Kirchengeschichte*，第 50 册，Sigmaringen 1992。

⑦ 有关圣言会创立者的资料，请参见 1999 年出版的最新且详细的

《杨生传》, *Arnold Janssen, Romae 1999. -Zur Geschichte des Mutterhauses St. Michael in Steyl*, 102–191。

⑧ 关于圣加布里的资料，参见 J. Alt SVD *Die Geschichte des Missionhauses St. Gabriel der Gesellschaft des Göttlichen Wortes. Das erste Jahrhundert 1889-1989*，Romae 1990（Analecta SVD 67）。——关于在圣加布里至 1914 年的学习过程参见同上，132–153；另参见 *50 Jahre St. Gabriel. Gedenkblätter zum goldennen Gründungsjubiläum des Missionshauses St. Gabriel, Wien-Mödling. 1889-1939*，*Missionsdruckerei* St. Gabriel，Wien-Mödling 1939，53–85。

⑨ 参见 "Buch der Zöglinge des Missionshauses Heiligkreuz"，第 31 期。另见 "Buch der Priester-Heiligkreuz"，第 15 期。二者均收在圣言会波兰档案室，参见同上。——另见鲍润生 1989 年 8 月 14 日于施瓦茨致杨生神父函，载于 AG Ord. 27。参见 Köster 于圣加布里致杨生神父函。同上，1900，载于 AG，67. 808：（鲍润生神父：天分和成绩均耀眼，以往很自负，咄咄逼人，然而后来却改头换面，变得友善，谦虚，感动了所有的人。——P. Josef Köster）Köster 神父是他在圣加布里时候的辅导神师及老师。——在"录取初学评断"中这样写道："鲍润生：很有才华，成绩优异，勤勉、专注、文静，很好的修生。"（AG，67. 810）

⑩ 有关吉尔的资料，参见 F. Bornemann, P. Wilhelm Gier 1867–1951. *Dritter Generalsuperior SVD 1920-1932*，Romae 1980（Analecta SVD-50）；R. Hartwiiich SVD（编者），*Steyler Mission in China*，第四册，Romae 1988。

⑪ 吉尔 1901 年 7 月 1 日致杨生神父函，AG，68. 0. 29。

⑫ 参见顾若愚神父致杨生神父函，1901 年 7 月 29 日。

⑬ 参见鲍润生 1904 年致杨生神父函："经过深思熟虑之后……我斗胆向您，尊敬的总会长，谦卑忠诚地向总会长恳求，惠准我提出进入修会发终身愿的申请。……在修会中不论长上派遣我去何处工作或如何工作，我均完全服膺。" AG，68. 529。

⑭ 参见鲍润生 1904 年致杨生神父函，AG，69. 896。

⑮ 参见顾若愚神父 1905 年 3 月 30 日致杨生神父函："鲍润生神父：颇具

思考能力……同时私底下进修古代经典文献（数学、希腊文等）。他的个性在几年前受到指正后有了根本的改变。虽然他偏好心灵辅导胜过福传工作，但是在课堂中他贡献良多。"AG，69. 894/2。

⑯ 参见 J. Alt SVD, *Arnold Janssen*, Romae, 1999, 846–850。

⑰ 韩宁镐在 1904 年 9 月 24 日写信给兖州府总会长杨生神父。对照圣言会 H. Fischer 写的韩宁镐的传记, *Augustin Henninghaus 53 Jahre Missionar und Missionsbischof. Ein Lebensbild*, Missionsdruckerei Steyl, Post Kaldenkirchen 1940;另见 K. J. Rivinius, *Traditionalismus und Modernisierung. Das Engagement von Bischof A. Henninghus auf dem Gebiet des Bildungs-und Erziehungswesens in China*（*1904-1914*）Nettetal 1994（Veröffentlichungen des Missionspriesterseminars St. Augustin 44 期）。韩宁镐在鲁南工作达 50 余年（32 岁时便任教区主教），直到过世，他不仅备受圣言会器重，同时也极具影响力。对总会领导阶层而言，在长达 30 年的时间里，凡是与中国有关的问题，大家都以他马首是瞻，他是唯一的权威。对此参见：吉尔 1927 年 2 月 24 日于史太尔致鲍润生函。吉尔写道："当然你有充分的权利对我说出你内心的话，特别是你觉得受到委屈的时候。另一方面你也要想到一点，就是对我而言，听到对我们一向尊敬的一些人的批评，而这些人几十年来在最严峻的条件下工作，任劳任怨。这叫我很难过。"（AG Ord. 27）根据在 AG 保存的信件中的背景，今天可确定一点，即鲍润生神父到鲁南不久，他与韩宁镐之间的关系便因为种种因素变得很紧张。直到他过世，二人彼此嫌恶。

⑱ 参见 H. Fischer, *Augustin Henninghaus*, Steyl 1940, 283–284。

⑲ "修会一直把中国视为传播福音的重点地区。中国是个人口众多的国家。4 亿到 5 亿的人口数比欧洲、美洲和澳洲的总人口数相加还要多，却只有 50 万个教友，其余的人都还不认识天主。"参见 Alt SVD（编者），Kleiner Herz-Jesu Bote 6（1879），另见 J. Alt SVD（编者），*Arnold Janssen SVD: Briefe nach China*，第一册：1879–1897，第二册：1897–1904，第三册：1904–1908，Romae 2000–2002（Analecta SVD-82/I–III）有关 *Freinademetz's Bibliographie*（福若瑟传）参见 F. Bornemann, *Der selige P. J. Freinademetz 1852-1908. Ein Steyler*

Missionar, Romae 1976（Analecta SVD-36），关于此事见第48—62页。有关1886年起便担任鲁南代理神父的安治泰神父参见 F. Bornemann, *J.B.Anzer, bis zur Ankunft in Shantung 1880*, Romae 1977（Analecta SVD-38）; K. J. Rivinius SVD, *Weltlicher Schutz und Mission.Das deutsche Protektorat über die katholische Mission von Süd-Shantung*, Köln-Wien 1987。

⑳ 参 见 Bornemann, *Arnold Janssen, der Gründer des Steyler Missionswerkes 1837-1909*, Romae 1969（Verbum Supplementum 12），41f, 47–50, 58, 124–154; H. Rzepkowski，"Die China-Mission in den Dokumenten der Gesellschaft des Göttlichen Wortes"，发表在 *Verbum* SVD 21（1980），247–251; R. Hartwich, *Steyler Missionare in China. Beiträge zu einer Geschichte*，第一册：*Missionarische Erschließung Süd-Shantungs 1879-1903*，第二册：*Bischof A.Henninghaus ruft Steyler Missionsschwestern 1904-1910*, Romae 1983–1985（Analecta SVD-61/I–II）。

㉑ 关于 Antropos（人类学研究所）创立者以及与期刊同名的研究机构的资料，请参见 F. Bornemann, *P. Wilhelm Schmidt SVD 1868-1954*, Romae 1982（Analecta SVD-59）; E. Brandewie, *When Giants walked the Eearth. The Life and Times of Wilhelm Schmidt SVD*, Fribourg 1990（Studia Instituti Antropos, 44 册）。

㉒ 参见杨生神父1905年4月23日于圣加布里所拟的"1905年新祝圣神父派遣名单"，AG，69. 955。

㉓ 杨生神父1905年4月23日致圣加布里 Holthausen, Blum 和 aufder Heide 三位神父函。

㉔ 参见 J. Alt SVD, *Arnold Janssen*, Romae, 1999, 478–479。

㉕ 圣温德尔从1898年起便成为修会的高中。参见 J. Alt SVD, *Arnold Janssen*, Romae, 1999, 479ff。

㉖ 参见杨生神父分别于1905年5月6日写给在圣温德尔和圣加布里的 Noetscher, Puff 和 Kretten 三位神父的信，AG，69. 974；1905年5月9日写给在圣加布里的 Bergmann, FXB, Moehlis, Müller 和 Wiesenthal 五位神父的信以及杨生神父1905年6月2日写给在罗马的福若瑟神父的信。

㉗ 参见"圣温德尔修道院编年史"，第一册（1898—1906），1905年5月

24 日，190：“被选派作为汉学家的鲍润生神父来到此地。他精力充沛，是位波兰人，这些在第一次见面时便得到完全的证实。”

㉘ 参见威廉·史密斯 1906 年 7 月 23 日致杨生神父函，AG Ord. 27，以及 1906 年 7 月 27 日杨生神父致威廉·史密斯函，AG，64. 622/2。

㉙ 参见圣言会修士 M. Stohl 2000 年 11 月 22 日于圣温德尔汇编的 “Unterrichts fächer von P. Biallas SVD im Missionhaus St. Wendel 1905–1910 zusammengestellt aus Probearbeiten 1899–1910 im Missionhaus St. Wendel”（“1899—1910 年在圣温德尔修会见习期中，圣言会鲍润生神父于 1905—1910 年间在圣温德尔所教授的科目”）。

㉚ 关于他的生平参见 H. Fisher 著 *Vater Arnolds Getreuen*（杨生神父的传人），圣言会出版部，1925，3–164; 以及 Bornemann 主编 *Geschichte unserer Gesellschaft*（2），Romae 1981（Analecta SVD-54），25–26。

㉛ 参见鲍润生神父 1909 年 1 月 27 日和 1910 年 1 月 16 日在圣温德尔的致 Reidick 函，AG Ord，还有 1910 年 2 月 8 日在圣加布里的布鲁姆致鲍润生函，AG Blum-Kb，19 期和 50 期；另请参照 1910 年 2 月 22 日布鲁姆于圣加布里订定的 “Vorläufige Bestimmungsliste der Neopresbyter”。

㉜ 参见布鲁姆 1910 年 2 月 23 日于圣加布里致鲍润生函，AG Blum-Kb，第 19 期，117。

㉝ 有关汉学的历史概况，参见傅兰阁 1911 年于汉堡发表的 *Ostasiatische Neubildungen* 中 的 “Die sinologischen Studien in Deutschland”，357–377; 以 及 1930 年 E. Haenisch 著 “Sinologie. Aus fünfzig Jahren deutscherWissenschaft”，Berlin；还 有 1953 年 傅 海 波 著 *Sinologie*, Bern 1953（*Wissenschaftliche Forschungsbericht, Geistwissenschaftliche Reihe, Orientalistik I*, 19 册。这本著作在经过 50 年之后仍是有关汉学历史的经典之作。书中第一句便写道：“所谓‘汉学’是指用语言学的方式对中国的研究，从来自中国的各种资料中研究中国的历史、文化。由于中国文学是其东亚及中亚邻国的民族和文化的重要而且常是唯一的来源，它的影响远远地超越了中国原本的国界。”）。

㉞ 更多资料，请参见 E. Haenisch 写 的 “Die Sinologie an der Berliner

Friedrich-Wilhelm-Uni-versität in den Jahren 1889–1945", 发 表 在 Leussink 和 其他编辑者编辑的 *"Studium Berolinense: Aufsätze und Beiträge zu Problemen der Wissenschaft und zur Geschichte der Friedrich-Wilhelms-Universität zu Berlin"* 1960, 554–566。

㉟ 1912 年，柏林设置了德国第二位汉学教授的讲座。可是由于德国欠缺符合资格的应征者，便聘请了来自莱顿（Leiden）的荷兰人高延。他主要的作品 *"The Religious System of China"*（第一至第六册，Leiden 1892—1910），目的是指出中国人在宗教观念上的简单幼稚、中国人的迷信以及中国人原始落后的社会发展状况。高延当时想要借一切的方式，包括军事的力量，来贯彻所谓的中国的"文明化"。在柏林的汉学家顾路柏和佛尔克也认为有借助西方的传教工作促进中国文明化的必要，但是他们有时批评使用暴力手段的方式。莱比锡的汉学家孔好古和何可思则对西方世界借传教来把中国"文明化"的做法提出质疑。由于高延跟所谓"莱比锡学派"间的冲突龃龉，大大阻碍了德国汉学的发展。参见 M. Leutner, "Weltanschauung-Wissenschaft-Gesellschaft. Überlegungen zu einer kritischen Sinologie", 发表在 H. Martin 和 Chr. Hammer（编者），*Chinawissenschaften-Deutschsprachige Entwicklungen. Geschichte, Personen, Perspektiven*, Hanburg 1999, 27–41，另 见 A. Forke, "De Groots Lebenwerk", *OAZ* 9（1922），266–275。

㊱ 他从 1903 年起便在柏林担任计划编制内汉语教师，1913—1918 年在伯克利加州大学担任教授之职，1923—1935 年在汉堡担任教授之职。参见 F. Jäger, "Zum 75. Geburtstag von Prof. Alfred Forke", *OR* 23（1942），14–15; E. Haenisch, "Alfred Forke", *ZDMG* 99（1945–1949），4–6; E. Erkes, "Alfred Forke", *AA* IX（1946），148–149。

㊲ 他是重要的汉学家和印度尼西亚学家。1897 年起，他在莱比锡担任东亚语言副教授，并于 1914 年成立了东亚语言研究所，到 1922 年他以正教授的身份领导该研究院。他对于汉学任务的观念远远超越了纯语言学的范畴，他把汉语的研习与中国文化、历史和传统相结合，如此他便将汉学扩充成为区域学的研究。1925 年他的继任者为海尼士（1880—1966）。自传及作品目录参

见 Bruno Schindler, "Der wissenschaftliche Nachllaß August Conradys. Ein Beitrag zur Methodik der Sino-logie", *AM* 3（1926），104–115; Paul Pelliot, "Ne'crologie. Auguste Conrady", *TP* 24（1926），130–132; E. Erkes, "August Conrady（1864–1925）zu seinem 90. Geburtstag", *Wissenschaftliche Zeitschrift des Karl-Marx-Universität Leipzig IV*（1954–1955），199–205。

㊳ 参见鲍润生 1910 年 11 月 16 日致在柏林的布鲁姆函，AG Ord. 27。

㊴ 参见鲍润生 1910 年 4 月 25 日从柏林致布鲁姆函，AG Ord. 27。

㊵ 参见鲍润生 1914 年 1 月 9 日、2 月 2 日、3 月 11 日和 5 月 3 日致布鲁姆函，均收于 AG Ord. 27 中。——鲍润生直到过世前常与伯希和保持联络，伯希和曾于 1935 年 6 月 3 日在北平为《华裔学志》的成立而写了一封信给鲍润生，该信刊登于《华裔学志》第 1 卷（1935），第 192 页。更多有关伯希和的资料参见：戴何都（R. Des Rotours）:《伯希和：1878.5.28—1945.10.26》，刊于《华裔学志》第 12 卷（1947），第 266—276 页。

㊶ 参见布鲁姆 1913 年 3 月 19 日布鲁姆于史太尔发布的"1913 年任命名单"，APP，o.A.。

㊷ 鲍润生 1925 年 2 月 3 日致布鲁姆函，AG Ord. 27。鲍德姆斯（J. Bodems，1867—1927）从 1906 年起便跻身总参议会（Generalrat）中。1909—1919 年和 1920—1927 年他担任副总会长。布鲁姆于 1919 年过世后，他以总会长的身份负责会务达一年之久。参见 *SMB* 54（1926/1927），177–179。

㊸ 参见鲍润生 1915 年 1 月 12 日、15 日，1917 年 1 月 22 日、4 月 14 日和 12 月 31 日，1918 年 2 月 5 日自卡塞尔致布鲁姆函。鲍润生 1925 年 2 月 3 日自青岛致鲍德姆斯函，均收于 AG Ord. 27。

㊹ 参见鲍润生 1918 年 12 月 22 自卡塞尔致布鲁姆函，AG Ord. 27。

㊺ 从 1920 年 1 月到 7 月，他应维也纳枢机主教 F. G. Piffl（1864—1932）之请，并获得日内瓦长上同意担任 Piffl 在 "Union internationale de secours aus enfants" 的 "Exekutiv Komitee" 的正式代表。参见鲍润生 1920 年 3 月 21 日在日内瓦致鲍德姆斯函，AG Ord. 27。

㊻ 对于申请波兰国籍对未来工作的好处，鲍润生曾于 1920 年 3 月 21 日

写信报告在日内瓦的鲍德姆斯，AG Ord. 27："现在的问题是，我将成哪一国人。7 月份在西里西亚举行的投票表决会提供答案。对将来在中国的工作而言，我当波兰人比较好。"

㊼ 参见附录中鲍润生神父作品。

㊽ 参见鲍润生 1920 年 3 月 21 日于日内瓦致鲍德姆斯函，AG Ord. 27。

㊾ 参见鲍润生 1920 年 9 月 11 日于圣加布里致鲍德姆斯函以及 1920 年 11 月 11 日、25 日致吉尔函。两函均收于 AG Ord. 27。

㊿ 参见鲍润生 1921 年 4 月 14 日于史太尔致吉尔函和 1921 年 6 月 6 日于施瓦茨致鲍德姆斯函，AG Ord. 27。

(51) 参见鲍润生 1920 年于圣加布里致吉尔函，AG Ord. 27。

(52) 鲍润生对此有下列的说明："有关中国风俗习惯的出版物方面，我曾与修会省长 Ziegler 讨论过。他认为这是很有帮助的，而且十分可行。至于其他传教人员在这方面肯定会共同合作！"— P. Josef Ziegler SVD（1864—1925）1914—1923 年担任鲁南圣言会长上。参见 *SMB* 53（1925/1926），194–196。

(53) 参见鲍润生 1921 年 7 月于柏林致吉尔函，AG Qrd. 27。

(54) 参见约翰·维格 1926 年 4 月 20 日于青岛致吉尔函，AG Ord. 27。

(55) 参见 W. Schüler，"Richard Wilhelm"，*OAR* 11(1930)，170–173。

(56) 1924 年年底鲍润生把"孔子模型"寄到罗马，还附上 30 页的说明、3 张卡片以及 1 本孔庙及孔子冢墓的相片簿。参见鲍润生 1925 年 2 月 3 日和 4 日于青岛致鲍德姆斯函，AG Ord. 27。对于在罗马的福传展览，F. Bornemann 写过报告：P. Wilhelm Schmidt SVD，Romae 1982，182–198。

(57) 关于这一点在 AG 收录的鲍润生与会长吉尔以及葛林德 1932—1947 年间的通信中，多处可以清楚见到。

(58) 参见鲍德姆斯 1924 年 12 月 5 日于史太尔致鲍润生函，AG Bodems-Kb 25 期，536。

(59) 鲍润生 1926 年 4 月 24 日于上海致吉尔函，AG Ord. 27。

(60) 参见 H. Fischer，*Augustin Henninghaus*，Steyl 1940，258f；另见史赫曼（Hermann Schoppelrey，1876—1940）1926 年 5 月 12 日于戴家庄（山东济

宁附近）致鲍润生函，AG Ord. 27。——史赫曼神父从 1923 年起担任鲁南地区长上，他也是鲍润生修会的长上。

⑥ 维昌禄蒙席在 1925 年 3 月被任命为青岛地区省长前，为兖州府修会会长，1928 年他被任命为青岛教区主教。另见维昌禄在 1925 年 10 月 12 日于青岛写信给史赫曼，AG Ord. 27："我已多次口头及书面提到过鲍润生神父表现出来的特殊本质和行为。……他现在表面上对我没有露出直接的敌意，可是在跟我来往时却明显冷淡，一副拒人千里之外的样子，使得我在青岛……停留期间感到十分难过，甚至尴尬。……不久前我曾写信给总会，请求把这位神父调回去。"——鲍润生于 1926 年 4 月 24 日写道："当时修会尊敬的长上来到青岛的时候，我全心全意地对待他，把我内心所想的、我所做的都告诉他。……他显得兴致盎然的样子。……然而当我跟他谈到纯学术性质的研究工作，并给他看我博士论文的原稿及其他的作品……的时候，他用手挥了挥。他不用说些什么，这动作已够明白了……。他只看了一篇文章，对其他的事情便再也没提过。……如此种种，我可以感觉出来，他对学术性研究暂时没有兴趣，如此，我想长期留在青岛也变得不可能。"——另参见鲍润生 1926 年 11 月 11 日从上海致吉尔函；巴特尔斯（Bartels）1925 年 10 月 18 日从青岛致史赫曼函；史赫曼 1925 年 10 月 20 日从青岛致吉尔函；约翰·维格 1926 年 4 月 20 日从青岛致吉尔函。以上皆收于 AG Ord. 27。

⑥ 约翰·维格神父是维昌禄省长的侄儿。他在山东和史太尔享有盛名，1891—1920 年在鲁南工作，1909—1920 年在史太尔总会任职，1922 年以后在青岛担任中国人的宗教辅导工作。对此见 R. Hartwich（编者），*Joh. Weig*，Romae 1980。

⑥ 参见鲍润生 1926 年 11 月 11 日于上海致吉尔函，AG Ord. 27："我被困在青岛了，同时……我深信在上海的这些人根本不了解学术研究工作，特别是汉学研究方面需要协助。鲁南是韩宁镐蒙席在领导，为何在学术研究上没有取得有价值的成就，理由便在于此。韩宁镐蒙席尽管信誓旦旦，在这方面却非但未能起促进作用，反倒成了阻碍。"

⑥ 参见鲍德姆斯 1926 年 2 月 15 日致鲍润生函，AG Ord. 27。

⑥ 参见鲍润生 1925 年 2 月 3 日于青岛致鲍德姆斯函，1926 年 4 月 25 日自上海致鲍德姆斯函以及 1930 年 8 月 22 日于上海致吉尔函。皆收于 AG Ord. 27。

⑥⑥ 参见鲍润生 1926 年 4 月 25 日于上海致鲍德姆斯函；约翰·维格 1926 年 4 月 20 日于青岛致吉尔函。两函均收于 AG Ord. 27。约翰·维格就在当天写了一封长信，替鲍润生说情。

⑥⑦ 鲍润生继续留在中国的条件为：1. 改善他与教会长上的关系；2. 恪遵修道院的规定；3. 严守修会规则；4. 戒烟；5. 对他欠缺表现的指责借由尽快出版大量的作品来反驳。另请参见鲍德姆斯 1926 年 6 月 16 日于史太尔致鲍润生函，鲍润生 1926 年 4 月 24 日、25 日于上海致鲍德姆斯函，鲍润生 1926 年 11 月 11 日于上海致吉尔函。皆收于 AG Ord. 27。

⑥⑧ 参见 1926 年 9 月 4 日杨瑟（Peter Janser，1878—1959）致吉尔函，AG，同前。另参见 1926 年 11 月 11 日鲍润生于上海致吉尔函，AG Ord. 27：杨生神父是一位具有远见、心胸又宽阔的长上。在他那儿我第一次得到我在中国时所需要的理解与支持。……圣言会杨生神父在上海（1924—1930）为圣言会中国教区建立了中华省财务部并担任部长。参见 J. Fleckner（编者），*So waren sie*，第二册，St. Augustin-Steyl 1995，183–185。圣言会省的第一个会址是在 Route des Soeurs 157（原法租界名，今名瑞金路）。从 1930 年起会址在 Route Ratard 709（原法租界名，今名巨鹿路）。

⑥⑨ 今天《华裔学志》编辑部的图书馆便源自鲍润生的私人图书馆。图书馆在北平时期的馆藏经整理重建共有 406 个标题，其中 188 个标题是来自鲍润生的私人图书馆。更多有关资料参见 C. Gumbrecht: *Die Monumenta Serica in ihrer Pekinger Zeit*, Köln 1994, 85–92。 同 前，147–186, die "Liste der westlichsprachigen Titel des Pekinger Bestandes der Redaktionsbibliothek der Monumenta Serica" mit Besitzvermerken von FXB.

⑦⑩ 参见舒尔茨（Paul Schulz，1893—1970）1928 年 11 月 1 日致吉尔函，舒尔茨曾报告，鲍润生神父为了给圣言会在甘肃新建的修道院送货的事情，在 1929 年 10 月与南京外交部展开交涉。由于鲍润生神父外交能力高明，获得一

封安全通行证。舒尔茨另外写道："今年的外交工作和骆驼商队结合在一起了，这可是前所未有的事……鲍润生神父给予我支持，我已在信上提到。他以圣言会省代表的身份前往南京，他们很高兴鲍润生神父是汉学家。事情的进行从头到尾很顺利，节省的经费为数甚巨。沿途需要缴纳的税金多得吓人……我常常找鲍润生神父同行……到目前为止他都乐意配合。"

② 参见鲍润生 1929 年 1 月 16 日于上海致吉尔函，AG Ord. 27："平常的时候我负责波兰人和俄国人的宗教辅导工作，因为这里其他人都不会说这两种语言。我所说的其他人是指其他负有宗教辅导责任的人。我很高兴我们的天主教教堂中能容纳东正教的俄国人。"

③ 圣文森（St. Vinzenz）修道院的总院长司泰莱是天主教在北平辅仁大学的创办人，1925 年起并担任校务长。参见 "In Memorium Rt. Rev. Archabbot Aurelius Stehle, O. S. B."，发表在 *Bulletin of the CUP*, 7（1930），5–7。

④ 早在 1906 年，在北京成立一所天主教大学的构想已在酝酿。1912年 7 月信奉天主教的报人及教育家英敛之（1866—1926）向教宗庇护十世（1835–［1903］–1914）呈递一份"备忘录"，其中也请求在北京成立一所天主教大学。参见 "Obituary of Sir Vincent Ying, K. S. G."，发表在 *Bulletin of the CUP*, 1（1926），29–33；D. Paragon, "Ying Lien-chih（1866–1926）and the Rise of Fu Jen, the Catholic University of Peking"，发表在 *MS* 20（1961），165–225。基于教宗庇护 11 世的希望，教廷传信部委托本笃会在北平创办一所天主教大学。1923 年 St. Vinzenz 总修道院（宾夕法尼亚州，美国）连同整个美国卡西安隐修会接手大学的创办工作。经过各种艰难的交涉，大学终于在 1925年 10 月 1 日成立，1927 年辅仁大学获得中国政府暂时的承认。1928—1930年天主教辅仁大学展开扩建，1931 年终于获得国家的承认。——有关天主教辅仁大学的历史及发展的资料中参见 G. O'Toole, "The Spiritual Lineage of the Catholic University of Peking"，发表在 *Bulletin of the CUP*, 1（1926），17–22；"Catholic University of Peking"，发表在 *CCS* 2（1929），341–351; J. Murphy, "Anfang und Entwicklung der katholischen Universität in Peking"，发表在 *SMB* 62（1934/35），46f; J. Goertz, "Die katholische Universität in Peking. Rückblick und

Ausschau", 同前, 184–186; H. Kroes, "Die katholische Universität in Peking", 发表在 *SMChr* 1967, 14–16。

⑭ 参见鲍润生 1926 年 11 月 11 日于上海致吉尔函, AG Ord. 27。

⑮ 参见吉尔 1931 年 12 月 17 日自罗马致史赫曼函, AG, 11.703f: "在修道院的司库（全权代表）的人员当中很遗憾一直还包括鲍润生神父在内, 舒尔茨（Schulz）神父因为他而伤透脑筋。对于途经此地的年轻神父而言, 他的行为举止也不足为范。……他一向我行我素, 虽然到目前为止几乎毫无建树, 各式各样的要求却层出不穷。每次外出都不请假, 还身着短袍, 凡此种种, 不一而足。我也怀疑, 他是否真的已经戒烟了……如果能不让他跟修道院团体共同生活, 一定会比较好。"

⑯ 参见吉尔 1927 年 2 月 24 日、3 月 31 日和 11 月 14 日自史太尔致鲍润生函。皆收于 AG Ord. 27。——关于顾若愚神父 1931 年到上海访视以及后来他与鲍润生神父建立起友谊之事, 参见顾若愚神父 1936 年 5 月 28 日自北平致葛林德神父函, AG 同上; 另见 J. Huppertz, "Aus den Anfängen der 'Monumenta Serica'", 收在 *China erlebt und erforscht*, München 1974, 193f。

⑰ 总主教刚恒毅从 1922—1933 年担任教廷第一任驻华代表, 1935—1953 年被任命为枢机主教为止他在罗马担任传信部部长, 参见 SMChr 1959, 8-9。他的继任者蔡宁总主教（任职时间为 1934—1946）, 参见 R. Hartwich, Joh. Weig, Romae 1980, 278 Anm. 17。

⑱ 参见鲍润生 1927 年 10 月 12 日、1928 年 1 月 12 日、1929 年 1 月 16 日、1931 年 11 月 14 日以及 1933 年 2 月 2 日于上海致吉尔函, 皆收于 AG Ord. 27。

⑲ 鲍润生 1930 年 8 月 22 日于上海致吉尔函, AG Ord. 27。

⑳ 《中国天主教百科全书》原本应由欧洲与中国学者合作, 由德国福莱堡（Freiburg）赫德尔出版社发行, 目的在于向中国知识分子介绍基督文化的精华。编辑工作于 1934 年交付辅仁大学圣言会, 总编辑鲍润生建议由顾若愚神父担任, 不过, 1936 年顾若愚神父便放弃这份工作, 之后战火连绵。中华人民共和国成立后, 因某些原因, 《百科全书》未能发行。参见 F. Bornemann, *P. Wilhelm Schmidt SVD*, Romae 1982, 239-245; J. Huppertz, "Das tragische

Schicksal einer chinesischen Enzyklopädie", 发表在同前及顾若愚（编者），*Kleine China-Beiträge*, München 1979, 11–75。另见顾若愚 1935 年 9 月 22 日于北平致葛林德函，AG 同前，9.771–9.773；葛林德 1936 年 12 月 17 日致雷冕函，AG, 66/3, 9.911。

⑧ 吉尔 1931 年 10 月 15 日于罗马致鲍润生函，AG, 9.723："您知道，对这样的请求我是无法拒绝的 ……在这种认定之下我立即给北平肯定的答复……让您参与宗教会议委员会，直到上述的工作完成为止。"参见吉尔 1931 年 10 月 16 日自罗马致史赫曼，AG 同上，11.684；史赫曼 1931 年 11 月 10 日于青岛致吉尔函，AG 同上，11.700。

⑧ 参见鲍润生 1931 年 11 月 14 日于上海致吉尔函，AG Ord. 27："这份工作对中国的福传任务当然非常重要，然而它很不容易做好，而且有些部分脱离了我到目前为止研究的框架。"另参见史赫曼 1931 年 9 月 24 日于戴家庄（Taikia）致吉尔函，AG 同上，9.724；吉尔 1931 年 10 月 15 日于罗马致苗德秀函，AG 同上，9.722；鲍润生 1932 年 3 月 11 日于上海致苗德秀函，AG 同上；鲍润生 1933 年 7 月 14 日于北平致葛林德函，AG 同上，7.171–7.177："翻译系……对我而言一直是针对这种工作的唯一地点：一所大学，大学里面有各种人才，还有图书馆。我在这里看得越来越清楚，在这里会比在上海好。"

⑧ 参见顾若愚 1935 年 9 月 22 日致葛林德函，AG, o. A, 9.771–9.773。

⑧ 有关天主教北平辅仁大学移交给圣言会的经过，参见 K. J. Rinivius 的报告：《北平天主教辅仁大学以及圣言会 1933 年接收辅仁的经过》，发表在 *Verbum* SVD 21（1980），206–228。

⑧ 向传信部提出的条件为：1. 本笃会应负责到该学年结束；2. 大学应先移交给宗座代表（Apost Delegatur），以便首先将本笃会的不动产权和资产清算整理；3. 大学的长期债务和经（日）常债务不应由圣言会接收；4. 做到以上三点之后才能完成把大学移交给圣言会的工作。参见葛林德 1933 年 5 月 10 日于罗马致舒德禄函，AG Ord. 641/1933–34, 7.060–7.062。

⑧ 参见 K. J. Rinivius, 1980, 220f。

⑧ 参见传信部部长富马索尼·比昂迪（Fumasoni-Biondi）枢机 1933 年

5 月 8 日从罗马致葛林德函（记录编号 1480/33），AG Ord. 27；葛林德 1933 年 5 月 10 日自罗马致舒德禄函，7.060–7.062；葛林德 1933 年 5 月 10 日于罗马致苗德秀函；舒德禄 1933 年月 3 日于罗马致葛林德函，7.094–7.098，皆收于 AG, 641/1933–34。

⑧⑧ 参见苗德秀 1933 年 6 月 22 日于北平致葛林德函，AG, 641/1933–34，同上。"我很愿意相信，鲍润生神父已经到了他一生当中最重要的转折点……他是一位具有批判力的顾问，很多构想也是他首先提出来的……此外，我诚心并郑重地说，他对您无比信任，而您对他的影响无人能比。他这位伟大的、受人尊敬的汉学家，对您加诸于他、乍看之下有些委屈他的要求——让他成为苗德秀的下属，凡是有关大学所做的决定都要经过苗德秀的批准——他完完全全地遵守不逾，一切事宜均经过我们共同的讨论。"

⑧⑨ 参见苗德秀致葛林德函，出处同上。"舒德禄神父和鲍润生神父于 5 月 31 日抵达……我必须坦白地说，你派遣这两位先生来到此地所做的第一件事，可谓好得无以复加。他俩 11 点过后抵达此地，立即参加盛大的宴会……当时就能立刻看得出来，这两位先生使用中文毫无困难，鲍润生神父还可以视对象的不同，潇洒地分别用英语或法语与人交谈。关于这一点，当日 3 点左右举行第一次会议时达到高潮。当时安东尼乌提提出讲'中文'的请求时，我让鲍润生神父坐在辅仁大学校长的身边，因为陈校长不会说外语……像这种事情，看似小事，可是它的重要性却是难以估计的。"

⑨⑩ 参见葛德林神父 1933 年 5 月 10 日于罗马致舒德禄函，AG, 641/1933–34，7.060–7.062。另参见《有关圣言会接办北平天主教辅仁大学的交涉简报》，发表在 AG, 641/1933–34，7.024。

⑨① 以后陆续有很多鲁南和其他修会省份的神父来到辅仁大学担任教职或行政职务。领导替换后的第一学年结束时，在大学有超过 1000 位大学生，34 位教授（其中 16 位来自圣言会），63 位讲师、助教。参见 K. J. Rivinius, 1980，225。

⑨② 鲍润生神父 1933 年 7 月 14 日于北平致葛林德函，AG, 641/1933–34，7.141–7.143，《北平辅仁大学状况报告》，参见 AG, 641/1933–34，7.171–7.177。

㊼ 葛林德 1933 年 12 月 16 日于罗马致鲍润生函，1933，AG，641/1933-34. o. A.。

㊼ 1933 年 5 月 30 日，鲍润生在兖州府的火车站对恭贺他调职的修会弟兄说："现在我终于可以为汉学多做一点事了。"参见 J. Huppertz，München 1974，197。

㊼ 参见顾若愚 1936 年 5 月 30 日于北平致葛林德函，1936 年 6 月 2 日致韩宁镐函；葛尔兹（Joseph Goertz，1901—1980）1936 年 6 月致葛林德函，1936 年 6 月 3 日、8 月 13 日致希尔格（Hilger）函。皆收于 AG，641/1936。

㊼ 参见 1936 年 5 月 28 日和 31 日韩克礼（Joseph Henkels，1901—1997）于北平致葛林德函；1936 年 6 月 4 日葛尔慈于北平致葛林德函。皆收于 AG，641/1936；另见 SMB 64（1937），205；《辅仁学志》第五期（1936），第 103 页。

㊼ 鲍润生神父经常谈到他的学术研究工作与计划中的作品。对此参见鲍润生 1925 年 2 月 3 日、4 日，6 月 26 日于青岛致吉尔函以及 1926 年 4 月 24 日和 11 月 11 日于上海致吉尔函，1927 年 10 月 12 日、15 日，1928 年 1 月 12 日，1929 年 1 月 16 日，1930 年 8 月 22 日，1931 年 11 月 14 日，1933 年 2 月 2 日。皆收于 AG，Ord. 27。

㊼ 有关此人参见西门华（Walter Simon，1893—1981），"Obituary of Dr. Bruno Schindler"，收在 AM 11.2（1965），93–100。

㊼ 有关此人参见傅吾康（Wolfgang Franke），"Fritz Jäger in Memoriam"，OE 4（1957），1–4。

⑩ 鲍润生 1929 年 1 月 16 日于上海致吉尔函，AG Ord. 27。另见佛尔克（A. Forke）在 OLZ 所写的评论，OLZ 33（1930）Sp.146/7；另参见史蒂夫（Steffes，1883—1955）在 ZMR 发表的评论，ZMR 19（1929），283。鲍润生将这本书奉献给"圣言会威廉·施密特神父，庆祝他六十大寿。他是《人类学》杂志的创办人，各个民族及语言的研究者，也是鼓励我、帮助我研究汉学的人"。

⑩ 有关何克思参见 K. Finsterbusch，"In Memoriam Eduard Erkes 23. Juli 1891–2. April 1958"，收于 AA 22（1959），167–170。

⑩ 鲍润生 1930 年 8 月 22 日于上海致吉尔函，AG Ord. 27："大家都纷纷抱怨欧洲人对中国不够了解，对这种说法我越来越能理解。假如我们对中国的历史，对它往昔的林林总总只认识支离破碎的部分，连皮毛都谈不上，怎么可能认识中国呢？ 这份工作对我来说越来越难，因为在这条漫漫研究长路上，我是孤孤单单一个人。"

⑩ 威廉·欧特曼当时是上海吴淞同济语言学校的主任。参见 M. Linde, "Die Tung-Chi Universität in Shanghai-Woosung" —— 收 在 *Deutschtum und Ausland*, 13. Heft, Münster 1928, 84–104；另见 F. Lessing, "Dem Andenken Wilhelm Othmers"，发表在 *Ostasiatis* 15（1934），311–314。——参见 F. Lessing 和 Othmer（编 者），*Lehrgang der nordchinesischen Umgangssprache*, 1, 2：*Umschrift und Uebersetzung*，青岛，1912。—— 有关莱辛（F. Lessing）见 R. C. Rudolph, "Ferdinand D. Lessing in Memoriam"，发表在 *OE* 9（1962），1–5。

⑩ 约翰·维格 1931 年 2 月 2 日于青岛致吉尔函，AG Ord. 27："鲍润生把《汉语入门》(*Einführung in die chinesische Sprache*) 这本书寄了给我，并且请求我对它 ……加以报道，我很乐于这么做。……那本书编得很好，很用心，是按照汉学的方式，编得很有水平。"

⑩ 参见鲍润生 1930 年 8 月 22 日于上海致吉尔函，AG Ord. 27。

⑩ 鲍润生 1934 年 4 月 7 日于北平致葛林德函，AG, 641/1934, 7.207：《汉语教程》(*Der Lehrgang der chin. Sprache*) 是阿道夫·豪普特（Adolf Haupt，? —1933）先生在青岛开始编写的。等到一些印张完成的时候，豪普特先生却去世了。有人建议，印刷的工作不要在青岛进行，因为接手的人无法将这份工作完成。我们在本地的印刷厂尚未扩建，不能按照所期望的形式来印这本手册，尤其是现在根本没有时间来校读那些印张……。出版商豪普特 1933 年 6 月 14 日过世。参见 R. Hartwich, *Joh. Weig*, Romae 1980, 270。

⑩ 约翰·维格 1931 年于青岛致吉尔函，AG Ord. 27。

⑩ 鲍润生 1920 年 3 月 21 日于日内瓦致鲍德姆斯函，AG Ord. 27。

⑩ 鲍润生 1926 年 11 月 11 日于上海致吉尔函，AG Ord. 27。

⑩ 鲍润生 1934 年 4 月 7 日于北平致葛林德函，AG, 641/1934–36。

⑪ 鲍润生 1934 年 4 月 7 日于北平致葛林德函，AG，641/1934–36, 7.203–7.207。

⑫ 鲍润生 1935 年 1 月 5 日于北平致葛林德函，AG，641/1935–36。

⑬ 对施密特 1935 年 5 月、9 月和 10 月在北平停留时期的活动和谈话，参见鲍乃曼（F. Bornemann），*P. Wilhelm Schmidt SVD*, Romae 1982, 230–252。

⑭ 鲍润生 1936 年 1 月 15 日于北平致葛林德函，AG，641/1935–36。

⑮ 20 世纪 30 年代有许多重要的中国、法国学者，特别是德国学者在北平工作。此外，从 1931 年在北平成立了"德意志学院"，到 1938 年为止，院长是谢礼士。该学院很快便成为在北平的德国人研究汉学的重要据点。参见 C. Gumbrecht, *Die Monumenta Serica—eine sinologische Zeitschrift und ihre Redaktionsbibliothek in ihrer Pekinger Zeit (1935-1945)*, Köln 1994, 33。

⑯ 参见 *Bulletin of the CUP*, 9, 1934, 33。

⑰ 参见 C. Gumbrecht, *Die Monumenta Serica—eine sinologische Zeitschrift und ihre Redaktionsbibliothek in ihrer Pekinger Zeit (1935-1945)* 35f。

⑱ 魏智和鲍润生 1935 年 11 月 11 日所定合约的复印件参见 AG, 66/3, 7.633–7636，另参见 C. Gumbrecht，*Die Monumenta Serica—eine sinologische Zeitschrift und ihre Redaktionsbibliothek in ihrer Pekinger Zeit (1935-1945)*，Köln 1994，45f。

⑲ 参见陈垣，《倾听未来计划》，发表在《辅仁学志》第 4 期（1935），第 157 页。

⑳ 参见 "Father Antoine Mostaert, C. I. C. M."，发表在 *MS* X（1945），1–4; E. Schierlitz, "In Memory of Alexander Wilhelm Baron von Staël-Holstein"，发表在 *MS* III（1938），286–289; R. Rahmann，"In Memoriam Ernst Schierlitz（1902–1940）. Mitherausgeber der Monumenta Serica"，发表在 *MS* VII（1942），VII–IX。献给艾克的祷词，见 P. Jaquillard, *AA* 34（1972）. 115–118。对于艾克在北平的贡献参见 W. Franke，*Im Banne Chinas*，Dortmund 1997，68f. ——有关 20 世纪 30 年代在北平的德国汉学家，参见同前，60f.，有关他们生平简传，参见柯马丁（M. Kern），"Die Emigration der Sinologen 1935–1945"，收于 H. Martin

和 Chr. Hammer（编者），*Chinawissenschaften-Deutschsprachige Entwicklungen*，Hamburg 1999，222–242。另见傅吾康（W. Franke），"The Younger Generation of German Sinologues"，发表在 *MS* V（1940），437–446。

㉑ 对于此点见马雷凯（R. Malek），《华裔学志》，各册目录，I–XXXV（1948），409–412，连同传记。

㉒ 参见施密特（W. Schmidt），"The oldest culture-circles in Asia"，发表在 *MS* I（1935–1936），1–16。

㉓ 鲍润生 1936 年 1 月 15 日于北平致葛林德函，AG，641/1935–36。

㉔ 葛林德 1936 年 2 月 13 日于罗马致鲍润生函，AG，66/3，7.431–7.434。

㉕ 顾若愚 1936 年 5 月 28 日于北平致葛林德函，AG，o. A.。顾若愚在引文同上处也写道："有些修会弟兄对鲍润生神父的研究抱着近乎可笑的观点，鲍润生神父想尽办法，明确表示不让他们插手《华裔学志》的事宜。最后，他还再度明确表达了这层意思，把他们排除在外。"

㉖ 葛林德 1936 年 5 月 6 日于罗马致鲍润生函，AG，641/1936："对于你们的《华裔学志》一出版便引起广泛的兴趣，我觉得很高兴……肯定的，《华裔学志》更进一步地加强了辅仁大学的学术地位。因此你们要不畏困难，全力以赴办好这份刊物。"韩宁镐主教也向北平表达恭贺之意，不过他的贺函却是寄给韩克礼校长的。参照韩宁镐主教 1936 年 2 月 7 日于兖州府写给韩克礼校长函，AG，641/1936。

㉗ 葛林德 1936 年 2 月 13 日于罗马致鲍润生函，AG，66/3，7.431："《华裔学志》寄来三本……这三本我立刻呈交圣座（庇护十一世），传信部部长富马索尼·比昂迪（Fumasoni Biondi）以及传信部秘书长（刚恒毅）。"

㉘ 鲍润生 1936 年 4 月 24 日于北平致葛林德函："有关我们这份新的刊物，来自各方面的好评不断，对此我特别为我们的大学感到高兴，因为我们的成功使大学获益匪浅。我们会竭尽全力，使《华裔学志》的内容更充实，同时能按时发行。不过我们也不能太过苛求，因为学术性的期刊，尤其是一份汉学期刊，面对种种特殊困难。第二卷将于 5 月份问世。"

㉙ 参见傅海波（H. Frank），*Sinologie*，Bern 1953，15。傅海波从第 31

卷（1974—1975）起担任副总编辑。

⑬ 参见鲍润生至葛林德函 "天主教北平辅仁大学的《华裔学志》以及一所东方研究院的发展"，AG，66/3。

⑬ 参见鲍润生 1936 年 4 月 30 日于北平致葛林德的 "在北平天主教辅仁大学成立东方研究院的备忘录"，AG，641/1936，7.520-7.534。

⑬ 参见葛林德 1936 年 5 月 27 日于罗马致鲍润生函，AG，641/1936，7.536f。

⑬ 参见鲍润生于北平致葛林德函："建议通过与其他在中国传教的教会团体的合作，帮辅仁大学奠定更好的基础。" 1936 年 2 月 25 日，AG 同上。

⑬ 参见葛林德 1936 年 5 月 6 日于罗马致鲍润生函，AG，641/1936。

⑬ 葛林德 1936 年 5 月 27 日于罗马致鲍润生函，AG，641/1936，7535f；有下面的注释："这封信没能送到鲍润生神父手中。"

⑬ 葛林德 1936 年 5 月 29 日于罗马致韩克礼函，AG，641/1936："这消息对我们而言犹如晴天霹雳。有封给他的信刚写好准备付邮，信中我针对有关计划中的东方研究院的一项比较大型的备忘录方面的问题做了答复。这也表示，鲍润生神父的过世对您的工作而言，是多大的损失……他生命的最后几年完完全全奉献给了辅仁大学。他原本的许多构想和计划如今无法实现，不得不放弃，这对大学造成很大的损失。"

⑬ 参见例如韩克礼 1936 年 5 月 28 日于北平致葛林德函；韩宁镐 1936 年 5 月 31 日于兖州府致韩克礼函；葛尔慈 1936 年 6 月 4 日于北平致葛林德函；德礼贤 1936 年 6 月 15 日于罗马致葛林德函；葛林德 1936 年 6 月 16 日于罗马致韩克礼函；葛林德 6 月 20 日于罗马致韩克礼函。均收于 AG，641/1936。——葛林德 1936 年 6 月 2 日于罗马致威廉·施密特函，AG，641/1936："鲍润生神父的过世对辅仁大学，尤其是对东方研究院，是个沉重的打击。我们必须立即设法让《华裔学志》保留在我们的手中，之后我们必须立刻为汉学研究寻觅继任人选，很可惜我们眼前并没有后备人选……真不知道在鲍润生神父过世后，东方研究院的命运将会如何？……所以鲍润生神父在这个节骨眼上过世所带来的损失是双重的。"

⑬⑧ 鲍润生神父过世当天，在青岛的约翰·维格神父在日记中写道："5 月 28 日，鲍润生神父，一位亲爱、忠诚的朋友，在北平去世。"参见 R. Hartwich（编者），*Joh. Weig*，Romae 1980，169f。

⑬⑨ 参见顾若愚 1936 年 6 月 2 日于北平致葛林德函，AG，641/1936，信中他提到鲍润生神父与沈兼士教授间的深厚友谊："在（医院的）走道上我们碰见辅仁大学中文系的沈兼士教授，他是亡者的挚友。沈教授对他的朋友和顾问表现出诚挚的怀念与哀思，对他的逝世流下眼泪，流露出来的痛苦悲伤，让我们十分动容、难忘。在这儿，一位非天主教友的知名学者，失去了一位同侪、一位科学家朋友，这位朋友也是位天主教的神父。"

⑭⑩ 顾若愚 1936 年 5 月 28 日于北平致葛林德函，AG，641/1936："昨天我从沈兼士（中文系主任的名字，他是鲍润生神父的挚友）那儿听说鲍润生神父过世的消息。惊讶之余，我满怀悲伤，脑海中不停地想着他！辅仁大学在这几年中痛失了三位伟大的人物——他们原本都有能力做出伟大的成就，真是可惜呀！这三人当中，我对鲍润生较为熟悉，也因此对他的过世更为悲伤。我知道明天在北堂（Pei Tang）有一台纪念他的追思弥撒，但是我对天主教的礼仪并不清楚，因此不敢贸然送上我的奠礼来表达我诚挚的哀悼。（胡适于 1936 年 5 月 29 日以虔敬之心寄出此信）"——括号里的话是顾若愚加进去的，他写道："我把胡适先生悼念鲍润生神父寄来的唁函的译本呈交给辅仁大学校长。"

⑭① 葛林德 1936 年 7 月 11 日于罗马致顾若愚函，1936，AG，641/1936。

⑭② 参见顾若愚 1936 年 5 月 28 日于北平致葛林德函，AG，o. A；1936 年 6 月 22 日于北平致葛林德函，AG，641/1936："鲍润生神父在世时最后的一个愿望便是成立一座小型汉学图书馆，作为东方研究院的基础，也有助于《华裔学志》的编辑工作。鲍润生神父念兹在兹的便是汉学方面的最具奠基任务的学术期刊……有关顾若愚和鲍润生之间的友谊，以及《华裔学志》编辑工作的接收事宜见霍珀兹（J. Huppertz），"Aus den Anfängen der Monumenta Serica"，发表在 H. 顾若愚主编的 *China erlebt und erforscht. Partielle Beiträge zur kritischen Chinakunde.* München 1974，192–233。

⑭③ 雷冕也不是汉学家，他在维也纳修习民族学、史前史以及生理人类

学，1936 获博士学位之后有过短暂时间为《人类学》撰稿。他担任《华裔学志》第 2 卷（1936—1937）至第 13 卷的编辑工作。

⑭ 葛林德 1936 年 12 月 9 日于罗马致雷冕函，AG，66/3："从一开始便计划并且决定要由你担任《华裔学志》的编辑。"参见雷冕 1936 年 10 月 24 日于北平致葛林德函，AG，641/1936；葛林德 1936 年 11 月 25 日致雷冕函，AG，641/1936。

⑭ 顾若愚 1936 年 6 月 2 日于北平致函葛林德，AG，641/1936，谈到他于 5 月 21 日接收鲍润生神父所有的遗物："之后他谈到他的各项工作：'顾若愚神父，我将我所有的文稿均授权给您。'我回答：'鲍润生神父，您这样给我的"礼物"可不轻呀！'听我这么说，他只笑了笑作为回答。不过他能在神志清楚的时候，当着神父校长的面交代他的遗著，这算是不错了。"

⑭ 葛林德 1936 年 7 月 15 日于罗马致函顾若愚，AG，641/1936。

⑭ 在《华裔学志》第 1 卷（1935—1936）最后一页写着："'北平天主教大学的出版物''筹备中'；鲍润生神父：*Chinese-English Character Dictionary*；*Die Dichtungen K'ü Yüans*（*Ch'u-ts'i*）。"

⑭ 参见顾若愚 1936 年 8 月 8 日于北平致葛林德函，AG，641/1936，韩宁镐的答复不详。

⑭ 葛林德 1936 年 12 月 17 日致雷冕函，AG，663，此处引述的是"规则"第 2 点。在第 3 点写着："顾若愚神父应该终止《百科全书》的工作……另外待命（听候另外的职务派遣）。"

⑭ 参见雷冕 1937 年 1 月 20 日和 3 月 17 日于北平致葛林德函，AG，641/1937。顾若愚在他以后的作品中再也没有提过鲍润生遗稿这个话题。

⑮ 中文诗作和注释出于天主教北平辅仁大学校长陈垣之手，他是鲍润生神父的挚友。英译出于辅仁大学秘书英千里之手。

怀念卜恩礼神父

〔波兰〕马雷凯（Roman Malek） 罗 莹译

　　近年来，华裔学志研究所接连失去多位长年为之工作的编辑和同事（副主编），他们是：2002 年去世的圣言会神父卜恩礼，1999 年去世的圣言会神父丰浮露，1996 年去世的罗文达教授 ① 以及 2005 年去世的耶稣会神父陈纶绪。② 随着卜恩礼和丰浮露这两位圣言会神父的去世，毫无疑问，这意味着研究所及其刊物出版史上一个重要阶段宣告结束。谨以下文向这两个人物表示敬意。③

　　2002 年 5 月 9 日在萨尔州圣温德尔去世的卜恩礼神父，1912 年12 月 17 日出生于萨尔州比尔德斯托克（Bildstock in Saarland），追随比他年长五岁的兄长弗里茨，④ 卜恩礼神父于 1924 年开始就读于圣温德尔的教会中学，1932 年以优等生成绩毕业之后，同年 5 月进入位于圣奥古斯丁的圣言会，开始见习修士阶段的训练，随后他也在此学习了哲学。1935 年他被派往罗马进行神学方面的学习，1938 年 10 月 30 日在日耳曼公学（Germanicum）被祝圣为神父，此后继续学习神学直至 1939 年获得神学学士学位。在他毕业前不久，修会总会长指派这位新神父前往北京（那时名为北平）辅仁天主教大学，这所大学从 1933 年开始由圣言会接管。

　　与其他同伴一起，这群新传教士动身前往中国，由于战争的缘故，他们搭乘途经俄国以及西伯利亚的火车于1939年11月30日抵达北平。卜神父先是在一所耶稣会的学校学习中文，继而在辅仁大学注册入学。后来他在大学里开设德文课，用中文讲授欧洲哲学史，此外他也协助那里的牧灵工作。⑤1940年夏，卜神父游历至河南省北部，两年后又来到山东兖州，这里是昔日孔子的故里，从1882年起这里成为圣言会的工作区域。在完成辅仁大学的学业深造后，卜神父以题为《荀悦——东汉末年的思想家》的论文获得了硕士学位（发表于《华裔学志》第10卷［1945］，第58—90页）。在这篇关于东汉儒者荀悦（148—209）的论文中——时至今日它还常常被引用——卜神父显现出他严谨的一面。

1947年卜神父和他的修会兄弟丰浮露、石眉鸣一同被派往纽约哥伦比亚大学，这年秋天他们开始在这里学习汉学。他的老师是傅路德教授（L. Carrington Goodrich，1894—1987），正是在他的指导下，卜神父接受了汉学方面的基础训练。在这一时期卜神父也得以与傅路德一家相识，特别是与安妮·古德里奇（Anne P. S. Goodrich，1895—2005），其著作后来也在华裔学志出版社出版。⑥1950年卜神父开始撰写他的博士论文，此外他也在华盛顿的国会图书馆工作，卜神父留下的遗著包括了这一时期的许多资料（缩微胶片、复制本、笔记）。1953年卜神父以题为《东林书院和它的政治及哲学意义》的论文获得博士学位，⑦该论文的一部分也在《华裔学志》第14卷（1949—1955）第1—163页发表（参见下文的参考文献）。时至今日这篇论文仍被视为东林党研究的经典著作，文中给予西学和基督教以积极的评价。

中华人民共和国成立之后，《华裔学志》编辑部的图书馆藏书也通过海运转移到了日本，卜神父、丰神父和石眉鸣神父被修会的总会长派往此时刚在东京建立起来的圣言会研究所。该研究所主要从事东亚研究并继续出版在辅仁大学创立的《民俗研究》杂志。《华裔学志》和《民俗研究》编辑部及其所属图书馆被安置在特意为其安排的大楼中，而此前这里是业已停刊的日本《天主教文摘》（Catholic Digest）编辑部所在地。从 1948 年开始《华裔学志》无法继续出版，因为当时在日本还没有建立起像北平时的编辑部基础，一切都必须重新开始。

卜神父是这样描述他们在日本的起步时期："1953 年年底我途经自己的家乡前往日本，我应该在那里待上两个月，沼泽神父（P. Numazawa）来神户接我。⑧东京研究所里那四到六位神父居住在一块 12000 平方米土地上的日式简易房屋里……就在耶稣会的索菲亚大学附近……。当拉尔夫神父（Pater Ralph）⑨买下了那座大约在一公里外的水泥建筑物时——那里曾是短暂兴盛过的日本《天主教文摘》杂志编辑部所在地，当时从中国搬迁到这里的华裔学志图书馆得以重新建立起来。"⑩1954 年卜恩礼神父被任命为《华裔学志》的主编，从此开始，他一直忙碌于杂志的出版以及图书馆的照管工作。由于他的努力工作，1955 年《华裔学志》第 14 卷（1949—1955）得以出版，这份已被宣布死亡的刊物⑪获得了重生，并在此后一直保持在一个较高的学术水平。卜神父在日本编辑出版的第 1 卷里，他在"编者语"里谦逊地说道："作为这个新国度的客人，我们希望《华裔学志》能秉承它在中国研究方面的宝贵传统，继续发挥它曾经位于中国文化中心所赋予它的一些优势，以此来回馈它的捐赠者和读者。"

由于修会内部的情况，编辑部在 1957 年年初从名古屋转移到圣言会南山大学，编辑部图书馆被暂时安置在用伸缩管搭建的简易建筑物中。卜神父和他的同事们，譬如石眉鸣神父，继续坚持着出版工作。然而出于无法细陈的种种原因，《华裔学志》的历史上出现了一次转折——它需要再次迁移。

在理查德·鲁道夫教授⑫的邀请下，1962 年年底《华裔学志》搬到洛杉矶加利福尼亚大学。在这里，编辑部及其图书馆成为加利福尼亚大学的一个独立研究所和非营利机构，亦即华裔学志研究所。卜神父成为这一机构的副会长和会计，（从 1968 年 3 月 16 日开始）他与石眉鸣神父轮流担任会长。同时，卜神父还是研究所的主任以及刊物的总编辑。1963 年 11 月 14 日，石眉鸣神父、卜恩礼神父以及拉尔夫·宰肯（Ralph E. Thyken）共同签署了一份合同：依据此前的约定，（从 1963 年 4 月 30 日开始）卜神父、丰神父和石眉鸣神父被任命为常驻教授（professors-in-residence），此后卜神父开设了"中国佛教文典"等课程。[13] 卜神父与石眉鸣神父一起居住在位于谢尔曼橡树区（Sherman Oaks，位于洛杉矶的圣费尔南多谷）的神父住所，1964—1967 年，卜神父成为圣言会新设立的美国西部会省的会长顾问。

为了确保华裔学志研究所未来的独立发展，这一时期神父们也进行了诸多尝试，例如购置地皮或者建筑物，又或者与美国某一家天主教社会机构进行合并（比如当时就曾经考虑过美国圣母大学），但最终都未能如愿。因此，卜神父接受了来自圣奥古斯丁的提议（经由人类学研究所多米尼克·施罗德［Dominik Schröder］神父的介绍），[14] 将编辑部及其图书馆搬到当时刚刚建立的"民族与文化"博物馆。1972年夏，卜神父与图书馆一同迁居圣奥古斯丁，先是在博物馆的地下室，后来为了安置编辑部，又在位于底层的人类学研究所上面加盖了一层。

不断搬迁的状况自然严重影响了编辑工作的进行。搬到美国之后，卜神父已无法如愿地定期出版刊物，两卷本的出版方式也早已放弃，现在还要以合并年份的形式来出版——由于搬迁到圣奥古斯丁，这一做法不得已仍被继续沿用。

在圣奥古斯丁时期，实际上直到 1991 年年底都是卜神父独自领导研究所，因为此前的管理者石眉鸣神父已于 1972 年去世，[15] 而丰神父因健康的缘故被调回加利福尼亚。1976 年弥维礼博士被任命为助理编辑，1983 年他又被指定为卜神父的继任者，担任《华裔学志》的总编辑。后来当弥神父承担了新的工作任务前往中国时，卜神父重新接管编辑部和研究所。直到 1991 年年底，卜神父作为总编辑一共承担了 26 卷本（第 14—39 卷）的出版工作，在那段时间——正如圣言会总会长曾提到过的那样——他"以惊人的勤奋、坚定不移地投入到"[16]这些出版物的编辑工作当中。

尽管困难重重，卜神父却能不断巩固编辑部的工作并使出版的各卷本——尽管仍然无法定期出版——保持着很高的学术水平，正如多次讨论中所反复强调的那样。卜神父最显著的贡献在于：迁移到日本后，研究所的图书馆仍然不断得到补充，藏书量不断增长，他为此查看了无数的目录并留下详尽的笔记。他尤其关注中国基督教文学，借助亚琛"MISSIO 津贴"的补助，他从罗马档案馆收集了一系列 17、18 世纪来华传教士的中、西文著作及其缩微胶片。

1985 年纪念研究所建立五十周年之际，卜神父在他为一篇文章所做的笔记中，明确表达了他对于《华裔学志》出版任务的理解："《华裔学志》的创办者和出版者都视之为一本普通的汉学刊物，这本刊物因而具备了这样一个特点：它促成众多有关中国传教史文章的出现。中国专家协助编辑部的工作人员，尤其在提建议的方面发挥了作用……这一实际情况以及刊物的出版促进了外国对于中国及其传统文化的理解和尊重，这些都是很有裨益的，因为它有助于影响那些受过良好教育的中国人对于传教士以及教会的态度。"[17]1982 年卜神父同意并宣布在研究所内专设一处用于促进与中国基督教之间的对话，并且通过出版提供最新的信息服务，《今日中国——关于中国的宗教和基督宗教的信息》这本小册子随即应运而生。在 1982 年 3 月 1 日的一封有卜神父署名的信中，这样写道："我们之所以选择《今日中国》这一名称，是为了强调现实的情况，当然我们也想引入历史性的介绍。我们的重点是有关基督宗教的信息，也会兼顾到其他宗教。在地缘上我们并不只是局限于中国大陆，也会涉及台湾这一日益为大众传媒所忽略的地区，对于我们来说同样重要的还有香港和新加坡。"[18]他也参与制定以及签署华裔学志研究所的新章程（1989 年 6 月 1 日）。

第 42 卷（1994）总共收录 25 篇文章（共计 625 页），作为"向《华裔学志》的资深编辑表示敬意的一份献礼"。文集的作者组成充分体现了《华裔学志》在卜神父的领导下深受专业研究者们的推崇。[19]华裔学志图书馆档案记录在案的众多通信也清楚证明了这一点并有待进一步地评价。

卜神父也一直与他在德国的家人以及在日本和美国的朋友保持频繁的联系，这些主要体现在他的通信里，尤其是他收到以及寄出的圣诞及新年贺卡中。[20] 他每年都会专门列出一个名单，向名单上的亲戚朋友们寄去贺卡。

卜神父的功绩在于：尽管《华裔学志》在历史上经历了如此多的混乱及不确定性，卜神父不断依靠自己的智慧、勤奋以及坚韧去解决和面对，《华裔学志》自 1955 年复刊后逐渐成为一份重要的汉学刊物。与此同时，卜神父还一直从事着自己的学术研究项目——他的遗著证明了这点——这使得要求安静、精确，同时也是吃力而不讨好的编辑工作，得以不断地从中受益。巨大的工作量，比如为了润色稿件以及修改文章中有关中文材料的翻译而产生的频繁通信，所有这些无论给予多么高的赞赏都不为过。

卜神父学术研究的兴趣在于中国哲学史、新儒家以及中国基督教思想史。他曾为许多关于新儒家的中文和日文著作撰写书评，正如《汉学书评》（巴黎，*Revue Bibliographique de Sinologie*）里收录的那些书评，常常涉及新儒家某些特定研究领域在某一西方语言中的最新进展。卜神父同样是中国基督教史中文材料研究方面的开拓者，即使他对这一课题所做的大量前期研究工作尚未出版，他完全可以被视为中国基督教史研究中新方法运用和新导向开辟方面的先行者——正如许理和（Erik Zürcher，1928—2008）所说——在研究中更多地注意中文文献以及中国方面对于基督教的响应。[21] 我们也计划整理出版一部分卜神父遗留下来的丰富的学术研究成果。

主要出版物（按出版先后顺序）[22]

文章："Hsün Yüeh, ein Denker am Hofe des letzten Han-Kaisers"（《荀悦——东汉末年的思想家》），in：*Monumenta Serica* [*MS*] X（1945）， pp.58–90.

文章："The Tung-lin Academy and Its Political and Philosophical Significance"（《东林书院和它的政治及哲学的意义》），in：*MS* XIV（1949–1955），pp.1–163. Cf. die Besprechung von O. B. van der Sprenkel, in：Revue Bibliographique de Sinologie [RBS] 1955, No.449, pp.161f.

辞条："Ku Hsien-ch'eng"（顾宪成），in：*Dictionary of Ming Biography*（《明人传记辞典》）1366–1644. Ed. by L. Carrington Goodrich-Chaoying Fang（New York-London 1976），pp.736–744.

辞条："Altchina"（《旧中国》），in：*Wörterbuch der Symbolik.*（《象征主义辞典》）Hrsg. Von Manfred Lurker（Stuttgart 1979; 4. Aufl. 1988），pp.25–27. Im Jahre 1991 erschien die 5., erweitere Auflage.

辞条："Herrscher, chinesisch"（《主啊，中国》），同上书。pp.289–290.

辞条："I-Ging"（《易经》），同上书。p.328.

辞条："Konfuzianismus"（《儒学》），同上书。 pp. 379–380.

辞条："Taoismus"（《道家》），同上书。 pp. 715–716.

文章："Katechismen für die Glaubensunterweisung"（《信仰教学问答》），in：*China heute* 1982/2, pp.11–13.

文章："Das Christentum im neuen Wörterbuch der Religionen"（《新宗教辞典中的基督教》），in：*China heute* 1984/1, pp.6–10.

遗著和笔记

卜恩礼神父的遗著中，包括了以下这些虽然基本完成，但大部分未最终定稿，并且迄今尚未公开发表过的手稿和笔记[22]：

Kao Fen，"Die Regierung übernimmt die Fu Jen Universität"，*Ta kung pao*（《大公报》），Oktober 19, 1950，5 页。

Kao Fen，"Die Fu Jen Universität nach ihrer übernahme. Eigenmeldung unserer Zeitung aus Peking"，*Ta kung pao*（《大公报》），Oktober 27, 1950，

3 页。

摘要 Zusammenfassung："Ausgewälte Zusammenstellung chinesischer Heiratssitten. Erster Entwurf". Von Wang Liang-ts'ang（中国婚姻礼俗选辑草稿，王两苍编）(1986)，4 页。

笔记：*Ta T'ang hsi-yü chi chiao-chu*（《大唐西域记校注》），季羡林校注，中华书局，1985 年版，第 7 页。

翻译 übersetzung：A new inquiry into man（《新原人》）. By Feng Yu-lan（冯友兰）(*Ch'ung-ch'ing* 1943：Shanghai：Comm. Press. 1946)，21 页。

翻译 übersetzung：Hou Wai-lu（侯外庐），*Chin-tai Chung-kuo ssu-hsiang hsüeh-shuo shih*（《近代中国思想学说史》），第二编，《中国 18 世纪的学术——专门汉学及其批判》；第 11 章，《总结乾嘉汉学的文史学者阮元》，11 页。

摘 要 Zusammenfassung（in Deutsch und English）：P. C. Hsu（Hsü Pao-ch'ien），*Ethical Realism in Neo-Confucian Thought*，29 页。

翻译：两则出自《中央日报》的有关历史学家方豪的讣闻。Deutsche übersetzung von zwei Nachrufen auf den Historiker Fang Hao（方豪）(1910–1980) aus *Zhongyang ribao*（《中央日报》）21.12.1980 und 31.12.1980.

翻译：Deutsche übersetzung des Vorwortes（"Ch'ien-chi"《前记》）zu Fang Hao liu-shih tzu-ting kao（《方豪六十自定稿》）(Taipei 1969)，3 页。

Deutsche übersetzungen aus Fang Hao（方豪），*Chung-kuo t'ien-chu-chiao shih jen-wu chuan*（《中国天主教史人物传》）(Hong Kong 1967–1973)，翻译其中 24 个片断。

翻译：Fang Hao（方豪），*Chung-kuo t'ien-chu-chiao shih ren-wu chuan*（《中国天主教史人物传》）中部分内容，包括书目及其他注解等，8 页。

英文摘要：Englische Zusammenfassung von Fang Hao（方豪），"Chung-kuo t'ien-chu-chiao-shih lun-ts'ung"（《中国天主教史论丛》），5 页。

德 文 译 稿: Deutsche übersetzung von Zhongguo youmo. Kaihuai pian (《中国幽默·开怀篇》)（Tai-nan 1977）. übersetzt wurden，完成 1—119 页。

书 评 Rezension von Jacques Gernet, *Christus kam bis nach China. Eine erste Begegnung und ihr Scheitern* (《谢和耐: 中国和基督教》) （Zürich-München 1982），25 页。Diese Rezension wurde für die Theologische Revue (Münster) vorbereitet, ist aber nie erschienen. Zusätzlich ca.50 Schreibmaschinenseiten Bemerkungen und Kommentare zu Gernets Werk und 64 Seiten handgeschriebene Notizen; dazu Kopien von bereits erschienenen Rezension. Ein anderes Typoskript der Rezension, 25 Seiten, hat den Vermerk: "Miss.–Wiss." war also für die vom Missionswissenschaftlichen Institut in Sankt Augustin herausgegebene Zeitschrift Verbum SVD gedacht, ist aber auch dort nicht erschienen.

德文摘译 Deutsche zusammenfassende übersetzung von Lü Shih-ch'iang （吕实强），Chung-kuo kuan-shen fan-chiao ti yüan-yin (《中国官绅反教的原因》)（1860–1874）[Gründe für die Gegnerschaft der Beamten zum Christentum (1860–1874)] (Taipei: Wen-ching 1973, 2. Aufl.), 301 页。

英文翻译 Englische übersetzung von T'ang Yung-t'ung (汤用彤), History of Early Chinese Buddhism, Chapter III (《中国早期佛教史》第三章), 16页。

英文翻译 Englische übersetzung der Sütra in Forty-two Sections (《四十二章经》, Taishō, No.784), 12 pp.+ 25 pp. Notizen (a. o. Table: comparison of the editions and Ricci, and the Sütra in Forty-two Sections).

英 文 翻 译 Englische übersetzung von Chen Yuan (陈垣), "Chiu Wu-tai shih chi-pen fa-fu" (《旧五代史辑本法覆》) [*Disclosures on the Reassembled Text of the Old History of the Five Dynasties*] (Peiping 1937), 22 页。

翻译 übersetzung von Chen Yuan (陈垣), "*Cong jiaowai dianji*

jian Mingmo Qingchu zhi tianzhujiao"（《从教外典籍见明末清初之天主教》），in：*Bulletin of the National Library of Peiping*（《"国立"北平图书馆馆刊》）8（1934）2, pp.1–31. Typoskript in Deutsch（partielle übersetzung）7 页。Typoskript in Englisch（vollständige übersetzung）61 Seiten. Zuzüglich Kopie des chinesischen Textes, Anmerkungen, Exzerpte, bilbiographische und andere Notizen（auch über Chen Yuan）.

打字稿 Typoskript "The Art of Gandhara, its Character and its Problems", 24 页。

打字稿 Typoskript "Recent Theories concerning the Ancient Chinese Cult of Heaven and of Shang Ti", 23 页。

打字稿 Typoskript "The Representstions of the Buddha Legend in the Grottoes of Yün Kang", 26 页。

打字稿 Typoskript "The General Nature of Heian Buddhism", 7 页。

打字稿 Typoskript "The Shih of the Han Period", 8 页。

德文翻译 Deutsche übersetzung von Hsün Yüeh（荀悦），*Shen-chien*（申鉴），101 Seiten. Cf. auch "Hsün Yüeh（荀悦），ein Denker am Hofe des letzten Han-Kaisers", in：*MS* X（1945），pp.58–90.

手稿及注记 Manuskripte und Notizen für Revue Bibliographique de Sinologie（siehe Veröffentlichungen, oben）.

资料 Materialien *zu Lo-yang chèh-lan chi*（《洛阳伽蓝记》），约 50 页。Dazu 97 doppelt beschriebene Seiten in einer anderen Mappe.

摘译 Zusammenfassende übersetzung von *Hanxue shangdui si juan*（《汉学商兑四卷》）. 4 Heffte à ca. 60 Seiten.（4 本约 60 页）

德文摘译 Deutsche zusammenfassende übersetzung von Tung-lin lieh-chuan（《东林列传》）. Ausgabe K'ang-hsi hsin-mao（1711）. Handgeschriebene Bemerkung："Zusammenfassungen von 190 Biographien".

Verschiedene Exzerpte aus westlichen Veröffentlichungen（Bücher und Zeitschriften）. übersetzungen, Exzerpte und Besprechungen von chinesischen Veröffentlichungen, u. a.（各种西方出版物的摘录，中文出版物的翻译、摘录及书评）基本包括：

1. "Introduction to history of Tung-lin and Fu-she", aus：Shen-chou kuo-kuang she（神州国光社），Bd.10, 1936, pp.1–26.（8 页）

2. *Abriß der Geschichte des Shu-yüan Systems*（"Shu-yüan chih shih-lüeh"［《书院制史略》]）von Hu Shih（胡适），aus：Tung-fang tsa-chih（《东方杂志》）21（1924）3, pp.142–146.（3 页）

3. *Mingdai de shuyuan zhidu*（《明代的书院制度》）von Liang Oudi（梁瓯第），aus：Xiandai shixue（《现代史学》）2（1935）4.（handgeschrieben, 7 页）

4. "Shu-yüan hsing-fei k'ao"（《书院兴废考》）von Pan Shu-ko（班书阁），aus：*Nü-shih wen-yüan ch'i-k'an*（《女师文院期刊》）2（1933）1, 1–22.（handgeschrieben, 8 页）

5. *über die Zerstörung der Shu-yüan Ende Ming*（"Ming chi hui shu-yüan k'ao"［《明季毁书院考》]）von Pan Shu-ko（班书阁），aus：Rui Hu（《睿湖》）2（1930），pp.133–141.（5 页）

6. "*Shuyuan zhangjiao kao*"（《书院掌教考》）von Pan Shu-ko（班书阁），aus：*Nü-shih wen-yüan ch'i-k'an*（《女师文院期刊》）1（1933）2, 1–28.（handgeschrieben, 5 页）

7. Fang Hao（方豪），*Zhongguo Tianzhujiao shi luncong*（《中国天主教史论丛》）（Shanghai），151 pp. Inhaltsverzeichnis und angaben zu den einzelnen Kapiteln.（handgeschrieben, 6 页）

8. Xianbozhishi（《先拨志始》）.（handgeschrieben, 25 页）

9. übersetzung von Mou Jun-sun（牟润孙），"Ch'ung-chen's Entfernung der Statuen und Glaube", aus：*Fu-Jen hsüeh-chih*（《辅仁学志》）VIII（1939）1, pp.61–70.（Typoskript, 5 页）

10. übersetzung und Materialien zur Biographie von Ch'en Yüan.

11. Ch'en Yüans Biographie von Ch'en Yü-hsieh, aus：Fu-Jen hsüeh-

chih X, 1–2, pp.45–49.（Typoskript，3 页）

12. Ch'en Yüans Biographie von Li Chih-tsao, aus：Kuo-hsüeh yüeh-k'an（《国学月刊》）1（1926）3.（Typoskript，5 页）

13. Ch'en Yüans Biographie von Wang Cheng, aus：Bulletin of the National Library of Peiping 8（1934）6, pp.13–15.（Typoskript，8 页）

14. Ch'en Shou-i（陈受颐）, *Ming-mo Ch'ing-ch'u Ye-su-hui-shih ti Ju-chiao-kuan chi ch'i fan-ying*（《明末清初耶稣会士的儒教观及其反应》）（The Early Jesuits' Conception of Confucianism and its Repercussions in China）, aus：*Kuo-hsüeh chi-k'an*（《国学季刊》）V（1935）2, pp.1–64.（Typoskript，16 页）

15. "Brief Biography of H. I. Paul Yü Pin by Maurus Fang Hao"，aus：To-sheng（《铎声》）, No.179, Sept.–Oct.1978, pp.23–27.（Typoskript，14 页）

16. Wu-yin, "Forty Buddhist and Taoist Periodicals in Taiwan. A Critical Introduction"，aus：*Publishing and Research Semimonthly* No.28, 1978, pp.35–37.（Typoskript，7 页）

17. Brief der Katholiken von Kiangnan an Gregor XVI. i. J.1839, aus：J. de la Servière S. J., Histoire de la mission du Kiang-nan（Zikawei 1914）, Bd.1, S.33ff.（Typoskript，3 页）

18. Notizen zu *Tianzhu shiyi*（《天主实义》笔记）.（handgeschrieben，44 页）

19. Chü-mi（居蜜）, *Ming-mo Ch'ing-ch'u lai Hua Ye-su-hui-shih Han-hsing-ming k'ao-shih*（《明末清初来华耶稣会士汉姓名考释》）（*Chinese Names of Jesuits of the Old Chinese Mission*）, from：Ta-lu tsa-chih（《大陆杂志》）33/3, 4, 5.（Typoskript und handgeschriebenen，9 页）

20. *Xie zheng li kao*（《邪正理考》）von Jacobus Zhang（cf. BM XIII, PP.316–318, No.56）. Deutsche Zusammenfassung des Vorwortes.（handgeschrieben，6 页）

21. *Chiao-wu chiao-an tang*（《教务教案档》）. I. Preface and Contents.
（handgeschriebenen und Typoskript，3 + 31 页）

22. Chung Erh-chü，"Weshalb ist das idealistische System von Ch'eng
I und Chu Hsi mit atheistischen Gedanken verreinbar？"，aus：*Shehui
kexue zhanxian*（《社会科学战线》）1983/3，pp.26-35.（Typoskript，11 页）

23. 英文翻译 Englische übersetzung von Li Zongdong（李宗侗），
Zhongguo shixue shi（《中国史学史》）（Taibei 1953），184 pp. übersetzt sind
Kap.1（"Origin of shih（史）"），pp.1-30（handgeschrieben in einem Heft
笔记本上手写，96 页），und die Seiten 30-121（Typoskript，Gro β format
大开纸打字稿，153 页）. Dazu 28 Seiten handgeschriebene Notizen（另
有 28 页手写笔记）.

Index zu Fang Hao's *Biographien aus der Geschichte der katholischen
Kirche Chinas.*（Typoskript，6 页）

Index zu Werken über das Christentum und den Westen in M. Courant,
Catalogue des livres chinois, koréens, japonais, etc. vol. I（Paris 1900-
1903），vol.II（Paris 1907-1912），25 pp.+ Liste mit den chinesischen
Zeichen，16 页 + Register（nach Themen），8 页.

主题词索引表 Thematisches Register zu Henri Bernard，"Les adaptations
chinoises d'ouvrages européens. Bibliographie chronologique depuis la venue
des Portugais à Canton jusqu'à la mission française de Pékin jusqu'à la mort
de l'empereur K'ien-long, 1689-1799"，in：*MS* XIX（1960），pp.349-
383. Insgesamt 16 页 + Notizen（注解）.

同上书的书名索引 "Index to Book Titles" zu Henri Bernard，wie oben.
（13+12 页）

同上书作者索引增补 Ergänzungen zum Autoren-Index in Henri Bernard，
wie oben.（2 页）

翻 译 übersetzung des Vorwortes von Han T'an zu *T'ien-hsüeh pen-i*
（《天学本义》）.（4 页）

选择 Partielle übersetzungen aus Hsü Tsung-tse（徐宗泽）, *Ming Ch'ing chien Ye-su hui-shih i-chu t'i-yao*（《明清间耶稣会士译著提要》）（Shanghai 1949）.（20 页）

翻译 übersetzungen aus dem Vorwort und Notizen zu *T'ien-hsüeh ch'u-han*（《天学初函》）（Taipei 1965）.（Handschrift, 16 页）

翻译 übersetzungen der Vorworte aus *T'ien-chu-chiao tung-ch'uan wen-hsien hsü-pien*（《天主教东传文献续编》）（Taipei 1966）, Typoskript 47 Seiten + handgeschriebene Notizen（打字稿 47 页 + 手写笔记）.

笔 记 和 校 订 Notizen und Korrekturen zu D. E. Mungello, *Curious Land. Jesuit Accommodation and the Origin of Sinology*（《奇异的国度：耶稣会适应政策及汉学的起源》）（Wiesbaden 1985）.（Typoskript, 3 页）

Bibliographische Notizen zu Xunzi（荀子书目笔记）.

Zusammenfassungen und Exzerpte von japanischen und chinesischen Artikeln und Werken über die Donglindang（有关讨论东林党之日文及中文论文和著作的摘要）.

Life of Ku Hsien-ch'eng（《顾宪成传》）.（Typoskript, 33 页）P. Busch schreibt am Rande："Am 2 Juni 1967（Herz-Jesu-Fest）an Prof. Goodrich f. Ming Biographical Project abgeschickt"（siehe Veröffentlichungen, oben）. Es liegt einen andere Version, Typoskript 13 Seiten, vor.（打字稿，13 页）

笔记 *Notizen zu Shici mingju huibian*（《诗词名句汇编》）, 2 Hefte je 32 Seiten.（两册各 32 页）

书评 *Modern Chinese Society*：*An Analytical Bibliography. Publications in Western Languages, 1644-1972*（《现代中国社会：西文分析参考书目，1644—1972》）. Ed. by William Skinner et al.（Stanford, Calif. 1973）.（Typoskript, 4 页）[10.5.1974]. Cf. die Rez. In *Anthropos* LXIX（1974）5–6, pp.976–977.

书评 Besprechung von Sheng-yen fa-shih（圣严法师）, *Chi-tu-chiiao chih yen-chiu*（《基督教之研究》）（Kao-hsiung 1967）.（Typoskript, 4 页）

"Wie reagierte China im Laufe der Geschichte auf die Begegnung mit dem Westen?" (Typoskript, 25 页) (teilweise doppelseitig beschrieben.)

笔记 Notizen zu O. Graf, Jinsi lu. (Handgeschrieben, 48 页) Cf. Rez. In *MS* XV, S.225–251.

英文翻译 Englische übersetzung von Chin-ssu lu, "First Section：On Tao, considered in itself and in its relations. 51 articles altogether". (Typoskript, 14 页)

笔记 Zahlreiche Notizen zu Laozi, Daodejing, Zhuangzi und Buddhismus für Vorlesungen an der University of California, Los Angeles.（关于老子、道德经、庄子和佛教的讲座）

笔记 "Lehre von Konfuzius" (mit einer Notiz："Vorbereitet f. Vortrag in der Deutschen Gesellschaft f. Chinakunde e. V. [Dr. W. Heimeier] am 16.6.77 in Düsseldorf") .

文稿 *Wan-sung yeh-jen yen-shan lu* (《万松野人言善录》) (1919) 22 Seiten. Typoskript, 20 Seiten. Handschrift.（22 页打字稿，20 页手稿）

摘 译 Lee En-han（ 李 恩 涵 ），"Hsien-feng nien chien fan chi-tu-chiao ti yen-lun" (《 咸丰年间反基督教的言论 》) (Anti-Christianity Thought in the Hsien-feng Period [1851–1861] of the Ch'ing Dynasty), in：*Tsing Hua Journal of Chinese Studies,* n. s. VI (1967) 1–2, pp.44–70. Eine englische zusammenfassende übersetzung, 10 Seiten, Typoskript+40 Seiten Handschrift.（ 10 页打字稿 +40 页手稿 ）

翻译草稿 Johann Adam Schall von Bell, Chu chih ch'ün cheng（汤若望《主制群征》).（ 7+12 页) Entwurf einer übersetzung ins Deutsche(1. Kap. Chuan chih shang; chüan. 2. p.10a sq. "Beweis aus Wundern") .

全文翻译 Vollständige übersetzung von Chen Yüans（陈垣），*Shihui juli*(《史讳举例》)（北京：科学出版社，1958 年) .

补译 übersetzung der noch nicht übertragenen Teile des Artikels von Ch'en Yüan（Tschen Yuan），"Johann Adam Schall von Bell S. J. und der

Bonze Mu Tschen-wen"（陈垣：《汤若望与中国和尚木陈忞》）aus *Fu-jen hsüeh-chih* VII（1938），pp.1–27. Der erste Teil in der übersetzung von D. W. Yang erschien in MS V（1940），pp.316–328.

注　释：

① 关于罗文达的生平及其影响，参见迈克·波拉克（Michael Pollak）所撰《罗文达（1904—1906）》一文，发表于《华裔学志》第45卷，1997年，第415—417页；魏汉茂（Hartmut Walravens）所撰《罗文达的著述索引》一文，出处同上，第417—437页。关于罗文达在《华裔学志》上著述发表的情况，详见《〈华裔学志〉第1—35卷（1935—1983）索引》，德国：圣奥古斯丁，1993年，第274页以下。

② 关于陈纶绪的生平及其影响，参见詹姆斯·童（James Tong）所撰《耶稣会神父陈纶绪（1915—2005）》一文，发表于《华裔学志》第53卷，2005年，第477—482页；耶稣会魏若望（John W. Witek）神父所写的文章，发表于《明史研究》，2005年，第51—52号，第1—7页。也可参见《华裔学志索引》，同上书，第151页。

③ 下文主要关注卜恩礼和丰浮露的生平资料及其研究工作，也涉及一些汉学方面的介绍，这些都与华裔学志研究所有关。此外还有一些内部的讨论，关于卜神父在圣言会任职期间对华裔学志研究所及其发展方向的引领，这些都将另行撰文予以讨论。

④ 弗里茨·布什（Fritz Busch，圣言会）1935年在罗马被祝圣为神父并前往菲律宾传教，于1942年5月17日去世。

⑤ 根据1963年5月19日的自我介绍，收录于华裔学志研究所图书馆档案（Archiv IMS），发表于《北平天主教大学目录第八册（1946—1947）》，第36、97页，档案显示当时卜神父拥有硕士头衔并被列入在哲学和德文讲师的

名单中。

⑥ 关于安妮·古德里奇，参见艾米·海因里希（Amy V. Heinrich）所撰《安妮·柏金斯·斯旺·古德里奇（Anne Perkins Swann Goodrich，1895 年 7 月 4 日—2005 年 4 月 22 日）》一文，发表于《亚洲研究学刊》2005 年第 64 卷第 3 期，第 812 页以下。华裔学志研究所还出版了安妮·古德里奇的下列著作：《北京东岳庙及其传说》，附有 20 幅插图。附录：珍妮·布洛克（Janet R. Ten Broeck）所撰《1927 年关于北京东岳庙记载》（名古屋，1967 年）;《中国地狱——北京的十八层地狱庙以及中国地狱观念》（圣奥古斯丁，1981 年；1989 年第二版）;《北京的纸神——对于家庭祭祀的调查》（圣奥古斯丁—内特塔尔，1991 年）。

⑦ 参见安娜堡（Ann Arbor），大学缩微胶片，出版物 6587，xvii，共 246 页。

⑧ 谦一沼泽，教名弗朗西斯库斯（Franciscus Keichi Numazawa，1907—1980），圣言会神父，民族学家，人类学研究所成员以及名古屋南山（Katholische Universität Nanzan in Nagoya）大学校长。参见叶德礼，《圣言会神父弗兰茨·沼泽（Franz Kiichi Numazawa，1907—1980）》，发表于《人类学》第 75 期（1980），第 609—611 页。

⑨ 拉尔夫·宰肯（Ralph E. Thyken，1899—1975），圣言会神父，圣言会在芝加哥的经济学家，他曾负责圣言会的各所大学，包括北平的天主教辅仁大学以及《华裔学志》的财政管理。

⑩ 1963 年 5 月 19 日的自我介绍，收录于华裔学志研究所图书馆档案。

⑪ 参见傅海波，《汉学》（伯尔尼，1953 年），第 15 页。

⑫ 加利福尼亚大学的网页上（www.international.ucla.edu）写道："1965 年鲁道夫教授负责将东方图书馆的书库一下子扩大了一倍，希望以此说服华裔学志研究所将其藏书放在加利福尼亚大学。1948 年他曾在北平与德国的圣言会见面，这些藏书都是由圣言会所收集，1949 年离开中国时他们将这些收藏带到日本。1962 年他们来到加利福尼亚，并在此继续编辑《华裔学志》这一学术刊物直至 1972 年，同时他们也在东亚语言系任教。"——《华裔学志》

的第 34 卷（1979—1980）是专门献给鲁道夫教授的纪念文集，以庆祝他的七十岁诞辰。参见该卷中魏汉茂（Hartmut Walravens），《至 1978 年为止理查德·鲁道夫的出版物列表》，第 1—5 页。

⑬ 参见《加利福尼亚大学总目录 1971—1972》，第 441 页。

⑭ 多米尼克·施罗德（Dominik Schröder, 1910—1974），民族学家，人类学研究所成员。参见博格曼，《圣言会神父多米尼克·施罗德》，发表于《人类学》第 70 期（1975），第 1—5 页。

⑮ 关于石眉鸣神父详见《华裔学志》第 30 卷（1972—1973）的标题页；也可参见《华裔学志索引》，出处同上，第 330 页。

⑯ 总会长海因里希·海格尔（Heinrich Heekeren）在 1985 年 9 月 8 日《华裔学志》创刊五十周年纪念日的讲话（A10b/2.858）。也可参见总会长海因里希·巴拉格（Heinrich Barlage）写于 1992 年 12 月 9 日的信件（GEN/6b/923150），收录于华裔学志研究所图书馆档案。

⑰ 1985 年 5 月 15 日对马雷凯《华裔学志五十年（1935—1985）》一文所做的笔记，发表于《圣言》第 26 卷（1985）第 3 册，第 261—276 页。

⑱ 在 1985 年 5 月 17 日所做的笔记中，卜神父特别强调说："这封信'并不是他本人写的，他只是在上面签了自己的名字'。"

⑲ 为这一卷撰文的学者（按照文章发表的顺序）包括：索菲亚·卡琳（Sophia-Karin Psarras）、加里·阿巴克尔（Gary Arbuckle）、柯蔚南（W. South Coblin）、孔维雅（Livia Kohn）、文树德（Paul U. Unschuld）、秦家懿（Julia Ching）、傅海波、常志静（Florian C. Reiter）、范德本、柯兰霓（Claudia von Collani）、克维林（Michael Quirin）、南傲伯（Michael Kropp）、埃伯（Irene Eber）、魏汉茂、葛维达（Svetlana Rimsky-Korsakoff Dyer）。

⑳ 卜神父的这些私人通信也被收录在华裔学志研究所图书馆的档案中。

㉑ 参见许理和，《从"耶稣会研究"到"西学"》，发表于明·威尔逊（Ming Wilson）和约翰·凯利（John Cayley）编，《欧洲研究中国——欧洲汉学史国际学术讨论会论文集》（伦敦，1995 年），第 273 页。中国历史学家黄一农也在他的著作中提到这点，详见黄一农，《两头蛇·明末清初的第一代天

主教徒》(新竹，2005 年)，第 128 页。

㉒ 截至 1983 年卜神父在《华裔学志》的出版情况，包括文章和书评，因为篇幅原因，本附录只刊录文章，不包括书评。

㉓ 关于卜恩礼神父的遗稿，我们尽量保留了原来的形式，一般在前面注明是"翻译""摘要""打字稿"等。这部分材料的整理，尚待来日。

《华裔学志》在北平时期的历史考察（1935—1948）

王德蓉

一、《华裔学志》创办背景浅析

（一）中国化潮流下的辅仁大学

17 世纪以来，为了谋求基督宗教（天主教、基督教新教）在中国的发展，西方教会来华兴办教会学校（包括幼儿园、小学、中学、大学）以传播西方知识，是一个较为普遍且有较大影响的方式。作为教会高等教育支柱的教会大学，在 19 世纪末至 20 世纪中期的中国高等教育体系中扮演了相当重要的角色，以至它的影响至今尚存。一般认为，在华的教会大学中，基督教大学有 13 所，即燕京大学（Yenching University）、圣约翰大学（St. John's University）、齐鲁大学（Cheeloo University）、金陵大学（University of Nanking）、金陵女子大学（Ginling University for Girls，后改名金陵女子文理学院）、东吴大学（Soochow University）、上海浸会大学（University of Shanghai，后改名为沪江大学）、华南女子大学（South China University for Girls，后改名为华南女子文理学院）、华西协和大学（West China Union

University）、之江大学（Hanchow Christian University，后改名为之江文理学院）、福建协和大学（Fukien Christian University）、岭南大学（Lingnan University or Canton Christian College）、华中大学（Central University）。而天主教方面则只有震旦大学（Aurora University）、天津工商大学（Haute Etudes Industrielles et Commerciles，先后改名为工商学院、津沽大学）和辅仁大学（the Catholic University of Peking，Fu Jen University）三所。

教会大学在 20 世纪初的发展达到了一个高潮，然而它的外来性质必然会激起中国民众的对抗情绪，这方面的具体表现就是从 20 世纪初的非基督教运动迅速发展成为政府主导和朝野结合的收回教育主权运动。教会大学因此在 20 世纪 20 年代经历了历史上从未有过的来自政治、经济、文化等领域的冲击。为了适应形势，教会大学开展了本土化运动，除人事、财务的逐步转变外，更为重要的是执行教育部制订的教学计划与课程设置，同时许多教会大学都纷纷加强了中国文化的研究，特别是为了适应社会的迫切需要，许多新兴学科在教学、科研推广方面都做了大量富有成效的工作。

辅仁大学正是在教会大学中国化的潮流中建立的。它是在中国近代著名天主教人士英敛之、马相伯二人上书罗马教廷请求开办大学的倡议下，由美国本笃会（American Cassinese Congregation of the Benedictine Order）①于 1925 年创办，先设预科，后教育部批准立案试办，时设有史学、国文、英文三系。1929 年添设理学院，合已有的文科而分为文、理、教育三学院十二系（史学、国文、英文、哲学、社会经济学、数学、物理、化学、药物学、生物、教育、心理）及医学先修科和美术专修科。1933 年由于世界经济危机影响，学校发展计划受挫，罗马教廷于是改派圣言会接办，以后逐渐发展成为国内著名的私立大学之一。

在教会大学中国化的潮流中，辅仁大学从建校伊始即考虑到外部环境的变化和制约。在学校的组织管理上根据南京国民政府教育部的规定组织了校董会作为学校的最高权力机构，并任命著名史学家陈垣为校长；积极向教育部注册立案（辅仁大学于1931年8月正式注册立案），执行教育部制订的教学计划与课程设置等。学校的倡议者英敛之和马相伯二人注意弘扬发展中国传统学术文化的理念及实践，也对辅仁大学的办学有着直接而深远的影响。这方面的一个标志就是辅仁大学有关中国文学艺术与历史文化的相关学科始终是学校的主导学科，这些学科无论在师资力量、教学水平以及学术影响等方面，在当时全国的教会大学中都可谓是首屈一指。辅仁大学校友费致德先生说"辅仁的中国语文和史学设课完备，师资力量雄厚，在北方是和旧北大齐名的"。② 值得一提的是，辅仁大学在教学、研究和出版方面更是形成了一种合理的体系，辅仁大学从建校伊始就十分重视学校的出版工作，早在1928年就创办了以沟通中外文化为职志的《辅仁学志》。《辅仁学志》的编委会由校长陈垣领衔，编辑秘书是储皖峰，而雷冕（辅仁大学校务长、人类学教授）、英千里、胡鲁士（辅仁大学教务长、历史系教授）、沈兼士、张怀、余嘉锡、张星烺、张至一和丰浮露（辅仁大学哲学系教授）为编委会成员。《辅仁学志》每年出一卷两期，从论文内容来看，古代史处于主导地位，其次是古文字研究，古籍、古书、古器物的考订，著者主要是在辅仁大学任教的学者。《辅仁学志》在辅仁众多中外教师的努力下，对当时中国学术的发展产生了积极的影响，提高了辅仁大学在国内学术界的地位，这种在学术研究和出版工作上的传统和经验为《华裔学志》的创办奠定了良好的基础。

如前所述，辅仁大学首先于1925年由美国本笃会创办，1933年由于经费问题改由圣言会接办。辅仁大学档案资料中对早期辅仁大学有下列描述："所有会院，皆独立不相统属，其修士由各本地人中选拔。院规除每日诵经七次外，则从事于建筑织布及木工等工作，更有攻习医学、神学、绘画者。故修士等之著作及书院储藏之书籍极富。今希腊、罗马古籍之克存于兵燹灰烬之余者，皆修士等之力。而欧洲近世文明，亦悉由此希腊文化孳乳蜕化而来。本笃会以往事业之有关学术者，有左列四端：（一）缮写古籍……（二）校勘古籍……（三）注意美术……（四）提倡教育……。"③本笃会在教会大学中国化的大潮中创办了辅仁大学，除了在学科建设、教师安排等方面顺应这种形势之外，在出版事业方面也对中国传统学术文化予以了特别的关注。1926年辅仁大学即创办了第一份期刊性质的学报，即《辅仁英文学志》。该杂志在美国出版，一年两期，这本杂志逐渐吸引了热衷于中国文化研究的西方汉学家，从开始的小型校刊发展成为一种学术性期刊。1932年，鉴于《辅仁英文学志》已经成为学术性期刊，学校又决定创办一个简单的新闻通讯式的杂志即《辅仁学志》。后来《华裔学志》的创办者鲍润生神父曾在《辅仁英文学志》的第9期，也是其历史上的最后一期上这样说道："学志与大学共同成长。从一个小型通讯……越来越成为一个学术性刊物。由于这种变化使《辅仁学志》担负起其创刊时的作用……学志在全世界的合作和读者的帮助下变得前所未有的国际化。"

　　1929年世界经济危机爆发，使得本笃会筹集资金变得越发困难。在这种情况下，美国本笃会遂向罗马教廷提出请求改派其他差会负责辅仁大学的管理工作，罗马教廷于是改派圣言会接办辅仁大学。1933年4月29日，圣言会正式接管辅仁大学。

　　圣言会于1875年9月8日由德国神父阿诺德·杨生在荷兰史太尔的圣米歇尔修道院（Des Missionshauses St. Michael）创建。圣言会的章程中，从1885年已经开始把保护科学作为他们的使命和责任，修会的成员在语言学、文化和宗教史等方面独具专长。这方面的一个有力的表现就是威廉·施密特神父创立《人类学》杂志的举措，该杂志关注语言学和人类学的发展，投稿者来自德、英、法、西、意等国的天主教传教士。圣言会的创办者杨生认为"修会应加强活动使非基督徒皈依基督教。在他们内心尤其关注中国社会的基督化，并计划在史太尔培训到中国传教的修士"④。事实上，仅在圣言会成立的三年半后，即1879年杨生就派遣了第一批的两名传教士来到了中国。这种关注中国的传统，使得在圣言会士中有不少是学问渊博的汉学家。因此当圣言会接办辅仁大学后，仍然支持辅仁大学"在引进近代西方先进学术文化（包括自然科学和技术）的同时，积极探索和发展中国传统的优秀学术文化"⑤这一办学旨趣。此外，由于圣言会注意加强与辅仁大学中方学者的沟通和合作，使得学校的中外教师关系融洽。为此辅仁大学校友、北京大学历史系教授乔明顺曾这样写道："在所有的外人所办的学校，中外人士的合作都是难以解决的问题。虽然双方都以培养人才为共同目标，但由于不同文化背景所导致的价值观的分歧和生活习惯的差异，往往引起隔阂矛盾。对此，居于辅仁主导地位的西方人士，在消弭裂痕、调整双方关系方面，做了不懈的努力。首先，他们保证中方人士在工作中有职有权，不受干扰……其次，对中国教授彬彬有礼，每年春节校务长都到老先生宅第贺节送礼，还经常对教授们宴请慰问，表示尊重。"⑥辅仁大学作为后期创办的教会大学，能够在较短的时期内发展成为国内著名的私立大学，特别是在抗日战争期间，由于它的特殊身份能坚持在北平办学，从而成为华北地区高等教育的中流砥柱，无疑是与这些中外学者的共同努力分不开的。《华裔学志》能够创办并迅速提高其国际影响力，与辅仁大学的这种文化氛围实是密切相关。

（二）"汉学"研究在辅仁

什么是"汉学"？对这一问题的回答至今仍然众说纷纭。在本文中我赞同任大援先生为汉学所做的定义，即"汉学，有广义和狭义的区分。就狭义而言，英文 Sinology 一词，主要指海外学者对中国语言学、文学、历史、哲学等人文学科的研究，同时也包括某些'专学'研究，如敦煌学、考古学等，其特点在于注重历史与人文；就广义而言，汉学则可以包括 20 世纪在美国发展起来并在今天遍及欧美的对中国近现代以及当代问题研究的所谓中国学，即英文 Chinese Studies，中国学的特点是侧重现实与社会学科"。

关于汉学，时下也有人称为"国际汉学""海外汉学""世界汉学"。1814年12月11日，法国法兰西学院正式任命雷慕沙（Jean-Pierre Àbel Rémusat，1788—1832）为"汉、鞑靼、满语言文学教授"，这是西方专业汉学诞生的标志。学术乃天下之公器，但大学教席和课程的设置却起着主导作用，因此汉学实际上是一门古老的学问。大名鼎鼎的法国汉学家伯希和入选法兰西学院，标志着汉学进入西方主流学术，今天西方汉学已成为西方庞大学术体系中的重要一支。在第二次世界大战以前，法国在国际汉学界中可谓一统天下。20世纪初的著名国际汉学家沙畹（Édouard Chavannes，1865—1918）认为，汉学是传教士所开创，并由法国学者雷慕沙和儒莲（Stanislas Julien，1797—1873）等人所成就的一门科学。沙畹及其弟子伯希和，统率巴黎学派正统，先后执国际汉学界之牛耳，在国际上享有盛名，以至很多人都认为汉学是一门法国的学科。20世纪初，汉学作为一个学科在西方最终得到了承认。20世纪上半叶国际形势错综复杂，而辅仁大学因为1933年由圣言会接办，主要是由德国圣言会具体管理，无形中成了中德学术乃至中西学术交流的桥梁，辅仁大学的校长陈垣更以其学术成就被中外学人所推崇。"谈起辅仁大学的历史，不能不谈到陈垣；而谈起陈垣的历史，也不能不谈到辅仁，二者之间有不可分割的重要联系，彼此相互依存，或许可以这么说：没有辅仁，陈垣很难会是我们今天所认识的那个陈垣；同样，没有陈垣，辅仁也很难会是我们今天所认识的那个辅仁"⑦。陈垣先生的学术成就，不仅在国内学术界中享有盛誉，在国际学术界亦备受推崇。有学者指出："国际汉学家对于近代中国学术及学者的评点，往往不止衡鉴而已，尤其是那些纯就学术立论，因而有与宇内公意不尽相同的真知灼见。以几位享有盛名的学术大家而论，对王国维、陈垣的推崇中外一致，对梁启超、胡适的看法则相去甚远。"⑧国际汉学界的一代大师伯希和认为陈垣是当时中国历史学界的最高权威，在某种程度上也代表了中国学术界的公意。陈垣因与英敛之、马相伯的忘年之交，受英氏之嘱托接掌辅仁大学，对辅仁大学发展成为著名私立大学有着重要的推动作用。他对中国传统学术走向现代化，与国际汉学家们一同切磋学问以促进这一学科的发展也做出了不懈的努力。陈垣对于当时有关中国传统历史文化和学术，在欧洲及日本的研究胜于中国的情形深为痛心，曾不止一次地在不同场合提出要把汉学研究中心夺到中国、夺回北京，并身体力行地加以实践，无论是作为教师在各大学对学生们鼓舞士气，还是作为学者笔耕不辍，或是作为辅仁大学的校长，对学校的管理和研究出版工作加以重视，都体现了他的这一志向。"七七事变"后，辅仁大学于艰难之中仍坚持办学，其所办刊物也坚持出版，陈垣及辅仁大学的其他学者甚至不要稿费也发表了很多文章，并出版了不少史学著作。《燕京学报》在复刊后的第 30 期上全面介绍了辅仁大学在战争期间的各类学术著作，可见对这些成果的重视。

正是在想要把汉学研究中心夺回北京的志向下，当负责辅仁大学校务工作并任社会经济学系主任的鲍润生神父提出要在辅仁大学创办一个汉学方面的高水平的国际性刊物时，陈垣和辅仁大学的很多中国学者都给予了热情的支持，正是他给"华裔学志"起了中文名称，并对杂志的精神有着深刻的影响。而杂志中国方面的编辑则包括陈垣、文学院院长沈兼士、历史系主任张星烺、西语系主任英千里等学者。辅仁大学中方教师对杂志的倾力支持，不仅对杂志的早期声誉产生了重要的影响，而且对杂志一直持续到今天的出版宗旨也有着不可或缺的内在推动作用。

二、《华裔学志》的创办及其在北平时期的历史考察

（一）《华裔学志》的创办及其宗旨

《华裔学志》的外文名是"Monumenta Serica: Journal of Oriental Studies"，在圣言会接办辅仁大学两年后的 1935 年，它正式在辅仁大学创刊。

在《华裔学志》创办的过程中，鲍润生神父扮演了一个关键角色。他先后在莱比锡师从孔好古，在柏林师从佛尔克和高延，在巴黎师从伯希和学习汉学。1921 年他到达北京，首先致力于其博士论文的写作和出版，后来去山东，在那里与国内的一些学者有了来往，如在青岛与中西交通史专家张星烺的交流。张星烺先生曾对他的研究工作这样评价："鲍润生司铎已会晤数次，此君中国话不甚通了，而中国书籍颇能读也。其《离骚》译稿晤示于余，尚无差误，翻译功夫甚见其勤也。"⑨1927 年鲍润生的博士论文《屈原的〈远游〉》得以出版，半年后他加入亚洲皇家协会，当 1935 年创办《华裔学志》时他已经是一位有名望的汉学家了。⑩

事实上，1933 年圣言会接办辅仁大学后，鲍润生神父是最先来到辅仁大学的圣言会士之一。在辅仁大学任教过的一位神父詹姆斯·海阿尔（Rev. James A. Heiar）曾经在其回忆录中提到："我第一次遇到鲍润生神父是在 1928 年，其时他正住在我们使团在上海的采购处。在那之前他已经在山东度过了一段时间，并且熟练掌握了汉语。在山东，他与诸多知名的汉学家来往，并在这个领域做了大量的研究工作。当辅仁大学 1933 年被圣言会接管时，他是首批被任命的到北平参与从本笃会士手中接管学校工作的圣言会神父之一。苗德秀当时住在北平的代表团总部，也参与了接管工作。鲍润生先生多年来一直计划着出版一本东方研究杂志，现在他看到了实现这一梦想的绝好机会。在与辅仁大学校长和他的顾问的会谈中，在罗马教廷的批准下，决定该杂志以'Monumenta Serica'的名字出版发行，并作为圣言会的一个项目。本笃会士本来在辅仁大学校园中拥有一个自己的印刷点，后来在学校转接时一并卖给了圣言会，因此圣言会决定该杂志由这个在北平的出版社印刷。这本杂志计划一年出版两期，由北平法语书店的魏智先生负责推销。"⑪

20 世纪 30 年代，国际政治局势动荡不安，之所以在北平创办一种以外文（英、德、法）面向西方出版的汉学杂志，一方面是因为该时期是中国学术界的"黄金时代"，在 20 世纪初一系列重大考古发现的基础上，面对近代以来中国政治经济秩序被破坏及文化界衰败的情形，很多中国学者开始通过科学地研究中国的历史文化以树立新的信心，充实当时的精神生活，这段时期中国学术界名家辈出，形成了宋代以来学术发展的又一高峰，从而吸引了国际汉学界的关注。另一方面则因为北平已逐渐成为德国的汉学研究中心，聚集了德国汉学界一批年轻的汉学家，如福克司、傅吾康、卫德明、谢礼士、艾克等，而这些年轻的汉学家大多也是在辅仁大学任教的教师。这种情形大大鼓舞了鲍润生神父，他说："现在的北平作为中国古老文明的中心，也正在成为科学运动的焦点。在这里，中国和欧洲学者通过合作从而在东亚研究方面做出最优秀的成果成为可能，而且，天主教辅仁大学从它建校伊始就致力于让中国最好的学者参加进来。遵循着这个传统，本笃会除了管理学校的基本工作外，同样关注于中国文化。圣言会上下齐心协力，对于基督化某些民族和研究他们的语言和文化，表现出一种特殊的热情，正如国际杂志《人类学》所证明的那样。这些背景促使我们决定停办《辅仁英文学志》而创办一个研究远东人民和文化的国际性杂志，并在北平进行编辑。"⑫

关于杂志的拉丁文名称，鲍润生神父解释如下："'Monumenta' 在这里意为记忆、研究、文献，'Serica' 意为中国或者更广泛意义上的亚洲远东地区。东方居民带来了丝绸，受到了罗马人的深切喜爱，丝绸被罗马人和希腊人称为 Seres，'Seidenmänner'，'silkman'，'sih' 是 'silk' 的汉语单词读音。"他回顾了 13 世纪以来传教士们在东亚进行传教活动的历史，指出"很多例子可以证明：在人种学、地理学和语言学方面最重要的发现都应归功于传教士，对于他们而言，在纯宗教和纯科学方面同样成就非凡"。他高度评价了 16 世纪以来传教士们在古老中国的活动，认为"基督教于 16 世纪和 18 世纪在中国的成败构成了现代基督教传教历史上最引起人们兴趣和最有意义的一幕"⑬。而其中文名字"华裔学志"则由辅仁大学校长陈垣亲自选定，意为研究中国及其周边文化的学术刊物。

《华裔学志》的第 1 卷（1935—1936）的"编者语"（Editorial Note）中，明确地提出了该杂志的宗旨："本杂志的目的已由其名字和第 1 卷的内容所表明。我们的目的是向汉学爱好者提供研究中国及其邻国的民族、语言和文化的资料，同时也涵盖了人种学和史前文明的资料。杂文和评论两个栏目我们意在使读者了解当代学术的最新成果。最后我们希望远东地区正在进行研究的同学们能从本杂志中得到鼓励和引导。我们欢迎学术性的来稿，包括那些会引起争论的文章，但是这些稿件应避免带有个人的好恶。"

辅仁大学校长陈垣作为杂志中国方面的一位编辑，他认为作为本校的出版物，《华裔学志》应遵循以下几个原则："1. 在西方思想方法的指导下将中国的历史资料系统化；2. 支持中国和外国学者编辑和翻译工具书的活动；3. 通过出版和发布汉学研究方面新的田野出土物和发现推广和促进国际汉学的合作。"⑭

《华裔学志》的结构包括以下几个栏目：论文（Articles）、短文（Miscellaneous）、书评（Book Reviews）和刊物简评（Review of Reviews）。1935—1948 年间，《华裔学志》共出版 13 卷，每卷约 500 页，刊载中外学者的论文 104 篇、短文 102 篇、书评 193 篇。由于辅仁大学在此期间一直坚持办学，作为它的一个出版物，《华裔学志》也因此未中断其出版发行。在战争的阴影下，《华裔学志》仍然继续坚持其创刊时的宗旨，担当了中西文化交流使者的角色。

（二）高水平理论刊物的基石——编辑和作者群

对任何一种学术杂志而言，编辑和撰稿人的研究水平都是至关重要的，因为这关系到杂志的学术地位和声誉。《华裔学志》自创刊之日起就能够引起国际汉学界的重视，并很快发展成为一个具有较高国际声誉的理论性刊物，与众多著名学者的支持是分不开的。

1935—1948 年间，《华裔学志》有 3 位主编。创办人鲍润生神父在 1936 年《华裔学志》第 1 卷第 1 期出版后溘然病逝，"如果没有他那些志同道合的朋友，这份杂志很可能就此销声匿迹"[⑮]。鲍润生神父患病之际将杂志的主编工作托付给顾若愚神父，他是辅仁大学哲学系的教师，1931 年来到中国，主要研究荀子。在顾神父完成了杂志第 1 卷第 2 期的工作后，雷冕神父成为杂志的第三任主编。他曾任维也纳《人类学》杂志的编辑，这为他后来在《华裔学志》的编辑工作奠定了良好的基础。1936 年他来到辅仁大学担任校务长的同时被任命为杂志的新主编，他继承了鲍润生神父为杂志所确立的宗旨，为杂志在这一期间的发展起到了很大的推动作用。

1935—1948 年间共有 16 位编辑。中国方面的编辑主要由辅仁大学的学者组成，即校长陈垣、文学院院长沈兼士、历史系主任张星烺、西语系主任英千里，西方编辑则有如下 12 位：田清波、钢和泰、艾克、谢礼士、丰浮露、福克司、顾若愚、叶德礼、方志浤、罗越、戴何都、卫德明。这些国外的编辑中，艾克是辅仁大学、清华大学教授，谢礼士是辅仁大学教授、图书馆主任，丰浮露是辅仁大学教授、哲学系主任，顾若愚也是辅仁大学的教授。他们不仅在教学中恪尽职守，也为《华裔学志》的出版倾注了大量的心血，承担了很多具体的编辑工作。

在编辑人员中我们发现了钢和泰，他是著名的梵语专家。他出身于旧俄时代爱沙尼亚贵族之家，1914 年已经是圣彼得堡大学梵语和印度语言学的高级助理研究员，1917 年俄国十月革命爆发，他流亡至北京，1922 年开始在北京大学任梵语教授，1927 年被任命为"哈佛中印研究学社"（Harward Institute of Sino-Indian Research）的负责人。钢和泰最早将印度和中亚学引进中国，他在中印关系领域的研究成果有不少在中文书刊上发表，从而推动了中国从事该种文献和语言研究者的研究。钢和泰是近代中国学术界沟通国际东方学及汉学的重要人物，对于从整体上促进中国学术界走向国际起到了重要作用。在《华裔学志》的初创时期，钢和泰给予其很大的帮助。"他既是顾若愚神父也是雷冕神父编辑工作的顾问。顾若愚神父请他帮助对来稿进行审定，因为他自己进行汉学研究的经历较短，而没有足够的基础来完成审定稿件的任务。雷冕神父不是一位汉学家，同样也需要他的帮助与合作"⑯。不幸的是，仅在与杂志合作两年后，钢和泰就过早辞世了。然而《华裔学志》在许多年轻汉学家（主要是德国汉学家）如福克司、卫德明、谢礼士、艾克、丰浮露的努力下，在艰难的国内国际环境中迅速成长，吸引了众多汉学家的注意。

在《华裔学志》前期出版的 13 卷中，"论文"和"短文"两个栏目共计有 90 位撰稿人，"书评"中共有 51 位撰稿人。在这些作者中，有很多我们熟悉的汉学家的名字，其中投稿所占篇幅较大的有：裴化行（Henri Bernard，1889—1975），他是法国耶稣会士，天津津沽大学教授，后来是上海徐家汇天主教堂的负责人，因研究中国基督教史而成名。福克司是德国汉学的代表人物之一，"1925 年他在柏林大学以《吐鲁番地区唐以前的外部变迁》完成博士论文，主专业是汉学，副科有满文、民俗学和哲学"⑰，1926 年到中国，1938 年应聘为辅仁大学教授。任职期间，他在参与《华裔学志》的编辑工作之外，集中精力研究 17—18 世纪西方传教士协助绘制的中国地图，此外还曾任北平"中德学会"（des Deutschland Institut）⑱会长。第二次世界大战后，他只身返回德国，先后在慕尼黑大学、汉堡大学和慕尼黑民俗博物馆供职，1960 年成为科隆大学的汉学教授。福克司毕生致力于清史及满文文献资料的整理研究，有人评论他是西方汉学界熟悉清代史料的第一人。他的研究成果大部分都发表在《华裔学志》上。卫德明是 20 世纪初德国著名汉学家卫礼贤之子，童年时代在青岛度过，曾师从德国著名汉学家傅兰阁（Otto Franke，1863—1946）学习汉学与人类学，后任美国西雅图华盛顿大学的教授。赞克（Erwin Ritter von Zach，1872—1942）是一位很有名望的研究中国文学的学者。20 世纪三四十年代的北平有这样的说法：中国古籍分经史子集四部，近几十年来德国的汉学研究突飞猛进，卫礼贤治经，傅兰阁治史，佛尔克攻子部（哲学），赞克攻集部（诗文）。赞克出身于奥地利一个高级军官家庭，后来成为奥地利驻中国、新加坡等处领事馆的外交官。他是一个地地道道的业余汉学家，他的汉学贡献首先在于他对中国古典诗歌的翻译，其次是翻译了《文选》的大部分作品。赞克翻译中国古典诗歌是学术性非普及性的，他用中国朴学的方法治唐代诗歌，其渊博的学识和扎实的中国旧学根底为学者们公认。他在《华裔学志》上发表了杜甫诗集 1—5 卷和《文选》的部分作品。其他学者如施密特、李华德（Walter Liebenthal，1886—1982）、雅沃尔斯基、白乐日（Stefan Balázs，后名 Etienne Balázs，1905—1963）、艾伯华（Wolfram Eberhard，1909 —1989）、傅路德、林仰山（F. S. Drake）、韦勒（Friedrich Weller，1889 —1980）、罗越、海西希（Walter Heissig）、傅吾康、贺登崧（W. Grootaers）、罗文达、高罗佩（R. H. Van Gulik）、海尼士（Erich Haenisch，1880 —1966）、荣振华（Joseph Dehergne，1903—1990）、闵宣化（J. Mullie）、杜默林（Heinrich Dumoulin）、司礼义和司律思等。他们的名字都与国际汉学的发展紧密联系在一起。

可以看到的是，《华裔学志》的作者中也有很多是当时欧洲著名汉学杂志的撰稿人。如《通报》（T'oung pao. Archives concernant l'histoire，les langues，la géographie，l'ethnographie et les arts de l'Asie orientale.）、《大亚洲》（Asia Major）、《东亚杂志》（Ostasiatische Zeitschrift）、《远东古物博物馆学报》（Bulletin of the Museum of Far Eastern Antiquities）等。可见在《华裔学志》的创办早期，它已经得到了国际汉学界的认同，并得益于一批高水平汉学家的支持。傅海波认为它是在中国出版的汉学方面的一个"重要的"杂志；薛光前（Paul K. T. Sih）称其是"中文领域中适合高学历者的最出色的学术期刊之一"；贝克曼在 1945 年曾经写道："作为辅仁大学给人以深刻印象的一种成就，《华裔学志》不是因为其外表装饰美观及整齐的印刷，而是因为其学术性达到了一个令人佩服的高度。"⑲

值得注意的是，在《华裔学志》第 1—13 卷的"论文"这一栏目中，中国学者发表了一定数量的文章，主要有陈垣、沈兼士、王静如、杨宗翰、费孝通等，显示了该时期中国学者学术成果的精粹。这对于将中国学者的研究推向国际舞台具有一定的意义。如沈兼士先生于 1935 年发表了《"鬼"字原始意义之试探》一文。这篇文章得到了史学大师陈寅恪先生的赏识，他曾致函沈兼士说："依照今日训诂学之标准，凡解释一字即是做一部文化史。中国近日著作能适合此定义者以寅恪所见，惟公此文足以当之无愧也。"[20] 因为如此，这篇文章即被英千里译为英文，发表于《华裔学志》第 2 卷（1936—1937）上。中西学者共同支持《华裔学志》的出版，在某种程度上体现了当时中西学术交流的盛况。

（三）对《华裔学志》内容类别的分析

从《华裔学志》第 1 卷的论文目录中，我们可以发现，它可以清楚地表明鲍润生神父为杂志所确定的宗旨，这个目录是这样的：

裴化行：十七至十八世纪天主教在中国的传播以及它在中国文化史演变中的地位（法文）

裴化行：中国及其近邻国家科学地图绘制工作的诸发展阶段（16 世纪至 18 世纪末期）（法文）

鲍润生：屈原《九歌》的最后部分（翻译）（德文）

陈垣：《切韵》与它的鲜卑作者（英文，英千里译）

顾立稚：商代青铜器的制造和装饰的起源（英文）

艾克：石质建筑亭式结构宝塔的结构特征（一）（英文）

福克司：关于 1626 年清太祖阿巴亥皇后之死（德文）；关于清朝地图绘制的资料（德文）

雅沃尔斯基：净土宗的"盂兰盆经"（法文）

田清波：《开印》：内蒙古鄂尔多斯（Ordos）的典礼和演说（法文）

谢礼士：北京武英殿的木版印刷术（德文）

施密特：亚洲最古老的文化圈（英文）

钢和泰：藏族历法的六十年甲子周期（英文）

卫德明：关于（宋代）阿云的诉讼（德文）

赞克：杜甫诗的翻译（第一卷）；杜甫诗的翻译（第五卷）

（德文）

这个目录"证明了主编对于中国文化的任何一个方面的研究都给予了特别的注意。它还表明《华裔学志》与其说是传统的、欧洲意义上的汉学杂志，不如说是一个关于传统中国文化的所有方面的杂志"㉑。

从下面的表格中我们可以清楚地看到杂志所关注的中国文化研究的不同方面：

《华裔学志》所关注的中国文化研究

论文和短文 Articles & Miscellaneous		书评 Book Reviews		刊物简评 Review of Reviews	
学科	文章数量	学科	书数量	学科	杂志数量
语文学	28	历史学	42	汉学	17
历史学	25	语文学	23	汉学＋佛学	4
语言学	20	传教	18	汉学／金石学、历史学、语文学	4
考古学	14	考古学	12	汉学／历史学、语文学	4
造型艺术	13	民族学	12	汉学＋印度学	4
民族学	12	语言学	11	民族学	3
建筑	11	造型艺术	11	地理学	3
目录学	9	法学	9	汉学＋西藏学	3
佛学	9	地方志	7	考古学	2
哲学	7	基督教	6	亚洲	2
基督教	7	建筑	6	汉学／目录学、图书馆学、语文学	2
地图学	6	哲学	6	汉学／造型艺术、工艺美术、金石学	2

论文和短文 Articles & Miscellaneous		书评 Book Reviews		刊物简评 Review of Reviews	
学科	文章数量	学科	书数量	学科	杂志数量
天文学	5	宗教	5	汉学 / 金石学、语文学	2
宗教	4	地图学	4	考古学	1
金石学	4	社会学	4	建筑学	1
法学	4	目录学	3	地理学、地方史、语文学	1
图书馆学	4	图书馆学	3	日本学	1
工艺美术	3	佛学	2	语言学、民族学	1
传教	2	工艺美术	2	语文学	1
印刷	2	政治	2	语文学、哲学（不包括中国）	1
博物馆学	1	戏剧	2	政治、社会学	1
社会学	1	人类学	1	汉学 + 印度学 + 日本学	1
医学	1	教育事业	1	汉学 + 日本学	1
		金石学	1	汉学 + 满族学	1
		地理学	1	汉学 / 技术	1
		书法学	1		

　　由此可见，中外学者在《华裔学志》上发表的文章都是西方汉学界比较感兴趣的话题，同时也是距离现实相当遥远的所谓"纯学术研究"，这和当时欧洲汉学流连于中国古代文明的风格是一致的。

　　《华裔学志》上刊载的论文对汉学研究的资料性贡献是很大的，这方面的一个表现是作者们将中国传统文化中的一些精华翻译为西文，为西方学者的深入研究提供了资料基础。如鲍润生将屈原的《九歌》翻译为德文（《华裔学志》第 1 卷［1935—1936］）；赞克将杜甫诗的第 1—5 卷翻译为德文（《华裔学志》第 1—4 卷）；丰浮露将中国道家的重要著作《抱朴子》译成英文,并进行了研究(《华裔学志》第 6 卷［1941］、第 9 卷［1944］和第 11 卷［1946］,篇幅达 163 页);福克司用德文撰写了《关于清朝地图绘制的资料》(《华裔学志》第 1 卷［1935—1936］、第 3 卷［1938］)。这些文章体现了西方汉学家在中国古代文化研究方面深厚的学术功底,对于中国文化中的精华在世界上的传播起了重要的作用。

此外,很多论文内容精湛,考证扎实,论述的科学性和系统性很强,是汉学研究中的优秀成果。如艾克在杂志上发表了很多建筑、艺术方面的文章,如《石质建筑亭式宝塔的结构特征》(《华裔学志》第 1 卷［1935—1936］、第 13 卷［1948］)、《折叠交椅的变迁——对欧洲式折叠椅形态历史的评论》(《华裔学志》第 1 卷［1935—1936］)、《明代的文渊阁》(《华裔学志》第 3 卷［1938］)。傅吾康发表《阮元(1764—1849)》(《华裔学志》第 9 卷［1944］)等。杂志在这一时期的论文是国际汉学研究中的宝贵财富。

(四)《华裔学志》的出版情况

1935—1948 年间,《华裔学志》实际出版情况(包括卷次、时间、地点)如下:

第 1 卷(1935—1936),1936 年,北平;

第 2 卷(1936—1937),1937 年,北平;

第 3 卷(1938),1938 年,北平;

第 4 卷(1939—1940),1940 年,北平;

第 5 卷(1940),1940 年,北平;

第 6 卷(1941),1941 年,北平;

第 7 卷(1942),1942 年,北平;

第 8 卷(1943),1943 年,北平;

第 9 卷(1944),1944 年,北平;

第 10 卷(1945),1945 年,北平;

第 11 卷（1946），1946 年，北平；

第 12 卷（1947），1947 年，北平；

第 13 卷（1948），1948 年，北平。

《华裔学志》的第 1—10 卷由在北平的魏智先生出版。魏智先生是法国人，1920 年来到北平。他在 20 世纪 20 年代末期创办了"中国图书有限公司"（China Booksellers Company, Ltd.），后来他在位于北平市中心的北平饭店开设了法文图书馆（French Bookstore）。

1935 年《华裔学志》创办时即与魏智先生签订了为期十年的合同。"关于促使他出版《华裔学志》的原因以及合同签订的经过，目前还没有可供使用的文字作为参考"②。魏智公司忠实履行了合同的规定，与《华裔学志》进行了富有成效的合作。合同期满后，可能出于财政支出方面的考虑，《华裔学志》未能与魏智先生继续合作。后来，《华裔学志》的第 11—13 卷（1946—1948）是由辅仁大学印书局出版的。

1935—1948 年间杂志的排版印刷在出版合同的附注中确定，即印刷工作应在席弗林·陶伯（Severin Tauber）先生的指导下进行，具体的印刷工作则由北平的育华印刷局和永华印刷局承担。

关于《华裔学志》的发行量，每卷大约出版 800 册。其中 750 册为销售之用，50 册赠送杂志的作者和为圣言会士所使用和收藏。

另外需要提到的是，《华裔学志》自 1937 年还出版了一套《华裔学志丛书》，其所涉及的研究领域大致与《华裔学志》相同。1937—1948 年间，《华裔学志丛书》达 12 种之多，这些丛书的出版，同样以其丰富的内容和高度的科学性成为汉学研究的珍贵文献。它们与《华裔学志》第 1—13 卷同样被汉学家们所认同和重视。

（五）《华裔学志》的特色分析

从以上的说明中，我们可以看到这本杂志的基本情况，如果以更长时间的眼光来看《华裔学志》的历史，我们不禁会为杂志所具有的生命力而惊诧。它命运多舛，几经迁徙。1948 年第 13 卷出版后，由于时局的动荡而暂时停刊，《华裔学志》的第一阶段即北平时期的历史予以告终。1949 年《华裔学志》编辑部迁至日本的东京，在艰难的准备过程中，1954 年《华裔学志》的第 14 卷（1949—1955）方得以出版，这要得力于汉学家圣言会神父卜恩礼的努力。1957 年《华裔学志》编辑部又迁至名古屋圣言会所办的南山大学，并在该校设立研究所。1963 年，在美国加州大学洛杉矶分校的教授们，特别是考古学家理查德·鲁道夫教授的邀请下，华裔学志研究所再迁至美国，并入了该校的东亚语言系。1972 年华裔学志研究所再迁至德国波恩（Bonn）附近的圣奥古斯丁，其编辑部先归入德国北方圣言会著名的人类学研究所。该地还设有一所圣言会的传教学研究所（Das Missionswissenschaftliche Institut）、神哲学院以及修院。后来华裔学志研究所成为独立的研究机构。虽然经历了辗转迁徙，《华裔学志》的出版计划受到了一定的影响，然而另一方面，正因为它经历了中国、日本、美国、德国等地，吸收了来自亚洲、美洲以及欧洲乃至澳洲等各地学者的观点，才得以成为国际汉学研究的重要文献。《华裔学志》在 70 余年的历史中所取得的成就与其在 1935—1948 年间所确定的方向、旨趣、特色密切相关。20 世纪 80 年代任《华裔学志》主编的弥维礼神父说过："《华裔学志》忠实地保持了它的创办人最初所确定的宗旨，'中国文化成就的记录，人类理解与友谊的使者'。"[24]

《华裔学志》前期的历史体现了如下特色：

首先是它的国际化。这体现在从创刊、编辑、作者到出版一系列的体系上，这个特色与辅仁大学的身份和地位是相辅相成的。马敏认为："如果将教会大学与中国传统的书院及新式私立和公立高等学校相比较，它大致呈现如下特征：1. 办学国际化；2. 教学正规化；3. 信仰宗教化；4. 教育社会化；5. 校园家庭化。其中，办学国际化系教会大学的突出特征之一。在中国战乱频仍的动荡环境中，教会大学之所以能够保持较多的活力和较为强劲的发展势头，重要原因之一就在于这种办学方式体现了多渠道的国际联系，成为中西文化交融汇聚之所。"㉕辅仁大学的国际化特色，除体现在由其起源、资金、师资等构成的国际性"组织特征"外，更升华表现为一种开放性的文化氛围。正是在这种开放性文化氛围的熏陶下，形成了《华裔学志》的国际化特征。此外，中外学术界在这一期间的交往日渐增多，各国汉学家云集北平，使北平成为欧洲汉学家的黄金之地，这为杂志的编辑和出版工作带来了很多的益处。如前文提到的钢和泰先生对杂志编辑方面的帮助。以史学家陈垣为首的辅仁大学的一批学者对杂志的出版一直非常重视，他们对西方汉学家向西方介绍中国传统文化精粹的举措给以充分的肯定和抱以喜悦的心情。《华裔学志》创刊号专门刊登了陈垣为鲍润生神父将《楚辞》译为德文而写的一首诗："屈子喜为方外友，骞公早有楚辞音。而今又得新知己，鲍叔西来自柏林。"以纪念鲍润生神父为中西文化交流所做出的贡献。正因为有这些汉学家个人之间或团体形式的广泛密切交往，使《华裔学志》成为国际汉学与中国学术互补互动的一个舞台。这与当时只有西方汉学家参与编辑的汉学杂志相比，似乎更具有国际性这一特征，因为国际汉学研究的对象是中国，中国学者理应重视并积极参与进来。杂志的国际性在这里更多地体现了当年中西学术交流的特征。

其次是它的栏目结构特色。前已述及《华裔学志》一共有四个栏目：论文、短文、书评和刊物简评。"书评"中介绍了很多在中国刊行的西文图书。其中"刊物简评"这一栏目是杂志中国方面的编辑、辅仁大学文学院院长沈兼士先生所建议设立的，该栏目是对专门进行汉学研究的杂志（中、日、西文）所刊登的文章进行摘要。《辅仁学志》曾这样予以介绍："使该杂志独具特色的是它的'刊物简评'，在这个栏目中逐一评论各种用汉语、日语和欧洲语言出版的东方学期刊的文章。在目前这卷（指《华裔学志》第 2 卷［1936—1937］）中，受到评论的是六本主要的汉语期刊和部分欧洲语言期刊。对于期刊中的每一篇文章，作者名字和文章题目都进行了翻译，内容也做了概括，并常常会得到评论。文章的主题从考古学到音乐学，从文学到历史，不一而足。实际上，'刊物简评'已经被众多杰出学者认同为他们不可或缺的助手。"⑳ 从这番评述中我们可以看出，"刊物简评"的确独具特色。在上述评论中提到了最新一期即第2卷的"刊物简评"出现了一些变化，这个变化不仅注明了文章的作者、题目，还增加了内容提要和评论。这不仅使栏目的内容变得更加充实，而且使它成了一个内容详细的索引，读者可以根据栏目中所列的大量中、日、西文杂志了解到汉学研究的最新动态。为此，《华裔学志》专门在第2卷的"刊物简评"征文内容有一段说明，以证明这个变化的原因和益处：

应来自各方的要求，我们打算今后在"刊物简评"这一栏目中，不仅包括汉语和非汉语的汉学文章以及相关期刊的题目，而且包括用汉语和日语撰写的文章的英文概要。由此，我们希望使海外的学者同步了解这里进行的研究工作。

事实上，扩大的"刊物简评"最终可能成为一本独立的出版物，以中国的或外国的模式。它将扼要地涵盖一些边缘学科如考古学、人类学、种族学和古生物学等方面的文章。

然而，由于总有这样一种危险，即评论者可能只抓住一些枝节的东西，而忽略了文章作者本人认为是本体的和本质的东西，因此我们向文章作者建议给他们的文章加上"作者概要"，也就是一个大约5—20行或100—300个字符的综述，可以用小号字体印在文章的开头。

这种方法的优点是显而易见的。作者本人必须确保不被误解，不使自己长篇而费解的文章被错误弄得面目全非，或者使其完全被忽视，或者使其只能被相当有限的读者所了解。这些优点比起一篇浓缩的"作者概要"所花费的些许工夫来说，是完全值得的。后者（指作者概要），还使得不用汉语或日语出版的学术期刊能够包括一些权威的文章评论。作者本人保证这些评论是精确的，是符合他的观点的。这样，当地学者的科研成果，就被安全而快速地带入世界各地学者的视野，而后者也能够迅速而全面地把握该学科的总体研究文献，而且能够用作者本人的语言获得这一切。

这种方法已经在包括以汉语为传播语言在内的很多期刊中流行多年，尤其是在自然科学领域，而且已经受到了学界的广泛欢迎。因此，我们现在同样愿意请求所有编者向所有的投稿者推荐"作者概要"这一体系，并给我们发一个副本，以便登载在我们的"刊物简评"中。㉗

最后，它在这一时期出版的连续性。尽管杂志最开始是计划每半年出版一卷，但由于财政方面的困难，在1935—1948年间出版的全部13卷中均没有"半年刊"的字样。也就是说，《华裔学志》实际上是年刊，大致达到每年一卷。在当时北平沦陷，政治经济环境十分恶劣的情况下，《华裔学志》与辅仁大学一样，在风雨飘摇中勉强维持。杂志的编辑部缺乏资金、稿件，在它的篇幅中表现得非常明显，尤其是在太平洋战争爆发后，北平只有辅仁大学一所教育部承认的大学。由于经费拮据，作为辅仁出版的刊物也几乎难以为继，连辅仁大学的学报《辅仁学志》在1943年出版到第12期后也告停顿。《华裔学志》第8卷（1943）竟然没有了"书评"和"刊物简评"两个栏目：既无可评之书，亦无可引用之杂志。可见当时国内外的学术刊物都处于衰败的境地。《华裔学志》坚持出版，不仅显示了杂志所具有的生命力，为其今后的持续发展奠定良好的基础，也使它成了国际汉学研究中不可多得的历史文献。

《华裔学志》在其前期13年的发展历程中，克服了国际国内环境的困难，专心于中国古代文化的"纯学术研究"，为向世界传播中国悠久的历史文明做出了一定的贡献。弥维礼神父这样说道："通过创办《华裔学志》，鲍润生神父和他的朋友们被这样一种信念所鼓舞，即中国人民灿烂的文化成就必然作为人类文化不可分割的一部分而得到承认和认同，如果没有给予中国适当位置的话，那么任何关于世界历史的著作都是不完整和有缺憾的。"㉘正是在这种信念的激励下，《华裔学志》以实际行动成为欧洲和中国文化交流的一个见证。

三、对《华裔学志》前期历史的思考

（一）《华裔学志》之于辅仁大学的意义

辅仁大学是教会大学发展至成熟时期所建立的一所大学，从筹办到成立和发展，具有特殊的社会氛围、文化氛围、宗教氛围和办学宗旨。从其在天主教办学中的地位来看，辅仁大学是一所教宗大学（Pope's University）。当时的教宗庇护十一世"注重中华，有加无已，更以恳切之词，鼓舞会众，急起赴此事功，并亲捐意币十万，以为之倡"[29]。他曾经说过："如果你能为辅仁大学提供人员和设备，我想没有什么比这更让我感到亲切和珍贵的了。"[30]辅仁大学的伏开鹏（1904—2002）神父（曾任训育处主任）在《教宗与辅仁》一文中写道："辅仁是罗马教廷直辖的大学，常有人称它为教宗大学。天主教士办的大学，全球有数十个，但教宗直辖的为数极少，在亚洲只有一个——辅仁大学。……教宗对于他自己所创办的辅仁大学格外关心，他竭力筹措经费，以资发展，对于训育课程等项尤为注重。他常常为辅仁祈祷，祝福辅仁大学的教职员、学生和学生的家长，并劝普世公教信友，予辅仁大学以精神和物质的襄助。"[31]由于有着这样一种客观的地位，辅仁大学必然受到各地天主教徒的关注和支持，这是它能在复杂艰难的国内外环境中予以维持下来的一个重要原因。辅仁大学教师、美籍圣言会士克里夫·金（Clifford King，1888—1969）在《关于北平公教大学的"为什么"》一文中写道："对于为什么北平公教大学必须不惜任何代价维持下来，可以有100个令人信服的回答，但是以下强调的四点已足够。第一，为了提高中国神父们的效率和文化身份；第二，为了创造一大批开明和乐观的世俗领导人以领导中国的天主教运动；第三，大学作为与中国非天主教文化阶层直接而友好交往的最优越方式；第四，它是'教宗大学'。"[32]辅仁大学这个有着强大天主教会背景的学校，在发展过程中却与另外一所天主教大学——上海震旦大学的发展大相径庭。震旦大学创办于 1903 年，初名震旦学院，其创办人为马相伯。在创立初期，震旦大学并不是一所天主教大学，入学的学生中没有一个天主教徒，也并不开设宗教课程，其办学宗旨为"广延通儒，培养译才"。两年后，由于马相伯与耶稣会士们办学思想发生冲突，另设复旦大学，震旦大学遂由法国耶稣会全面接管变为天主教大学。震旦大学对中国文化潮流的反应十分淡漠，并没有采取特别的步骤调整教学内容以适应中国的民族情绪。在 20 世纪 20 年代国内反基督教运动和收回教育主权运动如火如荼之时，震旦大学受到了不少中国人的谴责。然而震旦大学依然继续着法国高等教育的传统，在中国本土提供了外国教育方法和语言学习的优势，在教会大学中国化的潮流中，震旦大学明显处于其中的"保守"个案类型，它担当的是西学东渐中的角色。

而对辅仁大学而言，它担当了西学东渐和中学西渐的双重重要角色。如前所述，马相伯同样为辅仁大学的倡议人之一，他在吸取了创办震旦大学的经验教训后，渴望能"以公教之精神，办一华生眼前所需要者"，这就是要求天主教大学应"必须重视中国社会发展之需要，不能离开中国社会。因而必须重视和加强国文（汉文）教学，而且，不能仅限于教内师资，还需要有教外高水平的学者专家来执教，以弘达学问，促进学术文化的发达，无疑具有重要意义"。[33] 就师资队伍而言，辅仁大学的教师中，不仅包括圣言会中学问渊博的神父和修士，如穆尔菲、葛尔慈、丰浮露、严池（Rev. Augustin Jaensch）、欧思德（Rev. Francis Oster）、裴德（Sister Dulcissima）等；还包括一批西方的非神职学者，如司徒资（Joseph Stuls）、萨达利（Hans Zacharias Conrad Ernest）、卜乐天（William Bruell）、蒋达士（Edgar Taschdjian）、艾克等。同时也十分倚重中国的社会贤达，如陈垣、沈兼士、张星烺、余嘉锡、英千里、张重一、赵锡禹、张怀、溥雪斋等名流。这种强大的师资力量给了辅仁学生以庆得良师的感觉。辅仁大学首任教务长刘复（半农）谈到学校的教授时曾说："我们想竭力罗致名教授，虽然不能使全国的名教授都到我们学校来，但总设法去敦请。外国教授方面，据说今年美国又有十位专家，签名愿来本校……只需打电报去就可以来。"[34] 就学科设置而言，学校的理学院、教育学院成立较晚，但发展速度很快，在学校经费困难的情况下，仍尽量给学生以良好的学习试验设施。邓云乡回忆说："辅仁大学理学院物理、化学、生物三系的各项实验室，是十分完备的。如化学系的'液体空气机'，在当时北平各大学的实验室中，也是独一无二，十分著名的。"[35] 辅仁大学物理系从一开始就强调近代物理学的研究，光学、电学实验设备也较充实。学生在一、二年级必修"科学英文"，上学期间接受严格的实验方法的训练，因此培养出不少从事理论和实验的优秀人才，如国际知名的高能物理学家邓昌黎等。[36] 但是就实力、学术成果及学术影响看，辅仁大学的国文、历史两系即中国传统文化方面所取得的成就应为最高。这个成就的取得，与以陈垣为首的辅仁众名师的努力是分不开的。

曾任台湾辅仁大学教务长的萧师毅说道："在北平辅仁，对于中西学术文化的融合不遗余力，最重要的是已计划而在西德实地开始的辅仁百科全书，将西方学术与东方学术并联，书中除探讨一般人文科学与自然科学外，另包含了与宗教问题相关的研究。"[37] 关于在北平辅仁大学所计划的百科全书，顾若愚神父在致陈垣的信中写道："陈校长惠鉴：素仰大名，无任钦慕。兹启者，罗马教宗曾拟编辑中文百科全书一书，以备华人应用。刚主教在华时亦斟酌再三，即由教宗委托圣言会肩此重任。继由敝总会长指定辅仁大学诸司铎协同本校精通中西文化教授编纂。今夏教宗与敝总会长复授史司铎全权办理，当由史君托包 Biallas（即鲍润生）、颜 Jaensch（即严池，辅仁大学理学院院长）、胡 Kroes（即胡鲁士）等司铎分编数科。……素仰阁下精研中史，包司铎屡言及兹，拟恳请阁下担任中日史地科，以使玉成。此次编纂百科全书，非与日用释名辞典可比，故又须专载有关现代中西文化之思想事体，评加注释，故与 Herder 或 Brockhaus（编者注：出版商名）相仿，或类似较小之《大英百科全书》或《大美百科全书》……"⑧辅仁大学这种关注中西学术交流的传统在中华民族最危急的时刻依然持续着，并以自己独特的方式为振奋民族精神、弘扬传统文化做出了突出贡献。1937年"七七事变"后，华北教育事业遭受空前打击，北平高校大多南迁，数万师生流亡后方，不少学校也沦为日寇兵营，北京大学文学院所在地——沙滩红楼长期被日本宪兵队霸占。只有辅仁大学、燕京大学和中国大学以其特殊身份，在凄风苦雨中抗争。辅仁大学和燕京大学在沦陷区共同遵守了三项原则，即行政独立、学术自由、不悬伪旗。太平洋战争爆发后，燕京大学无法办学，而辅仁大学因为由德国圣言会主办，学校由教会中的德国人出面，与日伪政权周旋，经过往返协商，文理各科课程仍用原有教材，不用日文课本，日语不作为必修课程，从而成为沦陷区内本国政府唯一承认的大学。许多滞留在北平的著名学者纷纷接受学校的聘书而加盟到辅仁中来，如高步瀛、孙人和、顾随、陆宗达、梁启雄、王静如、唐兰、刘盼遂、史禄国（S. M. Shirokogorov）等人，这大大提高了学校的学术研究水平，尤其是中国传统学术方面的实力。沦陷区内的许多青年，也因为不愿接受日伪政权的奴化教育，纷纷报考辅仁，使得学校的注册学生不断增多，学生质量也大幅度提高。到1945年抗战胜利之时，辅仁大学已发展成为一所拥有教师200余名、注册学生2200多人的综合性大学。处于这样一种国破家亡境地中的辅仁众多学者们，在强烈的爱国主义情操的激励下，以培养学生的民族意识和学习研究能力为己任，以赶超国际汉学研究水平为目标，殚精竭虑，辛勤耕耘，在学生培养和学术研究方面取得了很大成绩，在国内外产生了重大的影响。而《华裔学志》就是辅仁大学与国外学者进行交流、合作的一个重要舞台，它对于提高辅仁大学在国际上的声誉和地位，扩大辅仁大学学术研究知名度具有重要的意义。

在世界历史逐渐从孤立走向整体发展的过程中，大学作为文化的一个重要平台，将对人类智慧的精华世代传承，而现代高等教育是一项持久的、国际性的文化传播事业。各高等学府可以通过多种途径和形式提高自身的影响，以吸引国内外人士的关注，最终提升学校的学术水准。在中国近代高等教育的一个特殊群体——教会大学的发展历史中，由于他们特殊的身份，使他们不仅在国内有着非同一般的学术地位和社会影响力，而且在国际上也受到了较多的关注。如同燕京大学通过"哈佛燕京学社"（Harvard-Yenching Institute）成为当时中国文化研究的重镇一样，辅仁大学也因创办《华裔学志》而在国外享有盛名。《华裔学志》以其涵盖多学科领域的内容和大量的纯学术性文章成为辅仁大学学术水准的一个标志，是学校关于中国传统学术研究走向国际化的证明。这份杂志不仅有西方著名汉学家（以德国汉学家为主）发表的文章，也包括陈垣校长及其他辅仁学者的研究成果。杂志中国方面的编辑、辅仁大学文学院院长、著名学者沈兼士于1947年逝世后，杂志刊登专门的文章介绍其生平和成就。与沈兼士一样，在西方著名汉学家伯希和、傅兰阁等人去世时，《华裔学志》也刊登专门的文章纪念他们，反映了杂志对中西学者的共同关注。

《华裔学志》对辅仁大学另一个关键意义是，它延续了辅仁大学在中国古代文化方面的研究。众所周知，中国的教会大学由盛而衰，最终在20世纪50年代以被一个或几个其他高校合并的方式结束了它们的历史使命。如燕京大学、圣约翰大学等名校昔日的名望与地位已随时间的流逝而淡化，而辅仁大学也在1952年的全国院系调整中与北京师范大学合并，形成了新的北京师范大学。作为辅仁大学的出版物，前已述及，《华裔学志》几经辗转，不但没有停刊，反而由于种种机缘得到了更大的发展。现在的华裔学志研究所，经过几代负责人的努力，除了整理原有的宝贵藏书之外，更积极地加强图书资料的收集，并设立了一座藏书丰富的图书馆。其中，中西文图书各8万余册，并收有中西文缩微胶片开放读者查询。图书馆在中文方面的藏书，特别是关于中国古代史、古代文化方面的藏书数量，在德国可算名列前茅。《华裔学志》迁离北平后，仍保持其创刊时的宗旨，关注中国古代文化的研究，也关注北平辅仁大学的一些情况。《华裔学志》的第 20 卷（1961）曾刊登了美国学者唐纳德·帕拉贡的一篇重要论文：《英敛之（1866—1926）与辅仁大学的诞生》（"Ying Lien-chih（1866–1926）and the Rise of Fu Jen, the Catholic University of Peking"）。该文章对辅仁大学历史的研究也具有一定的价值。《华裔学志》迁离北平后，以实际行动继续着北平辅仁大学当年为推动中西文化交流所做的努力，一直在国际汉学界中占有重要的地位。换言之，辅仁大学因为创办《华裔学志》对国际学术界产生了深远的影响，这是中国其他教会大学难以企及的。这种情况可能是杂志创办者和支持者在当年所没有预料到的。

由此可见，辅仁大学与《华裔学志》相得益彰的成功经验，不仅具有历史意义，而且具有非常现实的意义。在全球化席卷世界各国的浪潮下，国际化程度和开放性程度是衡量一个国家高等教育学术水平的重要尺度之一。任何一所高等学府若想提高自身的学术水平，要想充满活力并具有吸引力，就必须具有世界性眼光和国际意识。从这个方面来讲，国内目前的各高等学府，若想实现建设世界一流大学的目标，似乎可以从当年的教会大学办学中吸取一些成功的经验。

（二）《华裔学志》与德国汉学研究

始于明末的耶稣会士在华传教活动以及由此引发的中国"礼仪之争"，开启了中学西渐之门。这种最初概念性的争论，从宗教界扩大到思想文化界，成为 18 世纪以来西方热衷于中国文化研究的源起。

19 世纪以来，巴黎作为国际汉学的中心，吸引了欧美各国的教授及学生前来就职和求学。巴黎学派在西北欧各国也具有很大的影响力。20 世纪 20 年代留学法国的李思纯认为："西人之治中国学者，英美不如德、德不如法。"[39] 平心而论，德国的汉学研究虽逊于法国，但仍相当发达。德国虽然曾有过汤若望这样著名的传教士，但截至 19 世纪中叶，除了自学之外，德国人学中文，都必须前往巴黎。尽管法兰西学院在 1814 年已设立了汉语教授的席位，但在 19 世纪的德国，汉学研究并不被认为是一门独立的学科。德国固有的较为保守的民族性，使德国人对自身以外的事物不甚关心。之所以于 19 世纪晚期开始关注中国，德国学者巴佩兰博士认为："对中国学术上的兴趣，尤其是对其语言和文字记载资料研究，决定了汉学的语文学倾向。然而，在汉学最终从东方语文学或语言学分化出来，并作为一门独立的学科存在之前，就出现与学术上的努力并驾齐驱的，在政治和经济上打开中国门户的企图：1887 年在柏林设立了东方语言研究院（Seminar für Orientalische Sprachen），其目标是为那些将要去东方和东亚地区工作的国家官员，以及军官、技术人员、教师、商人和传教士等，提供有关国家的语言和概况方面的知识，而汉语从一开始就被列入其教学计划中。"[40]柏林大学东方语言研究院的诞生，是德国从业余汉学研究进阶到东方语言学中的附带项目，但是它离纯学术性的研究实际上还有一段距离。相较于欧洲其他国家（法国于 1814 年，英国于 1825 年，荷兰于 1875 年成立汉学系所），德国在汉学方面的发展算是远远落后于他国。一段时间后，众多学者纷纷认为，因为中国文化博大精深，有必要集中精力，利用一切机会到中国去生活，与中国当地学者往来接触，为此迫切需要将汉学正式列入学术研究学科。经相关有志之士大声疾呼，多年奋斗，1909 年，德国第一个汉学讲座终于在汉堡殖民学院设立，这是德国专业汉学的开端。有必要指出的是，这个汉学教授席位是设在"殖民学院"中，反映了汉学学科在德国大学的建立，是为了认识和了解中国，并带有明显的功利目的。在汉堡大学（1918 年，汉堡殖民学院联合汉堡其他几个学术机构成立汉堡大学）之后，柏林、莱比锡、法兰克福、哥廷根、波恩等大学也相继设立了汉学系。第一次世界大战的失败及凡尔赛和约的签订，使德国对东亚地区的殖民地野心遭到了重大挫折，但这非但没有打消德国人对中国的兴趣，情况恰好相反，德国的东方主义盛极一时。在当时德国的汉学家中，有许多非学院式的汉学家，他们走出了象牙塔，有意于为更广大的读者写作，尽管他们可能不被专业汉学家所认可，但是他们却对当时的中国观有着更大的影响。如卫礼贤，他将中国古代的经典如《论语》《道德经》《列子》《庄子》《孟子》《易经》《礼记》等翻译为德文，介绍给一般民众，其中以《易经》最具盛名。卫礼贤在法兰克福的大学中创立中国研究所（China Institut），便是在这一宗旨下致力于中国文化的传播。在《华裔学志》上翻译杜甫诗的赞克，以及翻译中国民间通俗小说的库恩（Franz Kuhn，1884—1961），使汉学在德国有普及化的趋势。

"30 年代中期，汉学之星在德国坠落了，这主要是因为对纳粹政权来说，中国在外交上远不如日本那么重要。"[41] 当时德国的政治局势日益恶化，尤其是纳粹实行的种族政策，使研究汉学的专家无立足之地，许多汉学家纷纷奔走他国，德国国内的汉学研究处于后继无人的境地。"但正是在这一时期，北平却成了德国汉学——如果不说是欧洲汉学的话——的中心：1925 年，根据德国汉学家和圣言会传教士鲍润生的倡议，天主教辅仁大学列出了一份专业杂志:《华裔学志——东方研究杂志》（Monumenta Serica: Journal of Oriental Studies），它为当时居住在北平的德国学者如福克司、傅兰阁（德国第一个汉学教授席位获得者）的儿子傅吾康、卫德明、艾克、谢礼士等，以及他们的欧洲、美洲和中国的同行们，提供了一个发表研究成果的园地。"[42] 德国汉学史上这种研究中心移位的独特现象，对于成就《华裔学志》为高水平的汉学杂志，有着重要的推动作用。与《华裔学志》差不多同时期的德国汉学杂志有如下几种：

1.《大亚洲》，是关于汉学研究的杂志，在莱比锡出版。1935 年后基本停刊，20 世纪 40 年代只于 1944 年出版一期，1949 年在英国复刊（1988 年迁至美国出版）。

2.《东亚杂志》，柏林东方文化协会创办，在柏林和莱比锡出版，在第二次世界大战中停刊。

3.《中国：关于中国文化和中国研究的月刊》（Sinica. Monatsschrift für Chinakunde und Chinaforschung），由卫礼贤在美因河畔法兰克福（Frankfurt am Main）的约翰·沃尔夫哥德大学中国研究所创刊，

1927—1942 年间出版。

4.《汉学集刊》(*Sinologische Arbeiten*)，是北平中德学会的出版物，1943—1944 年间出版了 3 期。

它们或因第二次世界大战的影响而停刊，或因创办较晚而影响不大，在学术影响上并不能和《华裔学志》相比。《华裔学志》的创办人鲍润生神父审时度势，在辅仁大学中外学者的支持下，于 20 世纪 30 年代创办这本杂志，不仅对辅仁大学的学术研究是一种促进，对西方的汉学研究，尤其是对处于战争乌云笼罩下的德国汉学研究也具有相当大的推动作用。德国许多著名汉学家都曾将自己的大量作品交给《华裔学志》出版，如福克司、傅吾康、卫德明，他们后来在德国汉学界的名望与地位，与这一时期在北平的研究工作密切相关。《华裔学志》在众多德国汉学家的支持下迅速发展成为国际汉学界重要的理论性刊物，是它于 1972 年几经迁徙最终决定前往德国的重要原因之一。弥维礼神父指出："尽管《华裔学志》很顺利地赢得了美国汉学家的认同，但它仍于 1972 年迁回德国的圣奥古斯丁。"[⑬] 反映了德国汉学界对《华裔学志》的认同。

《华裔学志》迁离北平后，曾任其主编达 34 年之久的圣言会德籍神父、汉学家卜恩礼博士，对杂志几十年的发展可谓居功至伟。他在辅仁大学任职期间曾就学于辅仁大学教授、著名目录学家余嘉锡门下，在纽约哥伦比亚大学从师于傅路德，并以题为《东林书院和它的政治及哲学意义》的论文获得博士学位。《华裔学志》复刊后始终享有很高的学术声誉，这主要归功于他的渊博学识和令人钦佩的献身精神。继任主编的弥维礼神父，是在加州大学洛杉矶分校获得博士学位的汉学家，他研究中国佛教密宗，精通中文、日文、梵文，能操多种欧洲语言。之后的主编由马雷凯博士担任。《华裔学志》对德国汉学研究的贡献在于造就了一批批汉学家，它至今已成为德国各大学和欧洲老、中、青汉学家的重要学术活动场所。

（三）中西文化交流的见证

1583 年耶稣会士利玛窦、罗明坚（Michele Ruggieri）正式入华，并在中国肇庆建立了第一所天主教教堂——仙花寺，从此拉开了近代中西文化交流的帷幕。1601 年利玛窦到达北京，并受到明朝皇帝的重视，天主教在中国开始稳步发展。其后的 200 余年里，中西文化的交流与碰撞日益频繁。

西方的传教士一到中国，就感受到了儒学在中国思想文化中的主导地位，这在《利玛窦中国札记》中有充分的反映。以利玛窦为代表的西方传教士为了在中国传播天主教而又避免与儒学冲突，就做了天主教儒学化的尝试。由于儒学和天主教有着入世和出世、理性和信仰的冲突，西方传教士进行了天主教的儒学化，其主要内容为"合儒""补儒"。所谓"合儒"，是从先秦儒家经典中寻摘出某些与天主教教义相似的词语、段落，这主要有三方面：第一，儒家经典中的"上帝"与"天"即天主教的"天主"，赋予儒家之"天"以天主教的人格神的意义；第二，望文生义，将先秦儒家经典中的某些话理解为天堂地狱之说和灵魂不灭之论；第三，儒学的"仁"同于天主教的"爱"。这些无非是用天主教的出世理想和信仰主义来诠释儒家经典。所谓"补儒"，主要有两个方面：第一，西方传教士认为汉以后的儒家，尤其是宋明理学以"理"或"心"为世界的本体，否定了作为造物主的上帝的存在，因而泯灭了先秦儒家"事天"的真意，于是需要天主教来拨乱反正，恢复儒家的真面目；第二，先秦孔孟"先儒"虽然正确，但只讲了"率性"（因性），即只涉及有形世界的道理，而天主教不仅包括了先儒所讲的有形世界的道理，还具有先儒没有的关于有形世界之外的彼岸世界的道理，即"超性学"。由于这两方面，西方传教士强调"天主教能补儒教不足"。[44] 正是在这种儒学化以适应中国文化的路线下，传教士们读中国古书，念儒家经典，广交朝野文人，努力以中国的语言和传统去传播基督宗教，取得了中西文化交流史上前所未有的成就。在 2001 年利玛窦到北京 400 周年国际学术研讨会的致辞中，教宗若望・保禄二世指出："四个世纪以来，中国极其尊尚'西泰子'利玛窦先生，时至今日人们仍以此名尊称利玛窦神父。他是历史与文化的先驱者，他把东方和西方、中华文化与文艺复兴的西欧文化、悠久辉煌的中国文明与欧洲世界连接起来……由于利玛窦神父如此道地地'做中国人中间的中国人'，使他成为'大汉学家'，这是以文化和精神上最深邃的意义来说的，因为他在自己身上把司铎与学者、天主教徒与东方学家、意大利人和中国人的身份令人惊叹地融合在一起。"[45]

早期的传教士们用中文写出的著作有千部之多，此外，他们使用各种西方语言，或介绍，或翻译，或研究，亦写了大量的著作、报告和通信。从明代末年到清代中叶，西方传教士在中国传播天主教，在良好开端的前提下一度获得了较大的发展，但传教士们使天主教儒学化的尝试并不成功，"礼仪之争"以及天主教和儒学间的冲突，终使天主教在清代中叶归于沉寂了。

天主教在中国由盛而衰，与"礼仪之争"有重大关系。美国学者唐纳德・帕拉贡指出："'礼仪之争'的问题主要在于God（天主）的中国译名、祭祖和祭礼。当教皇克莱门十一世（Clement Ⅺ）于1715年发布敕令《自登基之日》（"Ex illa die"）的时候，结束了这一争论的不良结局，这一敕令谴责了利玛窦追随者的文化传教策略。这一教皇敕令的影响远不止立即引起清室敌视并随之驱逐教会。敕令不允许中国天主教徒按照中国的风俗习惯祀孔祭祖，在以后的200年里，中国的天主教徒被禁止参加他们国家的社会政治生活。除此之外，教会与中国文化知识分子势不两立地疏远开来……因遭受到内部禁止和外部迫害的双重压力，中国天主教会作为一个道德和社会力量，在18、19世纪迅速坠入衰败的境地。自从利玛窦的传教策略被抛弃以后，天主教传教士开始对农民传教。"[46] "礼仪之争"使得许多上层社会儒家传统的信仰者难以参加教会生活，这是儒家士大夫与天主教会关系恶化的重要原因。也有学者指出，"礼仪之争"使天主教在清代中叶沉寂的分析过于表面化。"由于天主教儒学化只是表面文章，因而尽管它最初得到相当一部分儒生认同，使其在中国民间得到较快的发展。但是随着中国的士子学人对天主教教义的进一步了解，看到了天主教儒学化的实质是要以天主教来取代儒学，于是态度就发生变化了"⑰。但是无论如何，"礼仪之争"后的天主教会在中国的发展已经是几无建树，惨淡经营了。"礼仪之争"却对西方思想界产生了巨大的影响。

天主教自清代中叶衰败后，在中国境内的天主教修会主要是遣使会，他们活跃于下层民众之中。19世纪60年代，由于《天津条约》的签订，禁教的命令被迫废除了。而天主教修会中从事教育最积极的耶稣会重返中国，他们除了建造教堂、医院等慈善机构外，也设立了小学、师范学校、神学院等教育机构。但天主教在高等教育领域却"微不足道"。尽管在历史上中国天主教徒的人数总是多于新教基督徒，有时甚至多出几倍，如1900年中国天主教徒是新教基督徒的3倍。但在高等教育领域内，19世纪末至20世纪初，基督新教在中国开办了大量文化科学事业，并着重发展高等教育，而天主教会的教育机构，无论在办学水平、人才培养和社会影响方面都难以望其项背。在出版事业中，1935—1948年间天主教会和基督新教共出版405种杂志，其中天主教会出版149种，基督新教出版256种。有关汉学方面的学术刊物，天主教会出版3种：即《辅仁学志》《华裔学志》《震旦大学法文中文学报》；基督新教则有5种汉学杂志（4种以中文出版，1种以英文出版），这些杂志有《燕京学报》《金陵学报》《岭南学报》《史学年报》《中国西部边境研究协会学报》。⑱由此可以看出，辅仁大学的刊物《辅仁学志》和《华裔学志》在西方教会在华所办的汉学期刊中占有重要的地位。

《华裔学志》是历史上利玛窦传教策略的继续。沈清松认为："利玛窦在科技层次、道德哲学层次和终极信仰层次所做出的卓越贡献，无疑已经为中西文化的相遇开辟了康庄大道。他的在华文化进路之意义丝毫不只限于基督徒的传教工作，远不止此。利氏的文化进程可以说已经开启了欧洲文化和中国文化彼此之间真正的交流。我们甚至可以说，那些在利氏之后继续此文化交流工作的人，只是跟随着利玛窦已经开始的道路罢了。利玛窦已经勾勒出为结合不同文化差异可行的一个周全的计划梗概。由于这点，他的'接触之欲望''沟通之意向'，甚至他通过文化进路来具现两者的努力——虽然后者仍可以予以严格分析和批评——似乎都已经超越了时间的限制而拥有了永恒的价值。"⑧综观天主教在华几百年的历史，能够真正传承了利玛窦当年尊重中国传统、吸引中国知识分子、适应当地风俗习惯的传教政策的，在我看来，似乎只有辅仁大学受之无愧。而《华裔学志》在辅仁浓厚的学术氛围下创办，在中西学者的支持下，为中西文化交流做了很大的贡献。

如前所述，《华裔学志》正是在20世纪30年代中西交流氛围浓厚的北平辅仁大学中创办，在它居于北平13年的前期历史中，得益于辅仁大学一些著名学者如陈垣、沈兼士、张星烺、英千里等人的鼎力支持。他们与以《华裔学志》的创办者鲍润生神父为核心的西方神职学者或非神职学者的密切交往与合作，在近代中外学术界交往中传为一段佳话，正是陈垣、张星烺等人在宗教史、对外关系史、中西交通史领域的研究吸引了宗教界人士的注意，而《华裔学志》在学术研究上的成果也在一定程度上促进了他们的研究。作为中西文化交流桥梁的辅仁大学学生培养、学术研究和出版事业方面形成了一个较为合理的体系，《华裔学志》在这个"学术链"中处于重要的一环。通过《华裔学志》，中外许多著名学者在20世纪三四十年代特殊的国际国内环境下发表了很多于中西文化交流有益的学术成果，他们在学术上的交流与合作，已经超越了政治上的功利性。《华裔学志》的诸多外国编辑和作者，乃是真诚地抱着了解中国文化、为中国服务的文化观念来从事其宗教和教育事业的。《华裔学志》在其主页中有这样一段话："这一份以学术界人士为对象的专业期刊，同时还担负起了提高传教士的声誉和增加人们对传教工作认识的任务。其实，出版这份期刊的最终目的是希望通过一些对中国的哲学、宗教和精神面貌的研究，以及通过研究天主教和基督教过去在中国的发展来促进人们对历史的反思，引发基督徒去研究中国这个伟大的文明里涵藏的事物，进而发展出对双方都有利的对话。事实上，《华裔学志》虽然是传教差会圣言会所办的杂志，包含有宗教和传教的内容，但从它前期直至今天的自我表现，尤其是杂志的主编们考虑到的，不如说是希望得到中国那些文化阶层的承认和肯定。"

历史赋予了《华裔学志》以独特的地位，它在前期历史中为中西学术文化交流所做的一切，不仅具有历史意义，也具有一定的现实意义。《华裔学志》试图继续利玛窦的传教策略，以其关注中国古老文化的"纯学术性"来获得中国知识分子的认同和支持，取得了令人瞩目的成就。天主教作为一种外来宗教和文化，始终怀有"基督化"中国的理想和追求，而它在各国家和地区的传播过程，也是其在这些国家和地区本土化的过程。尽管利玛窦的传教方法能在多大程度上能与中国传统的思想融合，仍然是颇具争议的问题，但毫无疑问的是，无论是当年的利玛窦，还是几百年后的辅仁大学和《华裔学志》，都为天主教在中国的传播和发展发挥了重要的作用。天主教作为在世界上具有悠久历史与古老传统的宗教，它与同样具有悠久历史与古老文明的中国之间的关系，是一直贯穿于中西文化交流的主线。《华裔学志》作为一个学术性刊物，从创刊之日起，就在为中西文化学术的交流不断工作着，直至今天，仍然是西方人认识中国的一个窗口。

四、总结与启示

《华裔学志》的创办与天主教辅仁大学的建立和发展有密切的联系。辅仁大学位于中国传统的政治文化中心北平，这里学者云集，也吸引了许多西方学者在京居住和研究。辅仁大学以天主教大学的特殊身份，在校长陈垣的努力下，不仅得到了国内许多著名学者的加盟，也聚集了许多西方（以德国为主）的神职及非神职学者。辅仁大学的创办差会本笃会及后来的圣言会适应了 20 世纪 20 年代的中国化潮流，支持学校"在引进近代西方先进学术文化（包括自然科学和技术）的同时，积极探索和发展中国传统的优秀学术文化"的办学文化旨趣，在学术研究和出版事业上都取得了一定的成绩。《华裔学志》不仅是辅仁大学学术出版事业的一个重要成就，同时也推动了辅仁大学在中国古代文化方面的研究，扩大了辅仁大学在国际学术界的影响。辅仁大学通过其出版物《华裔学志》在办学国际化方面成为一个典范，这个经验对于今天我国高校的学术建设也具有一定的借鉴作用。

《华裔学志》前期正处于国际国内形势风云变幻之际，战争乌云笼罩全球，中国更受到日本帝国主义侵略之害，国内的学术研究和学术出版事业面临重重困难，而国际汉学的重要基地——德国汉学界也因纳粹的政策遭受了重大打击，许多德国学者纷纷避难北平，并以《华裔学志》作为发表其研究成果的园地。《华裔学志》因为依托于辅仁大学，其出版工作在北平沦陷后仍在极大的压力下坚持，成为德国汉学研究的一本重要学术刊物，为中德、中欧学术交流架设了一座桥梁。

《华裔学志》前期得益于辅仁大学的著名学者陈垣、沈兼士、张星烺、英千里等人的大力支持。他们在宗教史、中国对外关系史、中西交通史等领域的研究成就有目共睹，他们与《华裔学志》的西方编辑和作者们的交往与合作，是近代中西学术界交往的一段佳话。而这些中国学者身体力行地进行了《华裔学志》的编辑工作，也大大促进了他们在各自学术领域的研究工作。国际汉学的研究对象是中国，中国学者理应重视并积极参与进来。《华裔学志》作为一个面向西方的国际汉学杂志，在中西学术交流合作方面可谓名副其实。《华裔学志》继续了著名耶稣会传教士利玛窦的传教策略，以期关注中国古老文化的"纯学术性"获得了中国知识分子的认同和支持，在中西文化交流史上书写了光辉的一页。

值得注意的是，《华裔学志》前期在北平所确立的宗旨和方向，不仅使《华裔学志》很快在国际汉学界中声誉大增，也赋予了自身以极强的生命力。它诞生于中国，一迁日本，二迁美国，三迁德国的曲折历史，不仅没有使它的声望降低，反而通过与亚洲、美洲、欧洲甚至澳洲大批学者的交流，使《华裔学志》成为享有崇高威望的国际汉学杂志。作为西方人赖以认识中国的汉学杂志，《华裔学志》直到今天仍在为中西文化交流做着不懈的努力。

注　释：

① 一译"本尼狄克派"，天主教修会之一。公元 529 年由意大利人本笃创立，故名。1909 年传入中国。

② 费致德，《劈山开道 自成一家——记英千里先生》，《辅仁校友通讯》1985 年第 1 期。

③《私立北平辅仁大学之起缘情况报告及有关校史方面的材料》，见私立北平辅仁大学档案 3 号。

④ 译自 Cordula Gumbrecht, *Die Monumenta Serica—eine sinologische Zeitschrift und ihre Redaktionsbibligthek in ihrer Pekinger Zeit*，p.9.

⑤ 何建明，《辅仁国学与陈垣》，章开沅主编，《文化传播与教会大学》，武汉：湖北教育出版社，1996 年 10 月，第 237 页。

⑥ 乔明顺，《未曾冲淡的深切怀念》，《辅仁校友通讯》第 20 期。

⑦ 何建明，《辅仁国学与陈垣》，章开沅主编，《文化传播与教会大学》，武汉：湖北教育出版社，1996 年 10 月，第 237 页。

⑧ 桑兵，《国学与汉学——近代中外学界交往录》，杭州：浙江人民出版社，1999 年 11 月，绪论第 2 页。

⑨ 陈智超，《陈垣来往书信集》，上海：上海古籍出版社，1990 年 6 月，第 209 页。

⑩ 译自 Rev. James A. Heiar, "The Monumenta Serica"，《My Memories（1928–1951）》Society of the Divine Word Techny, Illinois, 1988, p.47.

⑪ 译自 Cordula Gumbrecht, *Die Monumenta Serica—eine Sinologische*

Zeitschrift und ihre Redaktionsbibligthek in ihrer Pekinger Zeit，p.47.

⑫ 译自 Rev. DR. F. X. Biallas, SVD, "Monumenta Serica by its editor", *Fu Jen Magazine* Vol. V. Mag，1936，p.17.

⑬ 译自 Cordula Gumbrecht, *Die Monumenta Serica—eine sinologische Zeitschrift und ihre Redaktionsbibligthek in ihrer Pekinger Zeit*，p.37.

⑭ 同上。

⑮〔德〕弥维礼著，李然、游心译，《〈华裔学志〉简介》,《国际汉学》编委会编,《国际汉学》第一辑，北京：商务印书馆，1995 年 1 月。

⑯ 译自 Cordula Gumbrecht, *Die Monumenta Serica—eine sinologische Zeitschrift und ihre Redaktionsbibligthek in ihrer Pekinger Zeit*，p.49.

⑰ 张国刚，《德国的汉学研究》，北京：中华书局，1994 年 7 月，第 100 页。

⑱ 北平的中德学会，是在 1933 年由中德两国学术界人士首创的纯学术团体。学人郑寿麟鉴于德国法兰克福由卫礼贤始创的"中国研究所"，乃捐出它的全部私人藏书，创立"中德学会"。后来该会得到德国学术交流中心（DAAD）的支持，成为一个既介绍德国学术文化，又研究传统中国文化的学术团体。该会与辅仁大学关系密切，曾任其会长的谢礼士和福克司都曾在辅仁大学任教。汉学家傅吾康、霍福民（A. Hosffmann）、罗越、宾格尔（K. Buengel）、海西希等都曾是学会的研究员。

⑲ 译自 Cordula Gumbrecht, *Die Monumenta Serica—eine sinologische Zeitschrift und ihre Redaktionsbibligthek in ihrer Pekinger Zeit*，p.84.

⑳《陈寅恪先生来函》，见《沈兼士学术论文集》，北京：中华书局，1986 年，第 202 页。

㉑〔德〕弥维礼著，李然、游心译，《〈华裔学志〉简介》,《国际汉学》编委会编,《国际汉学》第一辑，北京：商务印书馆，1995 年 1 月。

㉒ 译自 Cordula Gumbrecht, *Die Monumenta Serica—eine sinologische Zeitschrift und ihre Redaktionsbibligthek in ihrer Pekinger Zeit*，p.45.

㉓ 出处同上，第 116 页。

㉔〔德〕弥维礼著，李然、游心译，《〈华裔学志〉简介》,《国际汉学》

编委会编，《国际汉学》第一辑，北京：商务印书馆，1995 年 1 月。

㉕ 马敏，《教会大学的国际化特色——华中大学个案分析》，章开沅主编，《文化传播与教会大学》，武汉：湖北教育出版社，1996 年 10 月。

㉖ 译自 "Monumenta Serica：A Scientific Survey"，*Fu Jen Magazine* Vol. VII August，1938，p.122.

㉗ 译自 Rud. rahmann, SVD：*Monumenta Serica Journal of Oriental Studies of the Catholic University of Peking* Vol. Ⅱ 1936–1937 Johnson Teprint Corporration Newyork·London 1970，p.260.

㉘〔德〕弥维礼著，李然、游心译，《〈华裔学志〉简介》，《国际汉学》编委会编，《国际汉学》第一辑，北京：商务印书馆，1995 年 1 月。

㉙《私立北平辅仁大学之起缘情况报告及有关校史方面的材料》，见私立北平辅仁大学档案 3 号。

㉚ 译自 *Fu Jen Magazine* Vol. VIII June，1940，p.52.

㉛《辅大年刊》，1939 年，见私立北平辅仁大学档案 767 号。

㉜ 译自 Rev. Clifford King, "The 'Why' of the Catholic University of Peking"，*Fu Jen Magazine* Vol. IV January，1935.

㉝ 何建明，《辅仁国学与陈垣》，章开沅主编《文化传播与教会大学》，武汉：湖北教育出版社，1996 年 10 月。

㉞ 邓云乡，《忆辅仁》，《辅仁校友通讯》第 21 期。

㉟ 同上。

㊱ 高时良主编，《中国教会学校史》，长沙：湖南教育出版社，1994 年 10 月，第 211 页。

㊲《从历史足迹中为辅仁前程塑像》，《文声》，1979 年 12 月 8 日。

㊳ 陈智超，《陈垣来往书信集》，上海：上海古籍出版社，1990 年 6 月，第 367 页，来函者应为 Hermann Köster，中文名为顾若愚。

㊴ 转引自桑兵，《国学与汉学——近代中外学界交往录》，杭州：浙江人民出版社，1999 年 11 月，绪论。

㊵〔德〕巴佩兰著，魏建平译，《德国汉学概述》，《国际汉学》编委会

编,《国际汉学》第一辑,北京:商务印书馆,1995 年 1 月。

㊶ 同上。

㊷〔德〕弥维礼著,李然、游心译,《〈华裔学志〉简介》,《国际汉学》编委会编,《国际汉学》第一辑,北京:商务印书馆,1995 年 1 月。

㊸ 同上。

㊹ 陈卫平,《明清之际天主教之兴衰与儒学》。

㊺ 若望·保禄二世,《利玛窦到北京四百周年国际学术研讨会致辞》,2001 年 10 月 24 日。

㊻〔美〕唐纳德·帕拉贡著,辛岩译,《英敛之与辅仁大学的诞生》,任继愈主编,《国际汉学》第六辑,郑州:大象出版社,2000 年 12 月。

㊼ 陈卫平,《明清之际天主教之兴衰与儒学》。

㊽ 译自 Cordula Gumbrecht, *Die Monumenta Serica—eine sinologische Zeitschrift und ihre Redaktionsbibligthek in ihrer Pekinger Zeit*, p.80.

㊾ 沈清松,《利玛窦在华文化进路之哲学反省》,《国际汉学》编委会编,《国际汉学》第一辑,北京:商务印书馆,1995 年 1 月。

(本文系北京师范大学 2004 年历史学硕士学位论文,导师张建华。原名为《〈华裔学志〉前期（1935—1948）历史考察》。)

20世纪50到70年代的《华裔学志》

谢沁霓

一、导论

（一）《华裔学志》简介

1935年圣言会德国籍神父鲍润生在北平辅仁大学创办《华裔学志——东方研究杂志》（以下通称《华裔学志》）。鲍润生神父创办汉学杂志的愿望来自其对中国文化的崇敬，并追随天主教会历史中先贤的典范，又值德国圣言会接管北平辅仁大学，这样的环境恰恰为《华裔学志》的创刊提供了有利条件。创刊时期由德国与中国的学者共同参与编辑，内容以英文、德文、法文发表，十足地显示《华裔学志》是一份国际性汉学杂志。其编辑机构设在中国，使其具备了研究上的地利之便，便于直接与中国接触、与中国学者交流。后来《华裔学志》离开中国而寻找其他可落脚之处。《华裔学志》创刊至今——甲子有余，根据60年来机构的迁移与变化，笔者依出版地点的转换为《华裔学志》的发展，做了以下的分期：

一是中国时期（1935—1948）：此为《华裔学志》的奠基时期，其特色是处于中国的地利之便与完美的研究汉学的环境。当时的北平是中国文化的中心，辅仁大学内知名的中国学者如校长陈垣、历史系主任亦是中西文化交流史专家张星烺都于此时期担任《华裔学志》的副主编，中、德学者间的合作关系密切。

二是日本与美国时期（1949—1971）[①]：此为《华裔学志》最为动荡不安的 20 年，分为两个时期：一为日本时期（1949—1963）；二为美国洛杉矶时期（1963—1971）。1948 年因中国政局动荡，许多外国人纷纷离开中国，教会机构更是不例外。疑于当时局势难以预料，《华裔学志》机构决定暂时停刊，辗转迁往日本，因为未来的发展未定，圣言会也暂时终止了对《华裔学志》的资助。1954 年《华裔学志》在困境中于东京复刊，1957 年包括编辑部与图书馆在内的研究所迁至日本名古屋的南山大学。1963 年《华裔学志》受邀美国加州大学洛杉矶分校，协助其东亚语言系的成立。

20 世纪 50 到 70 年代外在环境的变迁对于《华裔学志》的影响是消极的，然而也正是这段变化使得它与欧洲以外的其他汉学家有进一步的接触与合作，这段时期的变迁所呈现的特色正是本文所要探讨的主要的问题。

三是德国时期（1972 至今）：此为《华裔学志》进入稳定的时期。历经 20 年的颠簸与变迁，再回到创刊时期的中国大陆的可能性几乎等于零，一方面圣言会终于愿意再次资助《华裔学志》，将《华裔学志》机构安置在圣言会于圣奥古斯丁的修会；另一方面为再激起家乡人民对中国宣教的兴趣[②]，1972 年起《华裔学志》机构可以说在安定的环境中继续成长与接续它创刊以来的任务。

（二）研究动机与研究目的

西方对中国的认识由来已久，可以写成一部历史。早在希罗多德的《历史》（*The Histories*）中就提及了关于东方的种种，包括中国在内。西方历史中对中国的知识随着认识的累增，也变化出各种不同面貌的中国[③]。早期西方历史中的中国印象可说非常含混，如神秘、异国情调等，最初这些印象都不是建立在真正的接触上，只是通过极少数人的游历传闻而得的，甚至更多是由想象所衍生出来。

直至西方人发现了欧洲以外的陆地后，西方人才真正有较多的机会来到中国。16世纪后半叶开始至19世纪初的这段时间，中国在西方人心目中的形象经过几次剧烈的转变。18世纪欧洲弥漫着启蒙运动的空气时，欧洲人追求理性的态度使他们对中国社会的政治形态推崇到了极点，尤以莱布尼茨（Gottfried Wilhelm von Leibniz, 1646—1716）为首，其对中国文化钦羡不已，认为不只西方应该差派传教士到中国，中国更应该差派文化传教士到欧洲[④]。但19世纪后，黑格尔（Georg Wilhelm Friedrich Hegel, 1770—1829）、赫德（Johann Gottfired Herder, 1744—1803）等几位哲学家却提出另一看法，认为中国政治形态历久不变是一种停滞不前的象征，因此产生了中国历史停滞论的论点。19世纪中叶西方人挟持其进步的现代武器进入中国，两相比较之下，更让中国在西方人心中的形象跌到谷底。

从西方认识中国的过程中可以建构出一段西方对中国的意象史，无论其中与真实的差距有多少，我们观察每个中国形象的建立，背后都隐含了一种以西方为中心思考的动机，即每个时期中国形象的产生都是为了补西方社会之不足而形塑出来的。因此，西方人的中国形象极不完整，而且断章取义，然后在断章取义中扩大成一个整体，用以代表中国。这些形象只是方便于满足西方人的想象，或成为其批判自己社会的一种工具，动机可以说并不全然单纯。

在西方认识中国的过程中，有一类人物扮演了特殊的角色，他们不仅是西方人认识中国的眼睛，也是中国人认识西方的媒介，他们身上同时有着两种角色的功能，这些人即是传教士。

早期来到中国的西方人中，有一些人物除了输入外国的文化外，也将中国文化带进西方世界。扮演这样角色的人物中，传教士是一个值得探讨的对象。传教士就像一座桥梁，通过他们将西方文化输入中国，中国文化传入西方世界；他们扮演的角色使得文化的交流与接触不是单向进行，而是双向沟通。

传教士通过著述或是转译中国的典籍，被西方人视为所谓的"中国通"。一方面，因为传教，他们必须对中国社会有更进一步的认识；另一方面，他们生活在中国，必须融入中国的文化当中，传教士因此是西方人中最深涉入中国的一群人。渐渐地，这些传教士为西方对中国的认识建立了传统，使得中国的研究于19世纪时成为学院里的一门学科，"汉学"（Sinology）[⑤] 于是变为专门的学问，作为西方人了解中国的一种方式。

明末以来，传教士为了突破在中国传教的困难，为西方教会历史与基督教宣教史留下不可磨灭的典范。其中最为著名的莫过于明末来华的利玛窦。基督教向海外宣教必定要面临一个问题，即如何在异文化（非西方文化）的国家中传播信仰，使当地人接受并归化基督，首先要面对的就是文化差异问题。传教士一面学习，适应当地文化；一面传播信仰，他们的身上除了传教士的标志外，还带着西方文化的烙印，传教士们于是变成了西方人认识中国与中国人认识西方的一扇门。

传教士当中虽然不全然以利玛窦的方式从事宣教工作[⑥]，19世纪以来，英美新教也以不同态度与方式传教（接触普通民众为主），但这项传统仍然存在。甚至有些传教士的身份是传教士或是汉学家已不清楚[⑦]，传教与研究中国文化间的界限变得十分模糊，有些专注于传教，有些则完全以研究为主要的工作，向西方传播中国文化更多于向中国传播信仰，"他们致力于传教，但却给自己造成第二种身份……中国文化的传播者和研究者，并且，后一种身份比原来的身份更具影响力。"[⑧]

《华裔学志》便是符合前文所述之前提的一份刊物，是西方人认识中国的一个工具，而有趣的是，因为它是传教士所创办的杂志，因此也具备了教会的身份。《华裔学志》因为其所兼具的两种身份，所以吸引笔者的注意。

《华裔学志》引发笔者研究兴趣的原因在于，《华裔学志》所属的圣言会是一个具有强烈向中国宣教的宣教团体，而《华裔学志》本身却又是一个研究中国文化的学术性刊物，是西方认识中国的媒介。

20世纪上半叶，汉学研究者早已从业余身份转变为专业研究者，汉学本身也成为学院殿堂里的一门学科。那么笔者要问的是，《华裔学志》作为一份传教士所办的汉学杂志，它扮演了什么角色？纯粹是一份汉学杂志，还是与早期的传教士一样，是传教活动下的产品？抑或是二者兼而有之？

目前关于《华裔学志》的研究并不多，高杏佛（Cordula Gumbrecht）的研究，以1935—1945年的《华裔学志》作为研究的主要时间段，她以中国时期《华裔学志》的内容做了详尽的分析。笔者选取20世纪50到70年代为研究的时间段，除了避免与前者的研究重复，最重要的原因在于，20世纪50到70年代是《华裔学志》变化最多也是最不安定的一段时期，对这段时期做深入的分析，可以与中国时期做一比较，笔者想要知道，50年代后的《华裔学志》是否有发展方向上的改变？其次，透过这份具有宗教背景的学术性刊物，试图从杂志背后的身份出发，探讨它在文化互动中的意义。

《华裔学志》是一份德国天主教修会所创办的杂志，因此，除了是中西文化交流的课题外，笔者也视这份研究为中德文化关系的范畴。近来关于中德关系方面的研究已展现丰富的成果，参与这方面研究的主要有李国祁教授、余文堂教授以及周惠民教授等。李国祁教授的研究范围主要以现代中德外交关系为主，除了探讨德国占领胶州湾的事件外，并曾著述中国参与第一次世界大战在德国档案中的记录，是最早为台湾开创中德关系史研究的学者。余文堂教授的研究主题为中德经贸关系，曾著述《中德早期贸易关系》，探讨的年限溯及17、18世纪一直到19世纪，为中德之间的贸易史奠定基础。近几年来，关于现代中德关系之研究更往前拓展了一步，周惠民教授以中德之间的交易为主体，从中探讨德国的对华政策，更深入地呈现中德间在外交、军事、贸易三方面的错综复杂的关系。[⑨] 这些研究多半从政治、军事的角度着手，而中德双方在文化方面的互动则鲜少提及，可以说仍然是一个亟待开发的研究领域。

"文化"二字并不容易界定，同时又是一个具有多样性的名称，政治、社会、教育乃至于饮食等都可说是文化中各种范畴的主题。笔者所谓中德文化关系并不只局限在以政治、外交为主的互动关系，乃是中德双方在接触过程中通过种种渠道进行的彼此认识的活动。

由于中德间的文化关系是一个未开发的领域，凡属于这个领域的种种课题本身就具备研究的价值；选取这一份鲜为国人所知的刊物，将它介绍给国人，并探讨《华裔学志》作为一个文化交流的媒介，从其成立的历史背景与动机探讨其内容的趋势、外在环境的变动与《华裔学志》的变革等问题。

最后，基于以下几点理由，更促使笔者选取这样的一个题目：第一，由于笔者曾有学习四年德文的背景，语言并不构成研究的障碍，基于兴趣之故，对于德国研究与中德文化关系有极高的兴趣；第二，关于近代西方传教士来华传教的历史，或许因为语言的因素，属于德国差会的部分鲜有较深入的研究[10]，算是中国教会史较少为人所知的部分；第三，个人的因素，笔者甚为关心西方基督宗教（包括天主教在内的统称）与中国文化碰触后产生的种种问题，包括其中文化的背景、传教士的身份、方法的反省、彼此间的冲突与适应等。

笔者希望把这个充满趣味的研究当作迈进历史学术殿堂的一扇门。

（三）文献探讨

目前来看，关于《华裔学志》的研究或文章不多，以下分别就西文与中文部分加以介绍。西文方面，属于学术性的研究论文只有一部，为科隆图书馆暨档案学学院（Fachhochschule für Bibliotheks- und Dokumentationswesen in Köln）的图书馆员高杏佛于 1994 年出版的《〈华裔学志〉——北平时代（1935—1945）的汉学杂志和它的编辑部图书馆》(*Monumenta Serica—eine sinologische Zeitschrift und ihre*

Redaktionsbibliothek in ihrer Pekinger Zeit [*1935-1945*]）⑪。这份研究的时代断限为《华裔学志》的最初 10 年，即以笔者所谓的奠基时期为主，其内容混合了历史学和图书馆学的研究。除了《华裔学志》成立的汉学与时代背景介绍外，作者主要以目录学角度分析《华裔学志》的内容，以图表的方式呈现其内容的类型。其次，作者还介绍《华裔学志》机构附属之图书馆的经营与图书分类，这份研究能使读者更深入了解《华裔学志》在北平时期的内容。

其他论述《华裔学志》的文章则大都是在宣教刊物中发表的文章，其中多属于介绍、回忆录性质，或是表彰其宣教史方面的研究成果等，因为数不多便不再赘述，分别列举如下：

1. Johannes Beckmann, "Monumenta Serica", in：*Neue Zeitschrift für Missionswissenschaft* 1（1945），pp.141–145;

2. Roman Malek, "Monumenta Serica", in：*Neue Zeitschrift für Missionswissenschaft* 42（1986）2, pp.129–136;

3. Roman Malek, "Monumenta Serica（1935–1985）", in：*Verbum SVD* 26（1985）3, pp.261–276.

中文部分笔者所能找到的仅有两篇，分别为：董明德、楚珏辉两人所著《丝域探秘——国际汉学家追寻的成果》及由外文转译成中文；弥维礼著，李然、游心译的《〈华裔学志〉简介》⑫。弥神父的《〈华裔学志〉简介》纯粹为介绍性质，并简单地说明《华裔学志》从初创至今的变化；《丝域探秘——国际汉学家追寻的成果》则是献给《华裔学志》汉学家的一篇文章，文中从德国汉学家谈起，推崇《华裔学志》在汉学研究的贡献，从文中处处充满情感性的用语可看出其较偏向纪念性。

中文关于《华裔学志》的论述可谓相当少，可知中文学界对《华裔学志》所知甚少。据笔者的调查，目前除了"中研院"民族所部分收藏与傅斯年图书馆藏有《华裔学志》外，尚有辅仁大学理工暨外语学院图书馆（台湾圣言会所管）收藏完整的《华裔学志》，国人能够接触《华裔学志》的机会实在很少。笔者选择它作为研究的题材，希望为尚待开发的中德文化关系尽一点微薄的力量。

二、《华裔学志》的沿革

《华裔学志》于20世纪30年代创刊于中国北平的天主教辅仁大学，在时间和空间上都是一个特别的契机。自清末以来，外国与中国的互动可以说相当频繁。民国建立后，中国各方面都呈现出更加开放的态度，与西方的交流显得愈加容易。从时间上而言，1935年正值辅仁大学建校十年，从催生到正式成立，此时辅仁大学的经营已步上轨道。其次，圣言会于1933年接管辅仁大学，也意味着圣言会在中国传教50年以来的一大进展。在中国学者的充分支持与参与下，《华裔学志》在圣言会接管辅仁大学后的两年内创刊，可以说是结合了天时、地利与人和等条件。

这一章中，笔者要针对《华裔学志》的创办，详加叙述其之所以得以创办的条件与背景，包括圣言会对中国宣教的理念、北平天主教辅仁大学成立的始末，并简述《华裔学志》创办人创刊的过程。第一部分"《华裔学志》创办背景"将先叙述圣言会与中国的关系，因为若没有圣言会的建立，也不会有后来在中国的宣教，更不可能有《华裔学志》的出现。

第二部分"《华裔学志》的创办与经营"主要谈论《华裔学志》创办的过程，以创办人的动机与目的紧扣主题，并介绍初期经营的概况，借此呈现《华裔学志》于中国时期[13]令人印象深刻的特色。

尽管《华裔学志》的创办非常重要，但因本篇文章要处理的重点仍然以20世纪50到70年代的《华裔学志》为主。因此，笔者将在第三部分，详细论述《华裔学志》离开中国大陆后其外在环境变化与面临的问题。

（一）《华裔学志》创办背景

1. 圣言会与中国

1875 年正逢德意志帝国境内文化斗争（Kulturkampf）[14] 最紧张的时期，德意志帝国境内的天主教会受到普遍的压抑。天主教神父杨生却于这个时候产生建立一个以宣教为主的修会的想法。1875 年他先在靠近德国边境的荷兰小城史太尔成立修会，初名史太尔修会（Steyler Mission），后来才改称圣言会。

这里的"言"指的就是天主的话。儿童时期的家训对杨生来说有莫大的影响力，因此，当杨生神父创办修会时便以尊崇天主圣言作为修会名称。

圣言会创立之初即以海外宣教为主要目标。根据《圣经》中耶稣的教导："你们要去使万民成为我的门徒"（马太二十八：19），杨生神父把复兴教会及《圣经》中宣教的理念作为修会成立的宗旨，修会建立的目的则在于宣教人才的培育。1874 年受到在德访问的香港高主教（Bishop Raimondi）的鼓励，杨生神父决定要以拥有悠久文明和上亿人口的中国作为首要的宣教对象。[15]

若从德意志帝国的政治环境来了解圣言会的创办与海外宣教，读者将了解圣言会与欧美其他国家在宣教处境上的不同。早在圣言会来华传教前，英、法、美等国家在中国的传教事业已行之有年，而杨生神父于 1875 年要创办依天主教宣教性的修会却是极为不易的事情。因为 1871—1887 年是德意志帝国境内实行文化斗争的时期，俾斯麦视天主教会为"帝国政敌"，尤以 1873 年通过了"五月法"（Maigesetze），使斗争正式进入主要阶段。杨生神父在这个时候（1875）想要创办一宣教修会简直是不可能的事。为了修会得以建立，权衡之下只好选择德意志帝国境外的地点作为修会地址，其宣教心志之强可见一斑。由此可见，帝国的压迫在某种层面来说也更加促使他们建立修会来保护海外宣教[16]。

19 世纪以来西方国家的宣教团体在中国传教，背后总有国家势力作为后盾，圣言会却正好相反。以强烈的宣教意图为出发点，选择德意志帝国边境外的小镇作为宣教的训练场所，乃是逃避国家对天主教的迫害，尽力摆脱德意志帝国势力的干预。虽然德意志帝国政府与中国间有殖民的关系（德国占领胶州湾），但圣言会向中国传教之初，并未利用德意志帝国势力为其传教铺路。换句话说，圣言会起码开始对中国传教时并未有依附国家殖民政治的心态。

1879 年圣言会差派传教士到中国。圣言会在中国的传教工作十分全面，除了重视直接的传教外，也相当注意慈善、出版及教育等方面的事业。因为一开始就意识到中国是一个具有悠久文化的古国，圣言会在中国特别重视教育以培养本地中国人的神职人员，使之更容易影响中国。1883 年起，圣言会为便于传教设立了传教学校，其后陆陆续续建立了小学、中学、师范学院，甚至后来因其于中国传教的丰硕成果，1933 年受教宗庇护十一世指派接管北平天主教辅仁大学[17]。

至 1949 年中华人民共和国建立为止，圣言会在中国的宣教事业发展迅速，成果丰硕，共有传教士 340 人，于诸传教修会中名列第四[18]。

2. 圣言会对知识的重视与接管北平辅仁大学

圣言会创办以来即对知识相当重视，这一点与其创办人有很大的关联。笔者分别考察创办人杨生神父的成长学习过程，担任神职期间的经历及圣言会于研究方面的事业，从中说明圣言会与知识、学术（Wissenschaft）间的密切关系。

杨生神父的青少年时期在明斯特（Münster）附近的修院求学，学习过程中常常表现出对知识的热爱，尤其在数理方面表现得格外突出，经常解出别人无法解决的题目。此外，杨生对于历史也有特别喜好，在家中以讲述学校所听闻的历史事件为乐。17 岁之后分别于明斯特和波恩大学就读并取得中学教师的资格。这些丰富的学习经验为其日后创办修会奠定了基础[19]。

杨生神父曾经说过下面这段话：

对学术的关注是圣言会从创办以来另一个关心的重点。最初创办圣言会时，我面临极大的困难，但也得到上帝的帮助，因此我相信，凡事若能合情合理地思考，一定可以得到更多来自上帝的祝福。⑳

以下的这一段祷词亦显露杨生神父对知识的重视：

祈求天主教导我们的神父们著述一些得以反驳神论的作品，并且在书中阐述宇宙中生命力的奇妙，即那些存在于行星中、动物身上及其他各种形式的生命中的力量。㉑

从祷词中可以看出，杨生认为知识可反映天主创造生命的真义，而神职人员通过知识的学习与累积，才足以回应传教过程中所面临的各种对信仰的挑战与驳斥。由此可知其创立修会"不仅要传播天主的圣言，还要运用学术研究引入走向真理之源"㉒。在圣言会的宣教历史中，杨生本身是个学者，其所受的训练对于修会教育的安排有极大的帮助，而这种重视学问的训练后来也影响了圣言会在教育与文化事业方面的发展，譬如学术刊物的发行与在世界各地建立大学等。㉓

杨生神父非常鼓励科学研究，所以圣言会自创办以来就培育了不少优秀的研究人才，特别是在地质学、生物学和人类学等方面都有杰出的表现。这些学者也先后创办相关的学术性刊物，其中享誉国际的有《人类学》《华裔学志》《民俗学志》（*Folklore Studies*）三份杂志。除了《人类学》外，《华裔学志》和《民俗学志》皆创办于中国的天主教辅仁大学。

《人类学》的创办人威廉·施密特是一位国际知名的语言人类学专家，也曾促成《华裔学志》的创办，他以发现东南亚的澳亚语（Austroasiatisch）及马答斯加岛（Madagaskar）附近的澳斯托语（Austronesisch）而闻名于世。1906 年创办《人类学》，结合了耶稣会、法国、比利时等地的传教士一起合作编辑，内容以各大洲的非基督宗教原始部落之文化、语言、宗教为研究对象，获得圣言会杨生会长极大的支持，内文以德文、英文、法文为主，至今仍继续出版中，是圣言会的代表性刊物之一㉔。

《人类学》和施密特值得关注，乃因其创办的动机可以代表圣言会对异文化及宣教的态度。施密特起初的出发点是基于一种"重建"（Rekonstruktion）的概念之上㉕。所谓"重建"的概念是以维护人类的尊严为基础，希望通过人类文化、社会形态及其宗教的研究中构筑出全人类的历史。如此愿景是建立在一种文化人类学的概念之上。文化人类学的研究认为，人类文化乃经过长时期的演变与累积才逐渐形成现在的模样，文化人类学研究的正是文化的变迁、人类心智与生活方式如何转变等，㉖这同时也是宣教关心的主题。部分天主教的宣教活动大都建立于此基础，圣言会也特别强调认识异文化的重要性，并致力于各个文化的研究，因此成为在人类学研究的学术领域里，属于天主教团体中的佼佼者。

从施密特开始，圣言会在世界各地进行宣教工作时，传教士也同时从事与各地文化相关的研究工作，无论是科学或人文方面都在学术界赢得不少声誉，在中国的宣教工作也有类似的轨迹。所谓类似的轨迹指的是圣言会传教士后来在中国从事研究中国的工作，而《华裔学志》是其中代表性的刊物。谈论《华裔学志》之前必先述及辅仁大学的成立与经营，因为若没有天主教辅仁大学，也不会有后来圣言会的接管，更不能提供一个良好的中西合作的场所，让有心于研究汉学的圣言会士顺利地与中国学者合作出版《华裔学志》。辅仁大学可以说提供了《华裔学志》一个最适当的场所，而《华裔学志》也于出版后立即成为辅仁大学的标志。它的创办过程可与《华裔学志》的创办精神互为补充。

辅仁大学的建立可以说是民国初年一连串天主教复兴运动的成果。这里的天主教复兴运动指的是20世纪20年代前后发生的"天津运动"，一群天主教知识分子在面对清末民初中国的动荡时，希望以回归利玛窦传教方法为主题所发起的活动，以中国的知识分子为主要传福音的对象，期望通过他们信仰基督而帮助传教发挥更普遍的影响力㉗。

领导运动的人物中，以《益世报》的创办者雷鸣远（F. Vincent Lebbe，1877—1940）、高达（F. Anthony Cotta，1872—1957）、马相伯及辅仁大学的创办人英敛之等人为主。其中重要的诉求之一即希望天主教会在中国设立天主教大学，目的除了传播天主教信仰外，也以延续中国传统文化为目标。为达此目标，英敛之于1912年写信给教宗庇护十世（Pope Pius X）说明在中国建立一高等学府的重要性，他强调一所天主教大学不仅是传播福音，使中国归化基督恰切的方式，借着大学教育也能为教会培养文化与学术人才，如此才能使信仰的传播更具深远的影响。㉘

经过几年的努力，1925年教宗庇护十一世亲自捐赠十万意币，并委托美国本笃会于北平办理一所公教大学，初期定名为"辅仁社"（英文名称为McManus Academy of Chinese Studies），由英敛之亲自担任社长。1927年经北洋政府同意，改名为辅仁大学，正式成为合法的大学。1929年再依照国民政府颁布的大学法的规定，改科为院，并增理学院与教育学院，董事会经改组后向教育部呈请立案，聘请陈垣为第一任校长，开始具备大学的雏形。

1933年受经济大萧条的影响，美国本笃会无法继续募得经营辅仁大学的经费，教廷遂于同年改派圣言会代替本笃会的工作，而圣言会之所以被赋予这个责任，教廷方面是以其在中国传教的成果与在研究人才上的培养为考量的重点，教宗认为圣言会应能承担一所大学的经营工作。㉙

圣言会接管后的辅仁大学在各方面都有明显的进展。1935年辅仁大学校长陈垣对当时辅仁大学的期待有下列三点：1. 将中文资料进行有系统地整理并应用最新的西方方法论；2. 促进中外学者的研究工作并编纂或翻译参考书籍；3. 通过出版或发表最新的汉学研究成果以促进国际的学术交流。㉚以上工作目标为的是能有效地跨越一直存在于中西之间的鸿沟，并且也有宣教层面的考量：

因此我们可以满怀信心地期待，有一天教会可以在中国社会得到一个正当的地位，而现代的传教士也能够像利玛窦一样，被中国人视为导师并获得中国人的友谊。㉛

配合以上的目标，《华裔学志》的诞生可以说相当符合辅仁大学经营的方向，而它出版后所得到的肯定更使辅仁大学的目标向前推进了一大步。

（二）《华裔学志》的创办与经营

圣言会经营辅仁大学不到两年的时间，《华裔学志》就得以顺利创刊，并马上成为辅仁大学的代表性刊物，得到国内外一致的肯定。在本部分中，笔者就《华裔学志》创办的始末，包含其理念与目标，做一历史的回顾，其次进一步了解其初期的经营和成果。阐述《华裔学志》的创办与初期的概况，目的是以此作为一个参照，帮助读者了解20世纪50到70年代间环境的变化带给《华裔学志》的影响。

1.《华裔学志》的创办

《华裔学志》原文名称为 Monumenta Serica。Monumenta 为拉丁文，指的是记录、纪念碑；Serica 则是从希腊文的 Seres 而来，是古代希腊人用来指涉东方产丝民族的名称，其实指的就是中国，也引申为连接东、西方的丝绸之路，二字合并就具有了"纪录东西交流史"的深远含义。从其西文刊名的说文解字当中点出了期刊的性质，而中文刊名则限定了其研究范围。"华"指的中华民族，"裔"则是与中国相邻的民族，"学志"代表了刊物的学术性质。顾名思义，《华裔学志》是一份以中国及其近邻民族的语言、文化为研究对象的学术性刊物。㉜

《华裔学志》的诞生可以说是在环境的配合下应运而生，而背后最重要的推动者则是其创办人——圣言会的德国籍神父兼汉学家鲍润生。

1935年《华裔学志》出现于北平天主教辅仁大学是一件相当自然的事。当时的北平是中国诸项文化运动的中心，拥有全国最多的高等学府与最多的学生；自从圣言会接管辅仁大学后（1933），原本面临的经济困难也渐渐得到解决，并且重新步上正轨，迅速成长。师资方面除了圣言会的优秀传教士外，亦集结了当时中国学术界的优秀人才，如陈垣、张星烺、沈兼士、英千里等人。

《华裔学志》的创办人鲍润生神父在来到中国前就已经分别在德国、法国的大学接受了汉学训练，从 1910 年起分别在柏林、巴黎、莱比锡修汉学课程，并曾师从于高延、孔好古和伯希和等西方汉学家。第一次世界大战期间以《屈原的〈远游〉》为题获得博士学位，1927年成为皇家亚洲协会（Royal Asiatic Society）的一员[33]。20 世纪初德国在学院内的汉学研究才刚起步不久[34]，因此鲍润生可以算是德国少数研究汉学的学者之一，在圣言会中也是学习汉学的先驱。如此看来，鲍润生成为圣言会指派到北平接管辅仁大学的人选之一，可见其能力足以胜任在中国的高等教育。

当他获知将到辅仁大学任职时曾经说："总算可以多为汉学研究做点事了。"[35] 这显示其对汉学研究的投入。鲍润生神父接管辅仁大学后成为社会学系主任并于 1935 年创办《华裔学志》，1936 年因劳累过度而感染伤寒去世。《华裔学志》中纪念他的讣文称其为"又一位为中国注入新生命的教会人物"[36]。

圣言会接管辅仁大学之前，在本笃会的经营下已有两份定期的刊物，一为《辅仁学志》，另一为《辅仁英文学志》。前者是以中文发表，以刊载辅仁大学的近况为主要内容，后者刊登学术性论文，并以国外关心中国天主教辅仁大学发展的读者为对象。《华裔学志》从一份通讯渐渐发展成一份学术性刊物。

由于学报性质的逐渐转变以及愈趋向国际化，1934 年在鲍润生神父的推动下，于学报最后一期（No.9）上宣布了辅仁大学即将创办一份同样以西方世界为发行对象的专业汉学杂志，代替原本的学报成为辅仁大学的代表刊物，此即《华裔学志》的诞生。

这些环境的因素促使我们决定重新铸造《辅仁英文学志》，使之变成一份国际性的刊物，在北平出版并致力于研究远东的人民与文化。[37]

鲍润生神父为什么要办一份学术性汉学杂志？其动机有以下两点：首先，鲍润生神父个人对汉学的兴趣，以延续一个古老传统文化为心志；其次，当时中国面临西方的冲击，内部在政治、社会、文化等方面都发生极大的变化，因此传教士在面对变动中的中国时很难找到传教的切入点。《华裔学志》的创办正好可以提供一个媒介，让西方人进一步了解中国，也给传教士一个认识中国的基础。[38]

事实上这样的动机是建立在天主教的宣教传统上及依循了利玛窦来华宣教所建立的宣教模式。天主教的宣教传统相当注重知识与学术，西方历代以来教会为后世遗留下相当丰富的文化遗产，若非早期本笃会士保留了罗马帝国的许多珍贵资料，恐怕无法为后来的欧洲延续希罗时期的思想遗产，对于天主教会来说，"信仰的中心同时也就是知识的起源"[39]。当教会开始和中国接触以后，在对拥有高度文明的中国，同样有一些传教士想着与中国知识分子的接触，融入中国高阶层的社会，通过信仰与中国文化二者的结合影响中国。这种方法表现出对异文化的充分尊重，而其中最有名的莫过于利玛窦的尝试，他的模式也成为鲍润生神父创办《华裔学志》时的依据。

因此我们可以说，《华裔学志》的创办动机与辅仁大学建立的目标正好相契合，它们都扮演一个处于天主教信仰与中国文化之间的角色，大学的环境提供二者有更深层（知识的层面）的互动关系。《华裔学志》作为一份学术性汉学杂志，其主要功能仍以学术研究为主，直接地贡献于西方对中国文化的研究；其宣教动机则是隐藏的，《华裔学志》对于这个隐含的动机则是一种权宜的宣教方法、间接的宣教工具。这种权宜的宣教方法并不采用直接的布道（preach）方式去改变对方的信仰，而是在共有的理性基础上进行对话，首要目的不在于改变，而在于了解。

《华裔学志》从创办到1948年期间的经营，为辅仁大学树立了国际的声誉，赢得汉学界的肯定，也为 20 世纪初期天主教在中国知识界的努力建立了一个里程碑。传教士在明末时被认为是西方汉学之滥觞，在 20 世纪初期以同样的方式沟通中西文化，不同的是汉学已经在西方发展成为一个学院的专业科目，成为一个开放的国际公共讨论空间。

2.《华裔学志》创办初期的经营

1935 年《华裔学志》创刊以来除了刊名标明了杂志的性质与内容外，其第 1 卷中的发刊词（见附录一）也提示了杂志所关心的主题，二者同时指出了《华裔学志》将是一份严肃的学术期刊。一份学术期刊要达到一定的水准，与其背后支撑杂志成形的编辑者有相当大的关系，再者我们可以从其内容所显示水平与外界的反应来判断其学术价值。

首先，《华裔学志》的出版与印刷方面是交由北平的魏智书店发行，1947 年才由辅仁大学印刷厂自行出版。《华裔学志》并未一开始即由辅仁大学出版社发行的原因，在于辅仁大学出版社的起步较晚，一切设备皆未达到完善的地步。在品质的考量下，鲍润生神父因此选择了当时北平有名且具有专业技术的魏智书店。[40]

《华裔学志》最初的 13 卷中，大致分成四个专栏，分别是"专题"（又称"论文"）、"杂文"（又称"短文"）、"书评"以及"其他刊物之书评"（又称"刊物简评"）。[41] 至 1948 年止，以上各专栏所占总数的比例分别是 70%、15%、6% 和 5%。[42]

在编辑组成成员方面，创刊时的编委阵容十分强大。创办人鲍润生神父亲自担任第 1 卷总编，其余八位编委中，中西学者各占四个，中国方面分别是陈垣、沈兼士、张星烺、英千里；西方学者则是田清波、钢和泰、艾克和谢礼士。中国方面的编辑于 1948 以前不曾有所改变（除沈兼士于 1947 年因去世而除名外），西方学者则陆陆续续有所增减，这时辅仁大学的特色可以说是中西学者的互相合作。四位中国学者均在辅仁大学任教，且为国内知名的学者。陆续增加的西方学者分别是丰浮露、戴何都、福克司、罗越、卫德明等。[43]

以下笔者将就 1935—1948 年编辑委员做一选择性简单的介绍，以期了解《华裔学志》编辑成员的水平。

陈垣为当时辅仁大学的校长，是中国著名史学家，遗留下的著述颇多，诸如《元也里可温教考》《开封一赐乐业教考》《火祆教入中国考》《摩尼教入中国考》《元西域人华化考》等，皆为著名之作。

沈兼士为民国初年国内著名的文字学家，曾任北京大学研究所国学门主任、北平故宫博物院文献馆馆长，1931 年起于北平辅仁大学任教并任文学院院长，其最著名的著作是《广韵声系》，研究中国文字的发声系统，1947 年于《华裔学志》编辑任期内去世。[44]

张星烺当时为北平辅仁大学历史系主任，是以研究中西交通史著名的历史学者。英千里是当时西方文学系的系主任[45]。

西方编委方面，田清波为比利时出生的蒙古学专家，也为圣母圣心会的神父，年轻时便在语言方面展现出极高天赋，1900 年首度来中国，1905—1925 年在蒙古一边传教一边收集各种与蒙古相关的资料，一生致力于蒙古语言学的研究，他的方法是深入群众当中记录蒙古的语音元素。所有收集到的资料于 1925 年以后便成了他著书的材料，他是除了俄国学者外第一位对蒙古方言有极大贡献的学者。[46]

谢礼士于 1927 年毕业于慕尼黑大学（München Universität），毕业后曾于慕尼黑民俗博物馆工作，1929 年通过国家图书馆员考试。谢礼士自学生时代起除了学习印度文、梵文以外，还自修中国文学与中文，并且非常向往中国。1930 年因辅仁大学需要一名图书管理员，谢礼士便有机会来到中国。《华裔学志》创办时他也是其中一位支持者，并从一开始即加入编委的行列，在图书资料的供应方面给予其他学者极大的帮助。

卫德明为德国著名汉学家卫礼贤之子，出生于中国。1932 年于柏林的东方语言研究院拿到博士学位，其博士论文的题目是《思想家顾亭林》（"Gu Ting Lin, der Ethiker, Darmstadt"）。[47]之后便开始了他在中国与美国的汉学研究生涯。1933—1948 年间再次回到中国，积极投入中德文化交流的工作。20 世纪 30 年代期间创办德国研究中心（Deutschland Institut），于 1939 年发行《中德学志》，1943 年发行《汉学集刊》。此外他从 1942 年起担任《华裔学志》的编辑之一。1948 年以后受美国西雅图华盛顿大学（University of Washington，Seattle）的聘请，担任"远东暨俄国中心"（Far Eastern and Russia Institute）教授一职。因其在汉学研究的贡献，华盛顿大学授予他"亚洲语言暨文学系名誉退休教授"。他一生投入中国研究，除了兴趣以外，也以能更深刻地理解人类的普遍史（Universal History）为其学术的关怀。⑱

综观以上编辑委员的学术成就，《华裔学志》的成员普遍具备一定的学术水平，中国方面的学者可谓一时之选，而西方学者每位都在欧洲受过完整的汉学训练。《华裔学志》于 1935—1948 年间共刊出 160 篇专题论文，其中就有 41 篇为编辑们所作。或许我们可以说，《华裔学志》是一份中国与欧洲学者合作的汉学杂志，就其发行者与对象为西方人而言，又可以说是一份以研究中国文化各方面为主，具有欧洲传统汉学意义的汉学杂志。⑲

（三）20 世纪 50 到 70 年代《华裔学志》之变迁

1949 年中华人民共和国成立后，《华裔学志》离开中国，失去了发展的优良条件，主要是它在北平辅仁大学出版时所拥有的种种便利，包括处于中国古老文化之都的地利之便以及与中国学者的密切合作关系。20 世纪 50 到 70 年代对《华裔学志》来说是动荡、变迁最大的 20 载。

在《华裔学志》迁出中国的历史中，有一位关键性的人物，这个人即后来在日本推动复刊的编辑委员之一顾若愚神父。1947 年年底，北平的局势仍相当平静⑳，然而不到一年时间就发生了变化。《华裔学志》及其所有藏书能够顺利迁出，顾若愚神父在其中扮演了关键性角色。

1948 年顾神父在偶然的机会下从友人处得知，局势随时都可能发生变化。顾若愚神父与当时的校务长芮歌尼神父（F. Harold Regney）商量后，决定先将《华裔学志》及其所有藏书尽快运往国外。[51] 这时恰好一位北平的书商蕾那·汉森及时地伸出援手，主动协助联系运送所有藏书出海的大小事宜。首先，必须在短时间内向工厂订制 40 个板条箱，然后进行书籍的筛选，再挑出重要的书籍，等到一切拷贝与登录的工作完成后已差不多是 1948 年年底了。匆促中，所有的行李搭上从天津发出的最后一艘船运往香港，几乎是在最后一刻离开。[52]

这批藏书在旅途中经过几番波折，首先抵达香港，然后暂时迁至菲律宾，最后决定复刊后运往日本。此间，《华裔学志》也曾想以台湾作为复刊的地点，但碍于台海局势不定，台湾港口的检查太过严格，所有的藏书经不起繁复的拆封又装箱的手续[53]，最后才与"东方研究中心"（Oriental Search Institut，SVD）一起安置于东京，以日本作为暂栖之地。

1954 年复刊之前，顾若愚神父离开中国后先到菲律宾，并在当地神学院一边授课，一边推动设立一个圣言会的研究机构，并希望可以在机构内继续出版《华裔学志》。最后在圣言会会长卡本伯格（A. Gro Kappenberg）的同意下，将此机构设于东京。

我们可以从复刊第 1 卷（第 14 卷，1949—1955）中的复刊辞看出《华裔学志》编辑与卡本伯格选择以日本作为复刊地点的原因[54]。一是考虑到日本受中国文化影响深厚，在日本仍可如在中国一样获得近似于中国的地利之便；二是当时谁也无法预估当时中国的局势将如何演变，《华裔学志》的成员们希望能再回到和平的中国土地上。历史证明，《华裔学志》最终无法再回到中国，也不可能回复到先前在中国的种种景况。

于日本复刊后并不如预期的理想，《华裔学志》的编辑们遭遇各方面的困难，有些困难可以随时间迎刃而解，有些则不然。首先，对于这个新机构的工作内容，圣言会会长与《华裔学志》编辑成员在观点上有一些差异：会长对于《华裔学志》的重新发行并没有太大的兴趣，却希望机构能完成其他书籍的编纂工作，而顾若愚神父当初向教会当局提出设立此一机构的建议时，本来对此机构的期待是以出版《华裔学志》为主，显然双方的期待有所差异。

其次，最初在日本复刊时，无法请到中国人为《华裔学志》的图书馆从事编目的工作，最后的人选是从台湾地区辗转到日本的一对夫妇，其中一人曾是顾神父在中国的学生。

再次，是购书的困难，当机构的工作持续进行时，编辑们才发现中国书籍的不足，为了添购中文书籍，当时的主编决定委托顾神父前往香港采购书籍，取得书籍的过程并不容易，必须通过书商从中国偷渡才有可能拿到中国的出版物。⑤

此外，根据笔者与弥维礼神父的访谈得知，《华裔学志》与日本学者的合作关系并不融洽，不比和中国学者的合作顺利。并且，《华裔学志》在日本与美国时期还共同面临了经济拮据的难处，很多时候都是靠编辑们自掏腰包，杂志才得以出版，圣言会在此期间并未给予资助。

1957 年《华裔学志》因为无法负担东京过高的物价，从东京搬迁到名古屋的南山大学。虽然南山大学属于圣言会在日本建立的大学，但《华裔学志》在南山大学只是借用其校园内的建筑物，并不附属于南山大学。

1963 年，考古学家鲁道夫邀请《华裔学志》前往美国加州大学洛杉矶分校，并协助其成立东亚语言系，希望借助于《华裔学志》丰富的藏书与授课方面的人力支援。因此，《华裔学志》编辑部与图书馆再一次整体迁往美国，而编辑委员们则同时担任东亚语言系的访问教授（Resident Professor），在洛杉矶正式成立华裔学志研究所。⑤

从中国时期到美国时期之前，《华裔学志》曾经是代表辅仁大学的校刊之一，迁往日本时则附属于其他机构或大学；到了美国之后《华裔学志》则成为一个拥有正式名称的机构，足见其受到国际间的肯定。1971 年在弥维礼神父的努力说服下，圣言会重新资助《华裔学志》，并将《华裔学志》与圣言会其他研究机构一起安置在德国的圣奥古斯丁。[57] 1972年以来，《华裔学志》机构才可以说真正在稳定中继续经营。

三、20 世纪 50 到 70 年代《华裔学志》内容之分析

从 1935 年于北平创刊到 1972 年回到德国，20 世纪 50 到 70 年代年可以说是《华裔学志》变迁最多也是最大的 20 年。离开原有的良好环境，失去圣言会经济上的支持等，这段时期也是《华裔学志》机构极不稳定与艰难的时期。经历了 6 年的停摆，1955 年复刊号中的"编者语"声明，再次复刊乃是为了承继创办人鲍润生神父的心志。日本作为复刊的地点，《华裔学志》拥有近似于创刊时期的外在文化条件，但是 1963 年《华裔学志》又再一次迁移至更远的美国。从离开中国到回到德国，共 20 余年的时间里，《华裔学志》机构如何面对继续出刊的困难？选择日本与美国作为落脚之处的原因又何在？在这些变动过程中，《华裔学志》是否承续了创刊时的动机？《华裔学志》丧失许多北平时期的优良环境，与北平时期比较起来，20 世纪 50 年代后的转变和差异是什么？它们的意义又何在？

以上正是本部分要进一步处理的问题。在第一部分笔者想了解的是，此期间的编辑特色与内容趋势，借着由外入内、由简入繁的方式来认识这份杂志，即从杂志的编辑、内容架构开始考察，再进入内容本身的研究。首先，从杂志各卷的篇幅开始到当时编辑、著作者的调查，与创刊时期的组合做一比较，从其中的差异比较两个时期不同的特质，借此凸显 20 世纪 50 到 70 年代出版的特色；其次，借由数据表列的统计方式，试图了解此期间《华裔学志》的内容趋势，找出其汉学研究着重的焦点。

第二部分和第三部分别处理《华裔学志》在日本与美国时期的"内容"特色，探讨外在环境的变换是否影响《华裔学志》内容的选取与趋势。最后，因为《华裔学志》坚持致力于中国宣教史与中国宗教

的研究，故在最后一部分为此期间《华裔学志》在宣教史与中国宣教史的论文做一番整理与讨论。

（一）20世纪50到70年代《华裔学志》编辑特色

1. 内容趋势

从1949—1971年共22年的时间里，《华裔学志》共出版了16卷期刊，其中多为一年两期，1949—1955年为复刊第1卷，除了第29卷由于特别因素外，其他皆以一年为单位，每年出版一卷，每卷一期或两期不定。⑱

再次复刊，《华裔学志》在内容的编排上与前面13卷有所不同。第1—13卷的杂志内容分为"专题""杂文""书评"以及偶尔加入的"其他刊物之书评"或"讣文"（Obituaries）等，但1955—1971年出刊的《华裔学志》，除了第14卷以外，只保留"专题"和"书评"两大专栏，纪念性文章（如讣文）或是当期题献之人物简介等类文章则置于杂志首页，以表本期之特点。

至于此20余年共16卷《华裔学志》的篇幅可从注释中看出，每卷至少430页以上，多则超过800页。⑲16卷中共有专题200篇，平均每卷12.5篇；书评共257篇，平均每卷16篇，可以说《华裔学志》是分量不小的学术性杂志。

为了能更清楚地了解《华裔学志》的内容，笔者试图将"专题"与"书评"两大类从内容上做了一些区分，共分为六类。

（1）政治、经济、社会：举凡关于政治史、政治思想或王朝结构及社会经济结构的论文皆属此类，例如《中国的婚姻登记》（第16卷，1957）、《崎善与义律的谈判以及对失败的穿鼻草约的再评价》（第14卷，1957）等。

（2）文、史、哲：此类指的是中国古典经史子集和图集等的中国人文学科，并且包括历史学、语言学和文字学等，例如《〈淮南子〉研究：导论、翻译、评析》（第 16 卷，1957）、《传统中国的思想与人》（第 19 卷，1960）、《北京语音重音》（第 26 卷，1967）。

（3）艺术、考古：此类以中国艺术、雕刻、铸器及考古为主，例如《青铜器"錞"的研究》（第 15 卷，1956）、《明代早期宫廷画家以及明代画院中的问题》（第 15 卷，1956）。

（4）宣教、宗教：属于天主教圣言会的《华裔学志》对于中国的宗教研究及基督宗教对华宣教的历史特别感兴趣，凡是写宣教相关或中国及其边境民族的宗教信仰都包括在此类，例如《蒙古喇嘛教祈祷文》（第 28 卷，1969）、《利玛窦〈交友论〉的进一步注解》（第 15 卷，1956）、《明代中国的天主教徒》（第 16 卷，1957）。

（5）满族、蒙古族、藏族，种族：除了汉族以外，《华裔学志》中有部分关于满族、蒙古族历史的研究，例如《元代及明初蒙古人取名的一些类型》（第 17 卷，1958）；也因为政治的因素出现了不少关于西藏的文章，例如《关于西藏的葬礼》（第 20 卷，1961）、《达赖喇嘛的出走》（书评）（第 20 卷，1961）；另外尚有一些涉及其他种族或人类学方面的论文也归为此类，例如《十八世纪早期的台湾土著》（第 28 卷，1969）。

（6）科技：包括自然科学或是技艺等非人文社会科学者皆属此类，例如《中国清代的面粉加工机械：1882—1896》（第 27 卷，1968）。

笔者不以各篇文章所属图书目录（如语言学、数学、物理学、诗、小说等）个别分类，而采用以上较大范围的分类方式。[60]原因在于，以科学的图书目录为分类标准太过细腻，除了显示杂志内容的多样性以外，并不能从中看出本杂志较大的发展方向。相反，若将细目式的学科分类都纳入其所属的领域中（如语言学、文学、哲学都归人文科学），则能相当容易地看出内容趋势。

依照上述的分类法做出以下统计表，杂志专栏分"专题""书评"两类，并根据统计结果做成图表显示各项内容（政治、社会、经济为一项）所占总数之比例（见表 1—表 4）。

表 1："专题"类内容趋势统计

专题\卷次	政治、社会、经济	文、史、哲	艺术、考古	宣教、宗教	满族、蒙古族、藏族，种族	科技	各卷总数
1	3	3	1	5	0	0	12
2	0	5	2	5	0	0	12
3	1	2	2	4	1	0	10
4	3	4	4	1	1	0	13
5	0	4	4	1	2	1	12
6	1	4	1	2	3	0	11
7	0	3	1	4	1	0	9
8	1	5	1	0	1	0	8
9	2	3	1	3	2	0	11
10	2	1	1	4	1	0	9
11	3	1	2	2	1	0	9
12	2	2	0	2	1	0	7
13	0	25	0	1	0	0	26
14	2	3	2	1	1	2	11
15	0	7	0	3	1	0	11
16	9	14	1	3	0	1	28
总数	29	86	23	41	16	4	199

根据上表得出各项占总数之百分比，如下表。

表 2："专题"类各项内容占总数之百分比

分类	政治、社会、经济	文、史、哲	艺术、考古	宣教、宗教	满族、蒙古族、藏族，种族	科技
占比	14%	43%	11.5%	19%—20.5%	9%	2%

　　首先从"专题"类开始分析，很明显，"文、史、哲"一项占全部篇幅的大多数，共占43.5%；"宣教、宗教"一项次之，占19%；再次分别为"政治、社会、经济""满族、蒙古族、藏族、种族"两项，分

别为14%、9.5%，占篇幅最少者为"科技"一项，为2%。

一般来说，"专题"由杂志邀稿或作者投稿，因此其内容可以说代表着一份杂志经营的特色与取向。显然《华裔学志》于此期间仍以传统的中国汉学研究为主，未脱离其创办之初衷：

> 我们的用意是将关于中国及其邻近地区之民族、语言和文化的研究呈现于大众面前。[61]

若将"艺术、考古"一项也并入"文、史、哲"一项中，则关于中国传统文化之研究比例更高达55.5%，超过了总篇幅二分之一。

表3："书评"类内容趋势统计

书评 卷次	政治、社会、经济	文、史、哲	艺术、考古	宣教、宗教	满族、蒙古族、藏族，种族	科技	各类总数
1	0	1	0	6	0	0	7
2	5	5	1	1	0	0	12
3	3	4	2	6	0	1	16
4	1	5	0	2	3	1	12
5	9	4	2	1	4	0	20
6	6	8	2	5	10	0	31
7	3	6	4	3	5	0	21
8	9	5	1	4	3	0	22
9	18	11	2	4	8	0	43
10	2	5	1	0	2	2	12
11	1	0	1	2	5	0	9
12	2	1	0	2	2	0	7
13	0	0	0	0	0	0	0
14	3	3	2	3	0	0	11
15	4	1	1	0	3	1	10
16	2	10	4	4	2	2	24
总数	68	69	23	43	47	7	257

表 4:"书评"类各项内容占总数之百分比

分类	政治、社会、经济	文、史、哲	艺术、考古	宣教、宗教	满族、蒙古族、藏族,种族	科技
占比	26.5%	26%	8.9%	16.7%	18.3%	2.7%

按编者的意思,[62]"书评"的部分应当以搜集当时最新出版物为主,并予以评论,适时地介绍给读者,使读者能借由本杂志获得国际汉学研究的最新出版状态。统计的结果显示,"政治、经济、社会"一项几乎与"文、史、哲"占同样多的百分比,而原本排名第二的"宣教、宗教"一项则反而退居第四位,尚不及"满族、蒙古族、藏族,种族"一项,与"专题"类的统计结果不同。以上变化说明了,政治方面的议题受当时的汉学出版界的青睐程度普遍提高,印证当时西方汉学界受美国中国研究与兴起的影响。西藏问题亦因政治因素成为世界注目的焦点,"书评"类中因此出现了不少与西藏问题相关的论著。原本在"专题"类反映了《华裔学志》特殊关怀的"宣教、宗教"一项,在"书评"类的统计中反而不见突出,显见其在汉学研究领域中并未形成显学,但却是《华裔学志》偏爱的研究范畴。最后,和"专题"类的统计结果一样,"科技"一项仍较不受到重视,反映出中国科技的发展较少受到西方人的注意。

2. 编辑、作者之特色

此时期的编辑们大约都在 20 世纪 40 年代以后拿到博士学位的汉学家,几乎都是圣言会士,可以算是圣言会中的汉学精英。从这时期的编辑人员可以看出此时期与中国时期的不同的组合。中国时期的《华裔学志》除主编外,其他成员的身份较为多样,特别是有三位中国学者参与其中,分别是辅仁大学当时的校长,也是知名的史学家陈垣;其次是辅仁大学历史系主任张星烺,以研究中西交通史而闻名于学术界;最后则是辅仁大学的创办人英敛之之子英千里(亦为辅仁大学教授)等。[63]

1948 年年底匆匆离开中国后，《华裔学志》出刊的工作一停摆就是 6 年，再次复刊的初期（1955—1957）是由卜恩礼担任主编，包括主编在内的其他副编辑全部是圣言会的神职人员，在汉学的领域中都学有专长，他们分别是：石眉鸣、丰浮露、叶德礼（Matthias Eder）、罗度华、约翰内斯·马林格、顾若愚。

卜恩礼曾分别于中国和美国哥伦比亚大学完成硕士、博士论文，博士论文亦发表在《华裔学志》复刊号中（见表 5），从 1955 年起一直荣任《华裔学志》主编，历时 20 年，与其关系密切。[64]

表 5：复刊初期编辑队伍发表的论文一览表

编辑	发表的论文
卜恩礼	东林书院和它的政治及哲学意义（1955）
顾若愚	中国史前之宗教（1955）
约翰内斯·马林格	蒙古的墓刻和石碑：斯文·赫定在内蒙古最后的远征（1927—1935）及发现（1955）
丰浮露	关于白居易父母的婚姻（1956）；白居易传（1958）
叶德礼	山东省关于法律的民俗：《民商事习惯调查报告录》（1955）
石眉鸣	前燕史（1955）；前燕史（续）（1956）

石眉鸣于辅仁大学完成他的硕士论文，并于哥伦比亚大学完成博士论文《前燕史》（"The History of Former Yen Dynasty"），分别刊载于《华裔学志》1955 年、1956 年卷次中。从 1955 年起，参与《华裔学志》的编辑工作，直到 1972 年去世。[65]《华裔学志》机构在美国时期，石眉鸣也同时担任加州大学洛杉矶分校东亚语言系（Oriental Language Department）的访问教授，讲授"中国图书目录"（Chinese Bibliography）。

丰浮露与叶德礼起先都是圣言会派遣到日本的宣教士。丰浮露曾分别于柏林、伦敦和巴黎学习汉学，并将中国文学作品《抱朴子》翻译成德文。⑥此外，早期的德国汉学界并未有人对中国文学有更深入的研究，丰浮露却著有《中国文学史及其思想基础》(*Geschichte der chinesischen Literatur und ihrer gedanklichen Grundlage*, 1959)。⑥

叶德礼是一位著名的民族学家，20世纪30年代后期先后于维也纳、巴黎和柏林等大学就读，并于柏林完成他关于日本文字学的博士论文，再次回到中国后于1940年在辅仁大学成立民俗博物馆（Volkskunde Museum ）和《民俗学志》(*Folklore Studies*)，⑥《民俗学志》《辅仁学志》《华裔学志》并列为北平辅仁大学三大代表刊物。

罗度华曾于北平辅仁大学、上海复旦大学就读并主修法律。二战后又赴瑞士苏黎世研究汉学，擅长的领域为中国法律制度。约翰内斯·马林格是编辑队伍中唯一不是汉学家的学者，但却是史前史的专家，第二次世界大战后曾经参与瑞典斯德哥尔摩的古迹探勘而打开其学术知名度。

顾若愚神父一直是在中国学习中国文化，他与《华裔学志》创办人鲍润生神父间保持着亦师亦友的关系。初到中国的时期与鲍润生神父在上海相识，二人在几次的交谈中，讨论如何学习中文并从而建立了友谊，鲍润生神父甚至将如何学习中文的秘诀传授给他。鲍神父临终前特别将《华裔学志》继续出版的任务托付给顾若愚神父，⑥足见二人的情谊。即便顾若愚神父后来并未担任主要的编辑，对于《华裔学志》及其图书馆的存续，顾神父是关键性人物。

复刊后的编辑人员并非一成不变，《华裔学志》编辑部自1958年迁到南山大学后，编辑的成员突然减少，除了卜恩礼、丰浮露、石眉鸣外，只有一位新加入的范德本（Harrie Vanderstappen），此四人自1958年起组成《华裔学志》的基本成员，1959年起编辑队伍才又恢复一定的阵容。

至1971年为止陆续加入了一些其他成员，分别为巴纳（任期为1958—1985），罗文达，司律思、司礼义兄弟俩，鲁道夫（任期为1963—1985），蒋复聪（任期为1963—1985），西斯托·罗索，王际真

（任期为 1963—1973），陈纶绪（任期为 1959—1985），共九位。

1958—1971 年间加入的助理编辑中有不少知名的汉学家，并且经常在《华裔学志》中发表论文，以下笔者选择其文章在《华裔学志》中刊载较高者做简略的介绍。

范德本为出生于荷兰赫须（Heesch）的汉学家，少年时期就读于圣言会所办的中学，并于 20 岁加入圣言会成为圣言会士，24 岁受圣言会任命成为神父。1947 年到中国学习中文，1948 年之后前往美国芝加哥大学研究汉学，受教于巴赫霍芬（Ludwig Bachhofen）的门下。

1955 年范德本拿到博士学位后，同年到日本加入《华裔学志》编辑的行列，同时在南山大学进修日文。1959 年回到美国接任其师巴赫霍芬于芝加哥大学的职位，从此开始了他丰富的教学生涯。教学领域以中国、日本的文学与艺术为主，曾任芝加哥大学艺术系主任（1965—1970），参与东亚语言暨文明系（Department of East Asian Loanguage and Civilization）多次学术会议，并曾任职于芝加哥大学斯马特博物馆（Smart Museum of the University of Chicago），负责收藏中、日艺术品。范德本一生所教学生无数，1985 年获颁"美国艺术学院协会杰出教学奖"（College Art Association of America's Distinguished Teaching Award）。⑦⁰

范德本在《华裔学志》中发表过几篇文章，大多是与中国艺术相关的论题。他曾于 1983 年到台湾参加辅仁大学举办的"纪念利玛窦来华四百周年文化交流国际学术会议"，并在会上发表了《十六、十七世纪中国人对天主教传教士传入欧洲艺术之反应》的演讲。⑦¹

司律思为比利时人，1935 年成为圣母圣心会的神父。1936 年来到中国。1948 年以前，他大部分时间都停留在内蒙古等北方地区，一生的心血都投入学术，全心研究与中国和蒙古文化相关的问题。在他65 岁生日时，《华裔学志》为了纪念司律思神父的贡献，特别将第 32卷（1976）以特刊（Festschrift）的形式题献给他，内容则以蒙古研究为主⑦²。1950—1971 年间出版的《华裔学志》中，司律思神父可以说是所有作者中作品最丰富的一位，光是专题论文至少就有 7 篇，分列于下：（1）《明代初期蒙古风俗的遗存》（1957）；（2）《元代及明初蒙古人取名的一些类型》（1958）；（3）《十六世纪漠南蒙古南部的汉人》（1959）；（4）《四份关于 1570—1571 年明蒙和约的文件》（1960）；（5）《蒙古语中"黄金"与"皇家"》（1962）；（6）《野乜克力史札记》（1963）；（7）《中国十五世纪的两个外来语》（1967）；（8）《蒙古人在明朝：1400—1450》（1968）；（9）《维吾尔语的 čigčin（刺史）与蒙古语 čigčin》（1968）；（10）《蒙古喇嘛教祈祷文》（1969）。短短 15 卷的期刊中，司律思作品就出现了 10 篇，这些作品中显示出其在蒙古学方面丰富的研究。

另外必须提到的是，在这段时期的编辑成员中，曾经受到《华裔学志》题献整卷杂志的汉学家，除了以上提到的司律思（1976）外，尚有鲁道夫（1979—1980）和司礼义（1977—1978）。《华裔学志》机构分别以其二人 65 岁、70 岁大寿作为缘由，将当年的杂志题献给他们。不过这倒不是最主要的理由，最大的原因还在于他们对汉学领域的贡献。鲁道夫一生的贡献主要为考古学方面的研究，而司礼义在汉学方面的贡献则在语言学、文字学方面。

这时期的编辑成员虽然人数多，但主要的编辑工作仍落在卜恩礼、丰浮露与石眉鸣身上 ⑦。这么多编辑的参与，加上其中有不少是优秀的汉学家，不仅增添了《华裔学志》的价值，更丰富了《华裔学志》的内容。

从以上的介绍，已可看出 20 世纪 50 到 70 年代《华裔学志》编辑成员的特色。简单地说，除了少数中国人以外，这些成员基本上大多是具有欧洲汉学传统的学者，也就是说本籍在欧洲，并在欧洲受汉学训练的学者。此外，无论在日本还是美国，编辑成员显示出一种国际合作的风貌，但以欧洲人占大部分。最后，这些编辑成员中，同时具有神职人员身份者又占一半以上，显然《华裔学志》仍具有相当多的教会色彩，显示天主教会对汉学研究的重视。

与中国时期的编辑成员做一比较，显然 50 年代后编辑组成的性质有所不同。编辑人员性质的不同至少显示了以下几个转变：

一是因政治的变动与地域的转换，中国时期与中国学者密切交往与合作的关系减弱。《华裔学志》远离了当初被认为是出版与研究汉学最直接与便利的地方，更重要的是，当时稳定的发展都因为它是一份代表北平辅仁大学的校刊。50 年代以后的情况则完全改变。二是复刊后完全由圣言会的神职人员负起编辑的工作，证明圣言会内部不乏重视汉学研究的成员，再次透露天主教传统中，学术、知识与信仰文化的关联^{⑦④}，但在日本初期由少数圣言会传教士，在艰难的环境中单独支撑复刊的工作，可见再次复刊能够成功是相当不容易之事。

（二）日本时期（1954—1963）《华裔学志》内容特色分析

《华裔学志》离开中国选择日本作为复刊的地点，其后又迁往美国，关于二者的文献或记载极少，使得笔者难以了解这一段历史始末。一次偶然机会使笔者得以访问曾经参与《华裔学志》工作的弥维礼神父，这段历史才得以重建。^{⑦⑤}

1948 年《华裔学志》编辑部离开北平后，因为船运的疏忽，当时大部分的图书曾辗转了一段时间被运往香港港口等地。《华裔学志》最初想迁到台湾，因当时局势紧急，海关设立了重重检查的关卡，《华裔学志》机构的藏书极多，为了减少麻烦，才决定迁往日本。当时圣言会在日本设有差会与大学（南山大学），在还不知中国未来变化的情况下，日本算是当时最好的一个选择了。

离开中国之后，圣言会停止资助《华裔学志》，然而在几位有心人的积极筹备之下，经历了 8 年（1949—1957）的动荡不安，《华裔学志》机构及其图书馆终于可以安定下来，在名古屋的南山大学展开另一段出版生涯。《华裔学志》第 14 卷的"编者语"中写道：

> 为因应新的情势，自即日起组织编辑部，编辑办公室也完成临时编组，《华裔学志》终于要再次出刊，继续担负起一九三五年

由鲍润生神父设立的任务。⑦⑥

　　作客于这个新的地点，我们期望《华裔学志》如同以前一样，继续享有它置身于中国文化中心的地利之便，同时回馈支持它的读者。⑦⑦

　　如同上述复刊号中"编者语"所透露的，至少有两个原因使《华裔学志》选择日本作为再次出发的地点，除了较接近中国的地缘因素外，还考虑到日本良好的汉学研究环境。

　　日本为受中国文化影响最深的国家，《华裔学志》于此停留的10年间是否取得了研究上的便利？在种种困难之下，《华裔学志》机构如何进行继续出刊的工作？针对日本时期的9卷《华裔学志》，从第14卷（1949—1955，复刊后第1卷）至第22卷（1963），平均每一卷中至少刊载一篇关于战后日本汉学家发表的论文，一共有13篇（见表6）。

　　第二次世界大战的失败带给日本许多方面的冲击，各界莫不针对日本的军国主义做深切的反省与批判，学术界更不例外。当时日本的历史学界几乎处于一种"虚脱的状态"，⑦⑧历史学研究面临两大问题：一是如何重新看待使军国主义正当化的天皇制；二是如何应对战后的新现实——从世界史的立场出发，寻找各地区历史发展的规律。

表6：战后日本关于中国研究一览表

发表时间	卷数	日本汉学家发表的论文
1949—1955年	第14卷	战后日本关于中国哲学的研究
1956年	第15卷	战后日本关于中国宗教的研究
1957年	第16卷	战后日本关于中国文学的研究
1958年	第17卷	战后日本关于中国社会和经济的研究 战后日本关于中国绘画和雕塑的研究
1959年	第18卷	战后日本关于中国考古学的研究

发表时间	卷数	日本汉学家发表的论文
1960 年	第 19 卷	战后日本关于中国金石学、民间传统以及人种学的研究 战后日本对满洲及蒙古历史的研究
1961 年	第 20 卷	日本关于老子研究的最新成果：木村英所著的《老子的新研究》 战后日本关于中国语言的研究
1962 年	第 21 卷	战后日本关于中国陶瓷的研究
1963 年	第 22 卷	日本关于中国绘画和雕塑的研究

日本人一直认为，中国的社会处于停滞不变的状态，并且以此停滞论作为其侵略中国的理由。史学界的反思促使日本各方的学者重新检讨中国史。对于西方来说，从启蒙时期对中国极高的评价到 19 世纪对中国历史的贬多于褒，视中国为没历史的民族（如黑格尔），因此日本对中国史的争论必定引起西方人的兴趣。这番历史的重估，引发 20 世纪 50 到 70 年代的学术论战，20 年的争论虽未曾得到明确的结论，却是大大炒热了中国史的研究。[79]

依据“二战”后日本汉学研究发展与研究概况，表 6 列出的 13 篇论文可以说是同一主题下的一系列报道，读者每年可以定期通过这些报道了解日本汉学当时大致的发展趋势与学术界概况。其中第 17 卷（1958）刊载《战后日本关于中国社会和经济的研究》时[80]，正值日本史学界重估中国史之际，引起热切的争论。就时效性而言，《华裔学志》反映了当时在日本学界中极为重要的中国“史观”问题，适时地介绍给西方汉学界。

日本学者的汉学研究有一些直接声明了其目的，是让西方更了解日本目前（当时）的研究状况，如第 17 卷（1958）《战后日本关于中国绘画和雕塑的研究》与第 21 卷（1962）的《战后日本关于中国陶瓷的研究》中，作者渡边惠子（Watanabe Keiko）说：

以下内容包括了战后日本关于中国绘画的研究，或许能引起西方学者与学生的兴趣。[81]

以下包含专业以及通论性质的作品可能对于外国学者有所帮助。[82]

这些文字有意识地传达了《华裔学志》的性质与功能，借着以西文发表的汉学杂志企图向西方世界有系统地介绍日本的汉学研究。另外，《华裔学志》停留日本的时期并未发展"日本学"（关于日本的研究只有 2 篇，刊载于 1968 年、1969 年，但已是美国时期的事了），内容还是以汉学研究为主。

对《华裔学志》面临的困难有了更深一层的了解后，便知道当时的九卷刊物能定期出版实属不易。西方世界在此期间能定期获知日本汉学的发展概况，可以说《华裔学志》已努力达到创刊时既定的目标，善用了当地资源。

（三）美国时期（1964—1971）《华裔学志》内容特色分析

在日本停留了 9 年之后，应美国加州大学洛杉矶分校考古教授理查德·鲁道夫的邀请，《华裔学志》加入了东亚语言系并协助其发展，当时才刚成立的东亚语言系急需要建立图书馆，同时也缺乏汉学教授，《华裔学志》能迁移至加州对他们来说无非是解决了他们的困难。《华裔学志》的编辑成员于是成为该系的访问教授，这个机会其实也正好化解了《华裔学志》在日本面临的难处。

自从美国于 20 世纪 30 年代积极投入汉学研究后，西方汉学界的生态有了重大的改变。30 年代开始，美国的汉学研究发生了根本性变化。为适应政治现实的需要，从传统汉学研究分化出来，发展出所谓的"区域研究"。这是美国战后为控制与认识世界其他地区而推出的一种学术规范，而传统汉学也渐渐转化成了所谓的"中国研究"（China Studies，以下就以"中国研究"称之）。"中国研究"在具体内容上与传统汉学的区别在于：研究内容的时代断限与研究的方式。"中国研究"多属于近代史的研究，传统汉学则以中国古典文化的研究为主。研究方式方面，"中国研究"强调的是"融合式"的研究，[83]通过各种学科方法的互相应用，被研究的主体不仅是单一学科的呈现（如中国的历史、政治、哲学等），反而将中国视为一个主题，从各种角度做一综合性的研究。

这种趋势从 30 年代以来直到 60 年代发展至高峰，《华裔学志》正逢此时迁移至美国。《华裔学志》在前后 8 年（1964—1971）的时间里是否也受到美国汉学潮流的影响？处于美国的研究氛围中，是否导致《华裔学志》研究取向的转变？以上便是本部分进一步探讨的问题。

第一部分笔者针对《华裔学志》已做过内容上的分析，结果显示《华裔学志》中的研究主要以中国传统文化为主。虽然如此，笔者仍希望更进一步从各篇论文内容的时间段做进一步分析，以确知从《华裔学志》的内容是否可以看出"中国研究"的趋势；换句话说，"中国研究"是否对《华裔学志》造成直接的影响？

"中国研究"是如何区分中国史的时代断限问题呢？笔者采用的是美籍华裔学者徐中约（Immanuel C. Y. Hsu）的看法[84]。他认为中国近代之开端并非一朝一夕间发生，欲认识近代之中国，必须从西方与中国下面接触的时间往前推移，至少往前推至明末清初（17 世纪）时。因此笔者以 17 世纪作为判定《华裔学志》中各篇论文时代断限的基准，以 17 世纪之前的中国为主题者为"传统汉学"，17 世纪之后则属"中国研究"的范畴，以下列图表（表 7）简单表示二者的比例。

表 7："传统汉学"与美式"中国研究"比例分析（单位：篇）

内容	传统汉学	中国研究	总数
专题部分	136	64	200
书评部分	152	105	257

统计的结果与第一部分内容趋势分析的结果一样，美式"中国研究"的篇幅虽然增加了，但并未强烈影响《华裔学志》的发展取向，内容仍以传统汉学研究为主，环境的变换并未造成《华裔学志》研究趋势的转变或改变整体发展的方向，《华裔学志》仍忠实于创刊的动机与目标：

> 我们的用意是将中国及其邻近地区之民族、语言和文化的研究呈现于大众面前，也包含人种学与史前史的领域。[85]

《华裔学志》机构来到美国，缘于加州大学向它寻求支持，显见加州大学东亚语言系的研究方向与《华裔学志》大致相同，所以《华裔学志》并不需要迎合美国汉学界的发展。但即使如此，1964 年后，杂志内容仍出现不少关于中国政治问题的探讨，是稍微可以看出的趋势。

值得注意的是他与加州大学东亚语言系的互动关系。《华裔学志》第 27 卷（1968）特别为李方桂博士设立专刊（*Monumenta Serica: Li Fan-kuei Zeitschrift*），纪念其对于中国语言学研究的贡献。本卷全部以专题的形式出刊，内容完全以语言学为主，为其刊登"专题"最多的一次，共发表论文 27 篇，此外，本年并无"书评"一类，共 217 页，每一篇的篇幅平均都在 20 页左右。

与加州大学东亚语言系合作的七八年，比起日本时期的情况可说地位较为清楚，是 20 年中最为稳定的时期，《华裔学志》能作为一个协助者的角色，可见其声誉已受到国际上相当多的肯定。

四、《华裔学志》与宗教的分野

作为一份汉学杂志而言，《华裔学志》刊载的文章应以中国历史、文化等方面为研究的主题，而中国文化内容极为丰富，涉及层面亦广。若文章内容涉及中国与西方交流或中西间接触的历史，则其范畴显然又跨越了"中西交通史"的领域。本部分所要处理的"宣教史"就是这个领域的其中一部分，更不用说"宗教史"也只是中国文化中的一部分。

经过之前所做的分析，显示《华裔学志》中"宣教与宗教类"的文章共占全部篇幅的 19%，也就是将近五分之一。换句话说，《华裔学志》编辑部是有意识地关注到汉学领域中宣教与宗教的课题。

鲍润生神父创办《华裔学志》的目的之一，即希望这份杂志能够为那些对中国有兴趣的西方人，提供一个认识中国的媒介：

> 我们也希望这份杂志能够为那些对中国宣教有兴趣的人提供一个认识的基础。[86]

《华裔学志》背后的身份理所当然地使它无法脱离宣教史方面的关怀。因此，笔者想进一步探讨的是，作为一份学术性刊物，《华裔学志》对宣教活动有何贡献？另外，宣教层面很广，面临的问题也颇多，包括方法的选择、如何处理两种异文化相遇产生的冲突等。那么，从这些文章中，能否看出《华裔学志》机构关心宣教的层面是什么？其关怀的面向是否代表《华裔学志》机构对宣教的态度？

为了方便读者的理解，笔者在此分两部分，分别探讨《华裔学志》中"宣教史"与"宗教史"两方面的相关论文。首先笔者先挑出《华裔学志》中所有这两类的文章，"宣教史"方面，笔者先针对文章的性质进行分类，对各类论文做一简单的介绍，试图从论文的取向，分析这些文章所显示出来的宣教关怀。关于"宗教史"方面，笔者仅对论文做回顾，希望借此分析，进一步了解《华裔学志》与宗教间的分野。

（一）《华裔学志》在宣教史方面的研究

《华裔学志》主编马雷凯神父曾经为《华裔学志》挑出在宣教与宗教方面的文章，[87]笔者以此作为根据，加上自己的观点，重新筛选出《华裔学志》中关于这类的论文，并加以分门别类。

宣教史方面，凡是与西方传教士来华后相关的一切，包括传教士本身、传教士的著作（著述或与中国人的互动）等都是考虑的因素，依此类文章的性质又可区分成六大类别，分别为：1."中国宣教史研究概况"；2."人物素描"；3."《圣经》翻译或教义文本之探讨"；4."西方传教士来华传授西方知识或以中文著述的西方知识"；5."天主教传教士与中国知识分子的接触（譬如设学校）"；6."探讨天主教与中国文化适应问题的通论性文章"。以下就各类型的文章做一内容简述。

1."中国宣教史研究概况"⁸⁸类的文章主要以研究中国宣教史的内容为主，20世纪50到70年代的篇幅仅两篇。其中《有关中国天主教传教史的研究新况：1945—1955》以介绍1945—1955年间关于中国宣教史的研究概况为主，算是学术文献的介绍，读者可以通过它对此10年间的宣教史做一概况性的回顾。

另一篇《明代中国的天主教徒》的焦点则较小，讨论明朝基督教传入后，中国基督徒的情况，是当时一篇少有的研究。16世纪西方传教士来到中国传教，当时中国人改变信仰加入教会的人数有多少？传教士在中国境内建立多少教会？教会中中国信徒的信仰生活情形如何？关于以上问题，能够找到的相关资料极少，无论是中文资料或西方教会中的档案，鲜有存留完整的记录，尤其是统计的数字记录更是难得。因为资料的不全，使得作者仅能根据现存于欧洲教会中的文字记录，通过断简残篇重塑当时教会的轮廓。文中，作者列出各地地名，简单叙述当地的教会概况，其贡献在于使我们对于明朝时期天主教会与民间接触的历史有了较多的认识。

2."人物素描"⁸⁸方面，举凡谈论传教士生平及其在中国事迹为主的文章皆属本类。《威廉·施密特（Wilhelm Schmidt）SVD 1868—1954》中主要以圣言会士施密特为主轴，施密特为享誉国际的民族学家，并在圣言会中创办了知名刊物《人类学》。这篇文章于1954年施密特去世同年刊出，除了介绍其生平并详列其一生的贡献外，也算是对他的纪念。另外一篇为《英敛之（1866—1926）与辅仁大学的诞生》，文中详细述及英敛之的成长背景与信仰天主教的过程，特别凸显其创立辅仁大学的原因与经过，为天主教辅仁大学的历史补添一笔。

这两位人物的生产皆与天主教落实于异文化有关，施密特建立《人类学》旨在利用学术研究深入了解非西方的民族文化；英敛之则致力于天主教高等大学在中国的建立，他们同时意识到，通过影响知识分子更能促进基督信仰的传播。

3. 天主教进入非西方国家时，为了更便于传播信仰，教会的首要工作便是将《圣经》译为当地文字。此时期有三篇相关文章[90]，分别为《关于十四世纪中国方济各会传教士的劳伦辛（Laurentian）手抄本〈圣经〉》《满洲天主教教义问答》《〈使徒信经〉的一部中期突厥语系本》。第一篇主要是对《圣经》版本的考察，劳伦辛版《圣经》为13至14世纪方济会士带到中国的手抄本《圣经》，因破损不堪而未被重视，作者在文中提出与此手抄本相关的考证问题。《满洲天主教教义问答》则是极为难得的满文教义问答译本，现藏于梵蒂冈图书馆。据文章作者推测，此教义问答为利玛窦所译，文后还附有英文译本。《使徒信经土耳其文本》中的使徒信经为基督信仰告白书，连同《关于耶稣会士德希德里（I. Desideri）〈报告〉的札记》这篇以印度作为背景的文章，是属于中国邻近文化的范畴，《华裔学志》将这两篇文章收录进来，显示中亚与印度在《华裔学志》编辑的认定中皆属于中国邻近民族。

4. 西方传教士在中国与西方文化之间扮演了互通有无、沟通两边的工作，他们以中文著述或翻译与西方知识相关的书籍，传播西方文化以吸引中国人的兴趣，"西方传教士来华传授西方知识或以中、西文著述的东方知识"[91]一类的文章即为这类的例子。首先，《欧几里德著作的中文译本首次向中国介绍》中作者要探讨的是《几何原本》的翻译始末。关于《几何原本》的译者是否为利玛窦一直存在着许多争论，作者以此为题，提出各类看法并加以论述。

另外，刊载于14卷（1949—1955）的《利玛窦〈交友论〉注解》为中西交流史专家方豪神父的作品，方豪在文中详述了利玛窦写作《交友论》的原委，并列举出利氏以来曾对《交友论》加以注解的版本及不同名称；刊载于15卷（1956）的《利玛窦〈交友论〉的进一步注解》除了指出方豪神父文章中的错误外，更进一步提出补充与不同的见解。

《近年来关于利玛窦的中文版世界地图的新发现与新研究（1938—1960）》这篇论文详细说明了1938年到20世纪60年代关于利玛窦《舆地山海全图》（利玛窦世界地图）的最新研究发现，文中也罗列了各时期的不同版本，作者还专门介绍了地图初绘完成时，当时人们的惊异反应与对地图的评价以及对当时人的影响等，目的是从这段历史探讨利玛窦在当时中国社会中的地位与受到的待遇。

5. 20世纪50到70年代《华裔学志》中关于"传教士与中国知识分子的接触"[92]方面的文章较少，笔者只找到一篇，即《英敛之（1866—1926）与辅仁大学的诞生》。此文虽是仅有的一篇，对于中国宣教史或《华裔学志》所属的圣言会来说却是相当重要的事件。文中除了英敛之生平外，主要论述的方向是以英敛之与20世纪初期的"天津运动"（天主教复兴运动）为主轴，后论及在此运动的推波助澜下，英敛之等人得以顺利为天主教大学催生。"天津运动"以主张中国本土知识分子成为基督徒为主要诉求，并借此影响处于变动中的中国，天主教辅仁大学的建立代表了天主教在这个时期与知识分子建立接触渠道的进一步尝试，也影响了现代中国的高等教育。

6. "探讨基督教与中国文化适应问题"[93]的论文共有四篇，分别讨论天主教与中国文化相遇后，文化间冲突、相调和与适应的问题。首先介绍的是《利玛窦在中国的传教活动：对十六世纪引导文化改变之努力的一个实例研究》，这篇文章共分七章，对于利玛窦来华传教的历史有相当详尽的论述。文章主要以利玛窦融入中国社会的过程为主，以郝斯科维茨（Herskovits）对文化接触状况的分类为依据，刻画出利玛窦所遭遇的情况。其中最重要的是，作者相当肯定利玛窦在传教史的贡献，并视利玛窦的宣教模式为一种典范，指出利玛窦成功的地方不只在于他努力建立中国文化与天主教信仰相融合的方式，更在于他本身在天主教信仰与中国文人品格上的具体实践。

《天主教传教士在蒙古内部之争中扮演的角色》是以 19 世纪末发生在蒙古境内族与族之间土地之争为主题的一篇论文，在一连串的争论中，是通过天主教会传教士从中斡旋才达到彼此的和平。《欧洲为适应中国的精心努力：自法国传教士到北京至乾隆末期的天主教编年书目（1689—1799）》是一篇讨论欧洲概念翻译成中文后文字选用的问题，以 1689—1799 年间传教士的著作为主。传教士尝试以中文来表达或取代一些天主教概念的名词时，并不十分容易；本篇论文列出此时期这类的著作，并探讨其中的名称如何选择才算恰当。

从《华裔学志》创刊以来，60 年间在其他刊物中已出现过不下三篇针对《华裔学志》评论的文章，其中无论是纪念性或是评论性的内容，就笔者所知共有三篇特别推崇《华裔学志》在中国宣教史及宗教研究的贡献[95]，《华裔学志》这份汉学杂志强烈的宣教关怀在这些文章里表露无遗。

仔细观察这些宣教史论文题材的选择，可以发现一些有趣的现象，与利玛窦相关的讨论竟然有六篇之多，可见此时期相当重视利玛窦，视其为中国宣教史中重要的角色。

这些宣教性的论文中，并无讲解教理或神学方面的思想论述，这类文章的性质关乎信仰本身的内容与内涵，目的在阐明信仰的本质。然而《华裔学志》并未刊载与此类似的文章，显然《华裔学志》的目的并非促使阅读者进一步思考教义的问题，而基于《华裔学志》是一份以西方人为主要发行对象的刊物，更没有理由宣导宗教的内容。

《华裔学志》中大部分的论文都以探讨天主教与中国文化接触问题，以天主教的文化角色为主，鲜有论及与福音直接传播相关的情形，除了《明代中国的天主教徒》一篇文章以外。简单地说，这些文章都算是天主教会向中国宣教过程中的种种记录，从《圣经》文本的翻译、与中国社会接触产生的问题、传教士在中西文化间扮演的角色等，都是宣教过程中一一出现的问题。从这些文章中，我们可以肯定《华裔学志》关注西方天主教会与中国互动的历史，借着研究的方式，重新给予这段历史一个定位，目的在于记录和论述一个西方向中国传教的轨迹。由此可见，《华裔学志》透露出的宣教关怀以文化适应的层次为主。如果将这些文章视为一个整体，那么它所呈现的便是一幅天主教寻求与中国文化相适应的图画，也就是自利玛窦以来西方传教士建立的宣教传统。

作为一份专业的学术性刊物，《华裔学志》是一个公共的学术讨论园地，因此《华裔学志》不可能被定位为一份宣教杂志，从其宣教性文章的内容来看，亦非以宣扬教义为目的，其发刊目的亦不在此。但它间接地以学术研究作为媒介，通过宣教史的研究，向西方人传达宣教的理念，激发其本国人宣教的热情。[96] 如此以来，《华裔学志》桥梁角色更多是向西方人"宣教"而非向中国宣教了。

（二）《华裔学志》在宗教史方面的研究

宗教史方面则是探讨天主教与中国宗教的关系，或纯粹以中国境内宗教为主题的论文为主，共有下列文章:《中国史前之宗教》《昴曜及其时代》《纳西族对西藏文化研究的意义》《论元朝的佛道之争》《关于西藏的葬礼》《鄂尔多斯的喇嘛寺院》《武梁祠中神龛的作用及其壁画》《宋初国家祭祀典礼的重建》《中古与现代中国的庙宇修建》《关于台湾之宗教倾向》《蒙古喇嘛教的葬书》《将宋版佛典〈大宝积经〉译为德文的尝试》《蒙古喇嘛教祈祷文》。[97]

与宣教史方面的文章比较起来，《华裔学志》中宗教史方面的论文较无统一的系统，无法分门别类，不像宣教史方面的文章，彼此之间具有某种关联。宗教史各篇文章之间的关联性不高，主题不一。针对以上挑选出 13 篇宗教类的文章，笔者不再做单篇文章的内容介绍，仅就阅读后的整理，归纳出以下几点观察。

宗教信仰在中国历史中很少为知识分子所重视（除了少数例外），其主要原因是，中国文化的价值观是建立在以人为中心的基础上，从先秦以来，这种以人为中心而发展出来的思想与人伦关系是主导中国社会的最大力量，以儒家为主要代表。其次谈到中国的宗教，就是中国"天"的观念，这个概念发展出一套中国政权合法的依归。

以上述的观念为基础，上列的 13 篇宗教史的文章中，有两篇以探讨中国宗教为主，这两篇文章分别是《中国史前之宗教》《宋初国家祭祀典礼的重建》，其余的文章则与民间宗教或其他民族的宗教有关。《中国史前之宗教》的作者主要从两个方面追溯中国史前的宗教，一是通过考古的遗迹，二是通过古代流传下来的传说，而这篇文章的特色在于，作者利用西方的学术方法来描述宗教现象。

《宋初国家祭祀典礼的重建》一文谈论的便是中国礼仪在宋代的重新设立，文中讨论宋代如何以"周礼"为据重新设立国家的仪典。"礼"于周代达到最完备的境界，是以天子为首的一种宗教仪式，通过礼规范了社会秩序，各个阶层都能从中找到定位，这是一种中国的宗教仪式。

除此以外，西藏与蒙古地区的宗教信仰是这时期宗教类文章的重点之一。《纳西族对西藏文化研究的意义》《关于西藏的葬礼》两篇同为探讨西藏的文章，前者以文献回顾的方式，介绍以往的研究中纳西族文化与西藏文化的关系；后者则进一步从人类学的角度探讨西藏葬礼的来源与演变。其他尚有两篇与蒙古宗教相关的文章：《蒙古喇嘛教的葬书》中通过葬礼手册的记载与翻译，读者可以详细了解葬礼仪式的所有细节，从中了解其习俗；《蒙古喇嘛教祈祷文》则是一篇介绍性质的文章，作者并对此祷词做一考证式的分析。

其他文章中较值得注意的是一篇关于台湾的宗教研究（《关于台湾之宗教倾向》，1963），这篇文章为《华裔学志》到美国后刊载的文章，是少数论及台湾的文章之一。

综合上述所论，如何从《华裔学志》刊载的宗教史方面的文章判断《华裔学志》的宗教态度？事实表明，本部分所列文章论及多种宗教，显示《华裔学志》中并无宗教的局限，对任何一种宗教均采取开放认识的态度，再次证明它并非以宣教为主要目的。但若考量其创刊之立意，则这些有关宗教的文章对天主教会来说，仍然是传教士必备的知识基础。

五、结论

如何为《华裔学志》从复刊至此 20 年（20 世纪 50 到 70 年代）的发展定位，可以从以下几个角度来看。

首先就宣教的角度而言，1994 年德国学者高杏佛在她的研究（*Monumenta Serica—eine sinologische Zeitschrift und ihre Redaktionsbibliothek in ihrer Pekinger Zeit*［1935-1945］）中指出，《华裔学志》机构在中国境内一面学习中国文化，出版中国文化研究的论文，另一面在中国文化中寻找基督信仰的切入点，寻求二者的融合，这是所谓的利玛窦的宣教模式。然而毕竟 20 世纪的中国与 17 世纪的中国已有相当大的差距，中国与西方的接触促使中国不断地改变，中国已不再是利玛窦时期的中国，西方和中国的关系也有了改变。

1949 年以后，中国国内经历了巨大的变化，文化、社会等各方面都有大幅度的变动，《华裔学志》中的研究多以古代传统中国文化为主。若传教士要以此作为认识中国的途径，那么所认识的中国也只是属于古老部分的中国，不能迎合时代的变化。要通过研究间接地达到基督教化中国的可行性亦不高。借着中国文化的研究，天主教会希望找到与中国文化相容的地方，试图借此将天主教中国化，这是一种脱离时空环境的想法。

因此，《华裔学志》应是一份向西方人传播中国传统文化更重于作为天主教宣教策略中的预备工具。1972 年《华裔学志》机构回到德国之后，许多圣言会内部的传教士感到《华裔学志》无法满足德国人对现代中国的认识，纷纷提出建议，希望除了拥有《华裔学志》在中国宣教史方面的贡献外，希望对中国的基督教现状有更进一步的了解，于是 20 世纪 80 年代《华裔学志》机构另外出版了《今日中国》[98]。这份期刊的出现更加可以肯定,《华裔学志》并不能如创办人鲍润生神父最初的期望,提供教会对中国进一步的认识,对中国现状的认识必须以另一份刊物作为辅助。20 世纪 50 年代以后的《华裔学志》,也因为环境变迁的缘故,与日本、美国的汉学家有更进一步的互动,尤其在1972 年迁回德国以后,更是与德国境内的汉学家有密切的合作。这种情形使得《华裔学志》必须以一份单纯的汉学杂志身份,在汉学的领域中建立其地位。[99]

视《华裔学志》为一份纯粹的学术性汉学研究期刊,这样的观点仍不能丢弃杂志本身的宣教背景,笔者仍认为《华裔学志》具有相当的宣教色彩。它在宣教史方面的论文为西方基督宗教在中国的宣教史提供了完好的记录与研究,但这种学术的成果并不能达成宣教的目的。现代多元化的社会里,全球在资本主义侵袭下越来越趋向于一体,基督宗教的宣教不能通过传统文化的研究进一步达到改变。文化并非停滞不变,而是一种动态,是随时都在变化的有机体,若想从传统中国文化中找寻与天主教信仰相契之处,则其中较多的成分是一种包装。另一种新文化的产生,是在真实经验不断的互动之下,经过冲撞或调和而得。此为笔者认为 50 年代以来的《华裔学志》应被定位在纯粹的汉学学术期刊,而非达到传教目的工具的第二个原因。

为什么《华裔学志》在历经日本与美国两地的转变,却未受到美国中国研究风气的波及,这点也许可从宣教机构的角度来解释。《华裔学志》的编辑队伍大多由圣言会的宣教士所组成,而圣言会在宣教的传统上一直十分重视对异文化的了解与研究,《华裔学志》即使有一段时间未获圣言会的资助,而由宣教士自行筹措资金,显示圣言会有极大的修会传统。

就《华裔学志》在汉学研究工作上的成就而言,根据笔者的研究显示,《华裔学志》于复刊后的努力经营使它赢得国际声誉,至少可从以下两点可以看出:在日本期间,《华裔学志》每年都向西方世界报道日本汉学的研究状况，对于不谙日文的西方人来说，它是一个了解日本汉学发展的捷径。日本时期后，《华裔学志》接着能够为美国协助加州大学洛杉矶分校成立东亚语言系，这个事件本身便足以证明，《华裔学志》具备了一定程度的专业水准，加上不少知名汉学家在刊物上发表文章，《华裔学志》可以说"一直到今天仍是杰出的学术期刊之一"[⑩]。

1972 年《华裔学志》回到德国，当时有两个重要的考量：一是为长久的发展，回到圣言会的研究机构是一个将来能稳定成长的保证；其次，《华裔学志》作为一份传递中国文化的媒介，当时的编辑希望能借《华裔学志》再一次激起德国大众对中国的兴趣。《今日中国》的出现，目的在于满足关心宣教人士对中国的认识，显然《华裔学志》并不能达到这样的期待，但是回到德国的这一事件，使《华裔学志》在汉学领域的发展更为稳定与确定。

从作为一种宣教的辅助工具来看，虽然笔者给予《华裔学志》的评价是负面的，但就其创办的出发点与其一贯对待中国文化的尊重而言，笔者则给予肯定。从鲍润生神父创办《华裔学志》和后来《华裔学志》机构中汉学家的表现，他们对于中国文化的推崇，这在圣言会其他的研究刊物中亦明显可见。其在研究上的努力，是对促进文化间的交流与保存人类珍贵的文化遗产的一种贡献。这样的观念被天主教会普遍的认同却是直到 1963 年天主教梵蒂冈第二届大公会议才出现。[⑩]

本文虽行将收笔，却是进一步研究的开端。探讨《华裔学志》这样一份德国的汉学杂志，今后可以有许多面向的发展，笔者以其创办的过程、动机乃至于其定位作为讨论的起点，是作为往后更进一步研究的基础。譬如从《华裔学志》出发，可与德国汉学发展做一比较，勾勒出汉学在德国的发展状况与方向；其次，在全球陷入后殖民主义（postcolonialism）讨论热潮的今天，是否可以用东方主义（Orientalism）作为讨论的切入点，探索西方汉学研究背后的意识形态，这是目前笔者正在思索的问题，期待日后进一步的成果。

注　释：

① 本时期最正确的时间段应是 1949—1971 年，为了读者记忆的方便，特意在分期上做这样的调整，实际上也并未与史实冲突：1948 年后《华裔学志》开始停刊，一直到 1955 年再次复刊为止，这段时期笔者就大约从 1950 年算起；至于 1970 年左右《华裔学志》机构原本打算在美国洛杉矶大学附近购地建屋，显见当时《华裔学志》机构的情况较为稳定，为方便本文的叙述，在行文间一律使用 1950—1970 年作为这段时期的时间段。

② Roman Malek, "Monumenta Serica（1935–1985）", in: *Verbum* SVD, 26（3）1985, p.268.

③ 忻剑飞，《世界的中国观》，台北：博远出版公司，1993 年。

④ 夏瑞春著，陈爱政等译，《德国思想家论中国》，南京：江苏人民出版社，1989 年。

⑤ 关于"汉学"（Sinology）一词的历史与起源，见王家凤、李光真，《当西方遇见东方——国际汉学与汉学家》，台北：光华画报杂志社，1991 年。

⑥ 明末时期耶稣会积极投入中国社会，并且在态度上采取某种程度的妥协，认同中国文化，因此曾发生著名的"礼仪之争"，无论是耶稣会内、外，均有诸多反对的声音，坚持在中国以西方的模式从事信仰活动，中国传统中凡是与其信仰内容相左者一律被视为异教信仰。

⑦ 1990 年来到中国的德籍宣教士卫礼贤即是一例。卫礼贤受"德国更正教普世福音宣教联盟"（Allgemeiner Evangelischprotestantischer Missionverein, General Evanglistical Protestant Mission Society）差派来华。因为他十分强调基督教传入中国后与中国文化的融合，与差会的宣教理论发生歧异，接着就渐渐地完全投入汉学研究，也因此离直接宣教的活动越来越远。卫礼贤后来成为著名汉学家并创办德国法兰克福中国研究中心（China-Kunde Institut）。

⑧ 忻剑飞，《世界的中国观》，台北：博远出版公司，1993 年，第 139 页。

⑨ 李国祁，《中德关系研究的回顾》，近代史研究所编辑委员会编，

《六十年来的中国近代史研究》，台北："中央研究院"近代史研究所，1988 年；李国祁，《德国档案中有关中国参加第一次世界大战的几项记载》，《民国史论文集》，台北：南天书局，1990 年，第 311—325 页；余文堂，《中德早期贸易关系》，台北：稻禾出版社，1995 年；周惠民，《德国对华政策研究》，台北：三民书局，1995 年。

⑩ 德国教会来华传教的历史分新教与旧教两方面。新教部分，来华者以三巴会（巴色、巴勉、巴陵三差会）较著名，传教的区域以中国南部为主，目前香港崇真会（前身为巴色差会）牧师李志刚博士从事这方面的研究。旧教方面则以圣言会来华的历史为主，相关研究多以德文为主。

⑪ Cordula Gumbrecht, *Monumenta Serica—eine sinologische Zeitschrift und ihre Redaktionsbibliothek in ihrer Pekinger Zeit (1935-1945)*, Köln：Grenven Verlag, 1994.

⑫ 董明德、楚珏辉，《丝域探秘——国际汉学家追寻的成果》，《中外杂志》，47 卷 3 期（1990），第 91—95 页。[德] 弥维礼著，李然、游心译，《〈华裔学志〉简介》，《国际汉学》第一辑（1995），北京：商务印书馆，第 497—505 页。

⑬ 本论文中，凡论及《华裔学志》分期之处，皆以导论中笔者的分期为准。

⑭ 文化斗争（Kulturkampf）是德意志帝国（Deutschereich）建立后，以俾斯麦为首的对天主教会的迫害行动。以教宗为首的教皇体系对德意志境内的天主教会有一定的影响力，帝国内部天主教组成的中央党（Zentrumpartei）在国会中的努力亦不小，俾斯麦为了削弱天主教势力对帝国的干涉程度，制定了一连串对天主教会不利的法案，如"五月法"（Meigesetze）等首先将宗教这一种职业纳入帝国的行政体系中，凡欲成为神职人员者，须通过国家的认可。除此之外，原本人民生活中许多属于教会管理的事务，包括出生、教育、婚姻及死亡等也依法由国家一并统筹。天主教会在这一段时期内遭受许多压抑，不少教士因此被迫流亡国外。

⑮ 文讷（Fr. Peter Venne），《真福杨生神父与圣言会》，《圣言会来华传

教：一百周年纪念特刊，1882—1982》，第 8 页：Frederick M. Lynk, *Father Arnold Jassen: A Modern Pioneerin Missionary Work*, Westminister：Alexander Ouseley Ltd., 1934 , p.59。

⑯ Frederick M. Lynk, *Father Arnold Jassen: A Modern Pioneerin Missionary Work*，Westminister：Alexander Ouseley Ltd.，1934，p.60.

⑰ K. J. Rivinius，"Die Katholische fu jen Universitat in Peking und ihre Ubernahme durch die Gesellschaft des Göttlichen Woertes im Jahr 1933", in：*Verbum* SVD21（1980），p.215.

⑱ 薛保纶，《圣言会在大陆传教的回顾》，《圣言会来华传教：一百周年纪念特刊，1882—1982》，第 41 页。

⑲ 文讷，《真福杨生神父与圣言会》，《圣言会来华传教：一百周年纪念特刊，1882—1982》，第 6—7 页：Frederick M. Lynk, *Father Arnold Jassen: A Modern Pioneerin Missionary Work*, Westminister: Alexander Ouseley Ltd., 1934, p.38–39。

⑳ Steyler Missionswissenschaftlichen Institut（Hrsg.），Steyl 1875–1975：Die Steyler Missionsgesellschaft des Göttlichen Wortes Berichtet im 100. Jahr ihres Bestehens über ihre Missionsgebiete, Sankt Augustin：Steyler Verlag, 1975, p.59.

㉑ Frederick M. Lynk, *Father Arnold Janssen: A Modern Pioneerin Missionary Work*, Westminister：Alexander Ouseley Ltd., 1934, p.44–45.

㉒ 文讷，《真福杨生神父与圣言会》，《圣言会来华传教：一百周年纪念特刊，1882—1982》，第 16 页。

㉓ 圣言会在日本、中国台湾和菲律宾皆设有大学。

㉔ P. Fritz Bornemann（Hrsg.），"Pflege der Wissenschaft", in：P. Fritz Bornemann（Hrsg.），Geschichte unserer Gesellschaft, Romae：Apud Collegium Verbi Divini, 1981, p.109.

㉕ 同上。

㉖ Louis J. Luzbetak SVD, "An Applied Anthropology for Catholic Mission", in：Muller, K.（hrsg.），Missionstudien, St. Augustin：Steyler Verlagsbuchhandlung Kaldenkirchen, 1962, pp.65–66.

㉗ Donald Paragon, "Ying Lien-chih（1886–1926）and the Rise of Fu-Jen, the Catholic University of Peking", in：*Monumenta Serica* XX（1961），p.197.

㉘ 出处同上，第 207、214 页。

㉙ K. J. Rivinius, "Die Katholische Fu Jen Universitat in Peking und ihre Ubernahme Durch die Gesellschaft des Gottlichen Woertes im Jahr 1933", in：*Verbum* SVD21（1980），p.218.

㉚ Chen Yuan, "Listening in some futuree plans", in：*Fu Jen Magazine* IV（1935），p.157.

㉛ 同上。

㉜ F. X. Biallas, "Monumenta Serica", in：*Fu Jen Magazine* V（1936），p.77.

㉝ Roman Malek, "Monumenta Serica（1935–1985）", in：*Verbum* SVD 26（1985）3, p.263.

㉞ 汉学在欧洲各国的学院发展脚步不一，法国早在 1814 年于法兰西学院设立中国讲座，但在德国 1909 年首次于汉堡殖民研究所（Freien und Hansestadt Hamburg Kolonialinstitut）设立汉学教授，1912 年柏林大学才跟进，首聘汉学教授为荷兰籍的高延，在此之前都是由一些业余或其他学科（东方学）的教授来担任此一教职。

㉟ Jos. Huppertz, "Aus den Anfängen der 'Monumenta Serica'", in：Hermann Köster（Hrsg.），*China Erlebt und Erforscht, Patielle, Beiträge zur Kritischen Chinakunde*, München, 1974, p.197.

㊱ John C. Ferguson, Rev. Francis X. Biallas. SVD 1878–1936. in：*Journal of the North China Branch of the Royal Asiiatic Society*, 67（1943），p.1.

㊲ Roman Malek, "Monumenta Serica（1935–1985）", in：*Verbum* SVD 26（1985）3, p.262.

㊳ F. X. Biallas, "Monumenta Serica", in：*Fu Jen Magazine* V（1936），p.77.

㊴ 出处同上，第 78 页。

㊵ Jos.Huppertz, "Aus den Anfängen der 'Monumenta Serica'", in：Hermann Köster（Hrsg.），*China Erlebt und Erforscht, Patielle, Beiträge zur Kritischen*

Chinakunde,（München, 1974）, p.198.

㊶“其他杂志书评”对当时其他汉学杂志中的书评部分做一浏览，读者可从中得知在其他杂志中的新书介绍。

㊷ Cordula Gumbrecht, *Monumenta Serica—eine sinologische Zeitschrift und ihre Redaktionsbibliothek in ihrer Pekinger Zeit*（*1935-1945*）, Köln：Grenven Verlag, 1994, p.117.

㊸ 各卷的编辑委员名字均刊登在每一卷的首页。

㊹ Achilles Fang, "Obituary：In Memoriam Shen Chien-shih, 1887-1947", in：*Monumenta Serica* XIII（1948）, pp.409-411.

㊺ Peter Venne SVD, "Memories of Fu Jen University in Peipkng", in：*Fu Jen Studies* 5（1973）, p.76.

㊻ "Father Antoine Mostaert, CICM", in：*Monumenta Serica* X（1945）, pp.1-4. 田清波的著作参见本文。

㊼ "A List of Publication of Hellmut Wilhelm up to 1968", in：*Monumenta Serica* XXIX（1970-1971）.

㊽ F. W. Mote , "Hellmut Wilhelm：A Biographical Note", in：*Monumenta Serica* XXIX（1970-1971）.

㊾ 传统欧洲汉学为以研究古代中国文化为主，较少涉及现代经历许多政治变化的中国。

㊿ 1947 年 10 月，顾若愚还在辅仁大学举办一个规模颇大的图书博览会，可见当时北平的局势仍算平静。

(51)《华裔学志》除了自己图书馆的藏书外，还包括鲍润生神父生前遗留下来的所有图书，鲍神父死后亦并入华裔学志图书馆。

(52) Jos. Huppertz, "Aus den Anfängen der 'Monumenta Serica'", in：Hermann Köster（Hrsg.）, *China Erlebt und Erforscht, Patielle, Beiträge zur Kritischen Chinakunde*,（München, 1974）, pp.220-223.

(53) 关于 1950—1970 年《华裔学志》历史的文献资料并不多，笔者有幸能采访到弥维礼神父，得以重建一些相关的历史。弥神父自《华裔学志》在美国时即参与编辑工作，现在为著名汉学家，佛学为其主要研究领域。1983—1986 年曾任《华裔学志》主编。于 20 世纪 70 年代后期受圣言会委派到北京，任《华裔学志》常驻中国代表，1997 年元月离开北京。弥神父元月来到台湾，笔者于 3 月间得知后，于同月得到访谈的机会。凡以这段言谈作为根据的皆以“弥维礼神父访谈录”作为注脚。

(54) “Editorial Note”, in：*Monumenta Serica* XIV（1949–1955）.

(55) Jos. Huppertz, “Aus den Anfängen der ‘Monumenta Serica’”, in：Hermann Köster（Hrsg.）, *China Erlebt und Erforscht, Patielle, Beiträge zur Kritischen Chinakunde*,（München, 1974）, pp.227–230.

(56) 出处同上，第 232 页。

(57)《弥维礼神父访谈录》。

(58)《华裔学志》第 29 卷（1970—1971），“编者语”。这一卷《华裔学志》题为献给汉学大师卫德明的专题论文集，编辑于 1970 年年底已收到超过一卷容量的文章，并希望每一篇都能纳入同一卷外，刚好第 28 卷亦较晚出刊，因此编辑们决定将 1970 年、1971 年合并出版，为第 29 卷。

(59) 各卷页数统计：

卷数（卷）	年代（年）	总页数（页）
14	1949—1955	620
15	1956	531
16	1957	520
17	1958	502
18	1959	515
19	1960	574
20	1961	483
21	1962	437
22	1963	554
23	1964	440
24	1965	489

卷数（卷）	年代（年）	总页数（页）
25	1966	463
26	1967	517
27	1968	461
28	1969	482
29	1970—1971	803

⑥⓪ 以上各篇文章所属类别之图书目录分类法已有人采用过，参见：Cordula Gumbrecht, *Die Monumenta Serica—eine sinologische Zeitschrift und ihre Redaktionsbliothek in ihrer pekinger Zeit*（*1935-1945*）, Koln：Greven Verlag, 1994；上述作者以此方式为 1935—1945 年的《华裔学志》做分析，将内容区分为历史学、哲学、语言学、佛学、文学、法学、社会学、考古学等。

⑥① 《华裔学志》，第 1 卷（1935），"发刊词"。

⑥② 同上。

⑥③ 同上。

⑥④ Jos.Huppertz, "Aus den Anfangen der 'Monumenta Serica'", in：Hermann Koster（Hrsg.）, *China erlebt und erforscht*, Muchen：1974.

⑥⑤ 《华裔学志》第 30 卷（1972—1973），第 I 页。

⑥⑥ "Monumenta Serica", in：*Fu Jen Magazine* 8（January, 1939）, China：Catholic University of Peking, p.12.

⑥⑦ ［德］傅海波著，陈智慧、潘玲微译，《德国大学之汉学》，参见《世界华学季刊》第四卷第一期，台北：文化大学，第 49 页。

⑥⑧ "Monumenta Serica", in：*Fu Jen Magazine*, 8（January, 1939）, p.12; Jos. Huppertz, "Aus den Anfangen der 'Monumenta Serica'", in：Hermann Koster（Hrsg.）, *China erlebt und erforscht*, Muchen：1974, p.225.

⑥⑨ Jos. Huppertz, "Aus den Anfangen der 'Monumenta Serica'", in：Hermann Koster（Hrsg.）, *China erlebt und erforscht*, Muchen：1974, p.202, 225.

⑦ "Essays in Honor of Professor Harrie A. Vanderstappen, SVD"; "P. H. A. Vanserstappen, SVD"; "List of Publications", in：*Monumenta Serica*（1995）, pp. Ⅶ – Ⅸ.

⑦ Harrie A. Vanderstappen, "Some Reflections on Chinese Reactions to European Art Introduced by Catholic Missionaries in the 16 and 17 Centuries"，见《纪念利玛窦来华四百周年文化交流国际学术会议》，新庄：辅仁大学出版社，1983 年，第 789—800 页。

⑦ "Orbituary：Father Henry Serruys, CICM, 10 July 1911–16 August 1983", in：*Monumenta Serica*（1981–1983）.

⑦ Roman Malek, "Monumenta Serica（1935–1985）", in：*Verbum* SVD 26（1985）3, p.268.

⑦ Dr. F. X. Biallas SVD, "Monumenta Serica", in：*Fu Jen Magazine*, China：Catholic University of Peking, 1936, p.77.

⑦ 同 ㊿。

⑦ 《华裔学志》第 14 卷（1949—1955），"编者语"。

⑦ 同上。

⑦ 谷川道友邻，《附录：战后日本的中国史论争——总论》，刘俊文编，《日本学者研究中国史论著选译》第二卷"专论"，北京：中华书局，1993 年，第 313 页。

⑦ 出处同上，第 313、326 页。

⑧ 《华裔学志》第 17 卷（1958），第 377—418 页。

⑧ 出处同上，第 419 页。

⑧ 出处同上，第 379 页。

⑧ 侯且岸，《当代美国的"显学"——美国现代中国学研究》，北京：人民出版社，1985 年，第 11—12 页。

⑧ Hsu Immanuel C. Y., *The Rise of Modern China*.

⑧ 《华裔学志》第 1 卷（1935），"发刊词"。

⑧ F. X. Biallas, "Momumenta Serica", in：*Fu Jen Magazine*.

⑧⑦ Roman Malek, "Monumenta Serica（1935–1985）", in：*Neue Zeitschrift für Missionwissenschaft* 42（1986）2, pp.129–136.

⑧⑧ 中国宣教史研究概况：1. Johannes Beckmann,《有关中国天主教传教史的研究新况：1945—1955》XV（1956），第378—462页；2. Joseph Dehergne,《明代中国的天主教徒》XVI（1957），第1—136页。

⑧⑨ 人物素描：1. Johannes Maringer,《威廉·施密特（Wilhelm Schmidt）SVD 1868—1954》XIV（1955）， 第303—339页；2. Donald Paragon,《英敛之（1866—1926）与辅仁大学的诞生》XX（1961）， 第165—225页；3. Roy Andrew Miller,《关于耶稣会士德希德里（I. Desideri）〈报告〉的札记》XXII（1963），第446—469页。

⑨⓪《圣经》翻译或教义文本之探讨：1. Boleslaw Szczesniak,《关于十四世纪中国方济各会传教士的劳伦辛手抄版〈圣经〉》XVI（1957），第360—362页；2. Dr. John L.Mish,《满洲天主教教义问答》XVII（1958）， 第361—372页；3. Nicolas Poppe,《〈使徒信经〉的一部中期突厥语系本》XXIV（1965），第273—306页。

⑨① 西方传教士来华传授西方知识或以中西文著述的东方知识：1. M. Pasquale D'Elia S.J.,《欧几里德著作的中文译本首次向中国介绍》XV（1956），第161—202页；2. Boleslaw Szczesniak,《卜弥格（Michael Boym）的著作》XIV（1955）；3. 方豪,《利玛窦〈交友论〉注解》XIV（1955），第574—583页。4. Paul Bornet S. J.,《莱布尼茨〈关于中国的最新消息〉前言》XV（1956），第328—343页；5. M. Pasquale D'Elia S. J.,《利玛窦〈交友论〉的进一步注解》V（1956），第365—377页；6. Boleslaw Szczesniak,《杜赫德的〈中华帝国志〉的俄文译本》XVII（1958），第373—376页；7. M. Pasquale D'Elia S. J.,《汤若望的双半球星图》XVIII（1959）， 第328—359页；8. Boleslaw Szczesniak,《叶崇贤的甘肃地图及其说明》XVIII（1959），第294—313页；9. M. Pasquale D'Elia S. J.,《近年来关于利玛窦的中文版世界地图的新发现与新研究（1938—1960）》XX（1961），第82—164页。

⑨② 天主教宣教士与中国知识分子的接触或此类渠道（譬如学校）的建

立：Donald Paragon，《英敛之与辅仁大学的诞生》XX（1961），第 165—225 页。

㉝ 探讨基督教与中国文化适应问题：1. Joseph Van Hecken，《天主教传教士在蒙古内部之争中扮演的角色》XIX（1960），第 276—306 页；2. Henri Bernard，《欧洲为适应中国的精心努力：自法国传教士到北京至乾隆末期的天主教编年书目（1689 —1799）》XIX（1960），第 349 —383 页；3. F. A. Bischoff，《佛教语言对天主教习俗的描述》XX（1961），第 282—310 页；4. George L. Harris，《利玛窦在中国的传教活动：对十六世纪引导文化改变之努力的一个实例研究》XXV（1966），第 1—168 页。

㉞ Roman Malek, "Monumenta Serica（1935–1985）", in：*Verbum* SVD 26（1985）3, p.261.

㉟ 它们分别是：Johannes Beckmann, "Monumenta Serica", in：*Neue Zeitschrift für Missionswissenschaft* 1（1945），pp.141–145; Roman Malek, "Monumenta Serica", in：*Neue Zeitschrift für Missionswissenschaft* 42（1986）2, pp.129–136; Roman Malek, "Monumenta Serica（1935–1985）", in：*Verbum* SVD 26（1985）3, pp.261–276。

㊱ Johannes Beckmann, "Monumenta Serica", in：*Neue Zeitschrift für Missionswissenschaft* 1（1945），p.145.

㊲ 宗教类的 13 篇文章分列如下：1. Hermann Köster，《中国史前之宗教》XIV（1949–55），第 188—214 页；2. Galen E. Sargent（tran.），《昙曜及其时代》XVI（1957），第 363—396 页；3. Siegbert Hummel，《纳西族对西藏文化研究的意义》XIX（1960），第 307—334 页；4. Joseph Thiel，《论元朝的佛道之争》XX（1961），第 1—81 页；5. Siegbert Hummel，《关于西藏的葬礼》XX（1961），第 266—281 页；6. Joseph Van Hecken，《鄂尔多斯的喇嘛寺院》XXII（1963），第 121—168 页；7. Laurence G. Croissant，《武梁祠中神龛的作用及其壁画》XXIII（1964），第 88—162 页；8. Werner Eichhorn，《宋初国家祭祀典礼的重建》XXIII（1964），第 205—263 页；9. Wolfram Eberhard，《中古与现代中国的庙宇修建》XXIII（1964），第 264—318 页；10. Laurence G. Thampson，《关于台湾之宗教倾向》XXIII（1964），第 319—350 页；11. John R. Krueger，

《蒙古喇嘛教的葬书》XXIV（1965），第 207—272 页；12. Friedrich Weller，《将宋版佛典〈大宝积经〉译为德文的尝试》XXV（1966），第 207—316 页；13. Henry Serruys，《蒙古喇嘛教祈祷文》XXVIII（1969），第 321—418 页。

⑨⑧ Roman Malek, "Monumenta Serica（1935–1985）", in：*Verbum* SVD 26（1985）3, p.271.

⑨⑨ 出处同上，第 269 页。

⑩⑩ Roman Malek, "Monumenta Serica（1935–1985）" in：*Verbum* SVD 26（1985），p.269，转引自："American Mission in China", in：*Chinese Culture* III（1960），p.69.

⑩① 关于详细的论述，参见《梵蒂冈第二届大公会议文献》中第二章"推动文化进展的适当措施"，台北：天主教教务协进会出版社，1988 年。

（本文系台湾辅仁大学历史研究所 1997 年硕士学位论文，指导教师周惠民教授。之后有修改。）

《华裔学志》及其研究所对西方汉学的贡献

〔德〕巴佩兰（Barbara Hoster） 谢惠英 译

一、前言

本文试图评估《华裔学志》对于西方汉学的贡献。1935年《华裔学志》在中国创办，为国际性刊物，共襄事者一方面来自中国，另一方面来自西方国家，包括美国。《华裔学志》成立至今已出刊66卷，本文将论评其中内容。除此，本文还含括评论《华裔学志丛书》系列以及后来才更名为《华裔选集》的《其他出版物》（Other Publications）。

二、《华裔学志》草创时期的特色

本文不拟在此细论《华裔学志》的历史①，只列举某些较重要的事实。依年代而言，《华裔学志》可据其编辑室所在地而划分为四阶段：第一阶段为1935—1949年的中国时期，此时初创，编纂于北平天主教辅仁大学②；第二阶段为1949—1963年的日本时期，此时重建编辑室，先于东京，后于名古屋，在停刊几年后，亦于1955年第14卷复刊；第三阶段为1963—1972年的美国时期，华裔学志研究所成为洛杉矶加州大学东亚语言系的一个机构；第四阶段为 1972 年至今，《华裔学志》及其图书馆和编辑室选址于德国波恩和科隆附近的圣奥古斯丁圣言会院区。笔者原不拟在本文中依时间先后论事，然《华裔学志》经历了四个阶段的时间和地点之变动；因之，不同地区的不同汉学观点是否影响《华裔学志》内容，则列为最后的评估。

后文将析述《华裔学志》对西方汉学的贡献，在此拟列举《华裔学志》在初创和发展过程中的特色。

（一）中西合作

《华裔学志》是一份创办于中国，却以西方语言发表的刊物。从一开始起，就强调中西学者密切合作。《华裔学志》的创办人、圣言会传教士和汉学家鲍润生曾提起创办此刊物的诸多缘由，以下则是选立北平为刊物诞生地的理由：

目前的北平是旧文化的中心，同时也成为中国科学发展的核心点。中西学者共同合作，展望未来东亚研究的最佳成果，殊堪可期。③

知名史学家、辅仁大学校长陈垣后来也成为《华裔学志》的执行编辑之一，他曾规划出天主教大学学术研究工作的三大目标：

应用西方最新的研究方法学整理、组织中国的历史数据；编纂和翻译相关参考书籍，协助中外学者的研究工作；借由书刊的出版和向外流通，发布汉学研究领域的最新发现和研究成果，促进国际学术合作。④

他接续道："上述列举三项目标原本同等重要，然吾人应特别强调中外合作。"⑤

创办一个汉学杂志算是这个理想的直接实现，而这一理想也表现在《华裔学志》执行编辑队伍的组合阵容。1935 年《华裔学志》初创，编辑队伍的中西学者数量相当。随后数年，西方学者数量渐增；然1948 年在中国阶段最后一卷（第 13 卷）出刊时，仍尚有三位中国执行编辑即张星烺、陈垣和英千里。

此后，《华裔学志》迫于时势迁离中国，和中国的关系因此割断。

在日本阶段，主编卜恩礼领军下的编辑顾问群皆是欧洲学者，其中有甚多圣言会成员。即便如此，《华裔学志》仍试图和日本汉学界联结。如同在日本复刊的第一本学志（第 14 卷，1949—1955）的"编者语"所言：

我们希望在此新家（日本）做客，缘其丰厚的中国研究传统，《华裔学志》仍得如先前在中国文化中心北平时一般，得其地缘之便共蒙其刊，同时也让《华裔学志》的作者和读者共沾其益。⑥

本文随后将析述《华裔学志》在日本时期如何朝此目标努力。

《华裔学志》的第三阶段为美国时期，此时中国学者再度受邀加入《华裔学志》编辑顾问群，⑦ 如此延续至今。然而平心而论，中西最是鼎力合作、编辑队伍最是合作无间的当属 20 世纪 30 到 40 年代的北平初创阶段。

（二）跨文化关系

《华裔学志》的第一个特色是编辑队伍所强调的跨文化关系。观乎其中文名称，即可得其旨意。其中文名称为陈垣所选用，可意译为"中国及其邻近民族之科学研究评论"。第一卷的"编者语"如此说明：

我们的意图在为读者大众呈现诸多数据，包括中国及其邻邦的民族、语言和文化研究，同时不忽视人类学和史前史学领域。⑧

随着汉学研究日益成长，成为一专业学术领域，《华裔学志》编辑队伍对跨文化研究的兴趣也与时俱进。19 世纪，汉学渐渐发展成东方研究的一个学门，重点先是集中研究中国语言以及翻译重要的文本来源，20 世纪初，在丝绸之路沿线的吐鲁番和敦煌等地发现大量的手稿，如此引发欧洲汉学家研究中国和其他亚洲国家文化交流的兴趣。⑨ 因之，刊登在《华裔学志》上的许多文章的研究主题正是中国的藏、蒙、满、回，以及中亚、日本和韩国的文化和宗教。⑩

（三）传教任务导向

《华裔学志》第三点不可或忘的事实即是它的宗教色彩。要知道，

《华裔学志》为圣言会所创建，彼时圣言会正负责辅仁大学的教学运作。⑪因之，《华裔学志》就具有其传教功能，就如同其原先旨意乃是"尤其要作为辅仁大学科学（学术）地位的证明，同时……成为一个'橱窗'，展示其杰出成果"⑫。就传教任务而言，《华裔学志》的学术成果及其对中国文化的兴趣，势必对中国的知识分子及彼等对天主教教会的态度有正面的影响。另者，《华裔学志》原本也是传教士吸收中国信息的来源，有助于他们的传教工作。如同鲍润生神父所言，《华裔学志》要为一般大众完成的目标为：

远东现今面对现代社会和文化变迁的紧迫压力，如此在要求身处现代风暴和压力期的传教人员对此地民族、语言、文化有更深刻的认知……当今的处境已使得传教人员不易与时代的诸多发展齐肩并进。更不易得知他当于何处作为、如何作为。我们希望在此类事务上襄助传教人员，促进我们的传教任务。⑬

了解《华裔学志》的传教背景后，就不会惊诧有甚多神职人员，包括诸多来自其他传教修会者，皆是《华裔学志》固定投稿者。他们议论发表的主题甚为多样，包括语言学、人类学、佛学、文学、哲学，也旁及中国基督教的历史。《华裔学志》的编辑队伍虽从未特别强调中国的基督教历史论题，《华裔学志》也从未特别关注此一论题；然而插柳成荫，从《华裔学志》第 1 卷持续至今，此论题一直扮演一个重要角色。随后我将就此析论。

三、20 世纪 30 年代汉学界中的《华裔学志》

（一）汉学期刊中的《华裔学志》⑭

1935 年《华裔学志》第 1 卷于北平出刊时正逢《大亚洲》停刊，彼为当时德国研究中亚、东亚和东南亚最重要的杂志。⑮如《大亚洲》一样，《华裔学志》为国际导向，大部分文章乃以英文写就。彼停此出之下，先前甚多在《大亚洲》发表研究成果的学者乃向《华裔学志》

投稿，如汉学家和满学家海尼士⑯，蒙古学家和满学家福克司⑰，以及印度学家和佛学家弗里德里希·韦勒。《华裔学志》的创建者鲍润生神父也曾在莱比锡出刊的《大亚洲》中发表论文，彼也正是鲍润生神父完成汉学学位之所在。⑱

除了《大亚洲》之外，此时德国汉学界另有其他两份期刊：一为专门出版艺术和考古学论文的《东亚杂志》（*Ostasiatische Zeitschrift*）⑲，二为《中国》（*Sinica*）。《中国》为法兰克福（Frankfurt/Main）中国机构出版的月刊，其汉学研究内容主要为一般读者而写，而非针对学术研究功能，刊物从 1927 年发行而迄于 1942 年。⑳另有两份刊物偶尔刊印汉学研究文章，分别是《德国东方学会期刊》（*Zeitschrift der Deutschen Morgenländischen Gesellschaft*）和《东方语言研究院通讯》（*Mitteilungen des Seminars für orientalische Sprachen*）。

就整个欧洲而言，当时研究东亚和中亚最重要的刊物是《通报》，1890 年以来，荷、法学者在莱顿担任编务。第一次世界大战后，法德交恶，《通报》因之未接纳德国学者投稿。㉑另有 1939 年以来在斯德哥尔摩出刊的《远东古物博物馆学报》。此刊物主要以高本汉（Bernhard Karlgren，1889—1978）对中国语言划时代的研究而为读者所认识。

1936 年，就在《华裔学志》面世仅一年时，《哈佛亚洲研究期刊》（*Harvard Journal of Asiatic Studies*）成立，随即成为引领美国汉学研究期刊之风骚者。美国的汉学研究日兴，正是第二次世界大战的间接结果。在"二战"前，欧洲学者主导着西方的汉学研究。㉒此时，《华裔学志》不只是唯一一份在中国出刊、以西方语言发表的汉学期刊，更是如德国汉学家领袖傅海波所言，是"最重要的一份期刊"㉓。另有《皇家亚洲学会中国北部分会期刊》（*Journal of the North China Branch of the Royal Asiatic Society*），在上海发行，为时从 1858 年而迄于 1948 年。还有《中国研究》（*Studia Serica*），1940 年成立于成都西南联大（投稿论文有英文、德文、法文和中文）。另有一法国汉学家主导的重要刊物为《法国远东学院学报》（*Bulletin de l'Ecole Française d'Extrême-Orient*），此刊物 1901 年起在河内（Hanoi）发行。

（二）汉学导向的教会期刊中的《华裔学志》

20 世纪 30 年代，天主教和新教教会团体在中国发行的刊物超过 400 种，[24] 其中有 8 种刊物名称具备汉学导向。就天主教而言，则有《华裔学志》的前身《辅仁英文学志》[25]；《辅仁学志》（辅仁汉学期刊），此为《华裔学志》的中文对等刊物[26]；最后则是《华裔学志》，此三种皆由圣言会在北平出刊。另有《震旦杂志》（*Bulletin de l'Université Aurore*），此由耶稣会在上海出刊。就新教而言，则有《燕京学报》、《金陵学报》[27]、《岭南学报》、《史学年报》以及《中国西界研究学会期刊》（*Journal of the West China Border Research Society*）。[28] 根据罗文达在他的研究《中国宗教期刊出版》（*The Religious Periodical Press in China*）中的说法，"《华裔学志》因其学术立论中肯，而广为汉学圈接受"[29]。

四、主题特色分析

（一）中国及其邻邦

如同先前所言，《华裔学志》不仅刊登汉学研究的文章，更包括其他无数论文及单册，范围包括中亚、蒙古、满洲、西藏和韩国研究。[30] 参与研究投稿者除了这些学科的学者外，还有为数甚广的传教士。他们的研究工作树立了良好的典范，其精神正如法国汉学家伯希和致《华裔学志》编辑书信中所传述。此信刊登于 1935 年首册《华裔学志》中，他在信中敦促《华裔学志》编者致力使《华裔学志》成为神职人员科学研究的集中发声所在。根据伯希和的看法，神职人员在中国内地的生活相对与西方隔绝，这正有利于从周遭的环境中收集丰富的第一手资料，包括方言、风土民情、考古发现等。如此研究工作所需的并非富藏数据的图书馆，而是善用耳目尽心倾听观察。[31] 就此意图，伯希和举出比利时圣母圣心会神职人员为例[32]，他们搜集了相当广泛的语言和方言数据（包括发音和成语）。圣母圣心会的有些神父是《华裔学志》的投稿常客和编辑顾问，同时也出版刊行他们的一些主要作品，有的出现在期刊中，有的则是单册系列。其中第一个要提及的是田清波[33]，彼为杰出的蒙古鄂尔多斯方言研究者。[34] 他的主要著作中有三册皆收录在《华裔学志丛书》中，其中有《鄂尔多斯教本》，此为鄂尔多斯民俗文学等[35]；另有划时代的《鄂尔多斯蒙古语词典》，共三册，收录主要条目逾两万，迄今为止仍然是鄂尔多斯方言的标准参考书[36]；最后则是蒙古方言文法，此书为他和另一位神父石德懋（Albert de Smedt）[37] 合作而成。至于期刊方面，他也发表大量文章。

为《华裔学志》西藏研究和方言学贡献最多者当推司律思和司礼义兄弟，他俩皆是圣母圣心会的神职人员，同时也是期刊的编辑顾问。[38] 另一位常在《华裔学志》刊登文章者则是杰出的蒙古学家、满学家、汉学家福克司，他编辑的《耶稣会康熙地图》对中国地图制作史深具贡献。[39]

另外值得提出的则是有西藏研究的诸多文章。最早的一篇是钢和泰的《藏族历法的六十年甲子周期》，此文至今仍是研究西藏历法的典范参考资料。[40] 另有多篇论文成之于德国藏学家和汉学家胡梅尔（Siegbert Hummel，生于 1908 年）之手。此君于 1955 年从莱比锡人类学博物馆主任职位退休后，就一直是过着自由学者的研究生活。最近在《华裔学志丛书》中，有关西藏的研究则是沈卫荣的博士论文，主题是研究第一位达赖喇嘛根敦朱巴（1391—1474）的生平和历史定位，此文有助于厘清格鲁教派的历史和达赖喇嘛的组织机制。[41] 这份研究包括两本根顿朱巴传记的完整德文翻译，加上西藏文本的复印本。

（二）中国与外国的国家，文化和宗教

中外关系主题研究一向是《华裔学志》的主要关怀。诸多学者最常处理的问题是外国宗教在中国的角色。

《华裔学志》中有多篇论文探讨中国对外国的认知。例如地理学家赫尔曼（Albert Herrmann，1886—1945）就中国的地理名词"大秦"深入调查，描绘西方诸遥远的国度。[42] 另一个贡献则是 19 世纪早期中国旅者游历西方国家的旅游记载。[43] 荣振华曾探讨了在欧洲的中国旅者及 18 世纪中国对法国文学的影响。[44] 近期出刊的《华裔学志》中则有一卷包括一书目介绍式文章，探讨澳门和中葡关系。[45]

在《华裔学志丛书》中，有关此主题最重要的出版物是陈垣的著作《元西域人华化考》。[46] 此书中文标题直接表明是元朝西域诸民的汉化调查[47]，处理"中国文化历史中最引人入胜的一面——探讨中国文化如何吸纳融入外来元素"[48]。陈垣是宗教史专家，也处理不同宗教和不同思想流派在这个汉化过程中的角色，包括儒教、佛教、道教、回教和基督教等。

1. 犹太教和伊斯兰教

《华裔学志》中有两篇重要文章探讨中国境内的犹太人。近些年来出刊的《华裔学志丛书》也有两册和犹太人主题有关，分别是李渡南（Donald Daniel Leslie，1922—？）编汇的书目，内容为有关传说中国境内土生土长的犹太教者的主要及次要作品，其中最著名的为开封的犹太教徒社区[50]；另有一册为马雷凯编辑的会议论文集《犹太人在中国：从开封到上海》，收录的是 1997 年在圣奥古斯丁举行的国际会议论文。后者亦包括犹太教徒在中国（亦即上海）定居的现代历史。[51] 在知名的传道刊物《传教学新杂志》中，评者曾如是论评此书：如果《华裔学志》目前有心特别探讨中国的犹太教徒，如此也吻合 1934 年在北平辅仁天主教大学初创《华裔学志》时定下的原始目标，即研究在中国境内所谓的"外国"宗教和文化。[52]

《华裔学志》也曾刊登有关中国的伊斯兰教的文章，包括唐朝的伊斯兰教[53]、中国伊斯兰教在苏俄的源起[54]、唐代中国的波斯庙[55]以及元朝广州波斯驻军的叛变。[56] 在《华裔学志丛书》中，近期预计出刊一本有关伊斯兰教的书籍，名为《伊斯兰教在传统中国》(*Islam in Traditional China*)，由李渡南等负责编纂。

2. 基督宗教在中国

探讨中国的基督宗教一向是《华裔学志》不可旁贷的责任，《华裔学志》每一卷几乎都有相关文章。[57]《华裔学志》未曾特别提及此类主题，有关此主题的文章却频频出现。知名的传教历史学家及《传教学新杂志》(1945)的创建者约翰内斯·贝克曼就曾在1945年的一份评论中提到："《华裔学志》开始的数册就对中国传教历史有不能小看的科学论辩分析之文章"[58]，他首先提出裴化行[59]、林仰山[60]、马定 (Desmond Martin)[61]和陈垣[62]等人写作的有关景教的文章。这些文章迄今仍是研究景教的重要参考资料，从今年(2003年)在奥地利萨尔茨堡 (Salzburg)举行的国际景教研讨会即可见一斑。[63]

《华裔学志》亦刊登耶稣会在中国的研究活动文章。贝克曼在前述论评中强调此类文章之意义，原因在于它们集中于汉学文化研究。根据贝克曼的说法，这个研究角度别具意义；因他同时代的传道历史学家大部分对中国语言毫无所知，亦不能阅读中文原文作品。[64]他提出裴化行[65]等人的作品探讨耶稣会在中国文化生活中的定位及对中国文化生活的影响[66]，范围遍及耶稣会的地图学之作[67]以及他们的数学和天文学研究成果。[68]裴化行是向《华裔学志》投稿的熟面孔，在最近出现的文章中有两份研究值得特别提起，他按年代顺序列举分析所有知名的欧洲作品的中国译本，其收列655条标题，包括时间自16世纪初及于18世纪末年，共超过250年。[69]这两篇论文刻画了中国对欧洲的早期观念，自有其深意和贡献。[70]

贝克曼亦提到另一个在《华裔学志》上发表文章、研究中国基督教历史的重要耶稣会作者，此君即荣振华[71]，文章内容为海南岛的传教史。[72]他近期在《华裔学志》上发表一份目录，值得我们特别注意。此为16世纪末年到19世纪初耶稣会传教士在中国的教义问答目录，此目录为荣振华遗作，编辑时间逾 15 年。⑬

在《华裔学志》首册评论中国基督教历史的文章中，贝克曼亦提醒读者注意有关北堂图书馆历史的三篇短文。⑭这个机构乃是 17 世纪法国耶稣会所创立，收藏品包括许多罕见的欧洲和中国珍本书籍，提供读者认知早期中国传教士的知识背景。⑮目前，这个图书馆的先前藏书已分散在好几个机构，不易取得，因此《华裔学志》内的这三篇文章仍都具学术价值。⑯

贝克曼也提到陈垣所写的关于吴渔山（1632—1718）的一文，吴渔山为最早的耶稣会中国会士之一。⑰陈垣诚然领第一批研究者之风骚，专研杰出中国改信基督教者之生平。在 20 世纪 60 年代末期之前，西方学者一向忽略此类研究。⑱

《华裔学志》亦刊登陈垣的一篇文章，主题是耶稣会传教士汤若望以及他和佛教僧侣木陈忞的关系。⑲根据今日上海中国基督教研究者顾卫民的说法，陈垣的这篇文章算是 1949 年之前中国学者研究汤若望之首篇。⑳

1955 年《华裔学志》在日本复刊后，贝克曼评论《华裔学志》第 14 卷，提出有关传教史的文章再度占有重要地位，如同先前诸卷一般。㉑他提到当时《华裔学志》主编卜恩礼针对东林书院的全面研究，文章还包括一份附录，调查东林书院学者和天主教会的关系。㉒随后论明朝和中国教育制度的西方作品经常援引此文；此外，缘因此文的方法学角度，许理和更盛赞此文属于"孤独的先行者"，在其分析"耶稣会士身处的中国氛围中，在论及知识分子圈对'西学'的接受情形和 17 世纪中国知性运动的关系时"，并非采取"传教学导向和欧洲至上的观点"。㉓顺此研究路线发展，卜恩礼研究东林书院正是所谓的汉学研究。因之，当今中国基督教历史研究之带头学者之一钟鸣旦（Nicolas Standaert S. J.）㉔之言就有待商榷。他说，"真正第一次从汉学观点研究这主题"者为谢和耐（Jacques Gernet）的知名研究作品《中国和基督教，行动和反应》（"Chine et Christianisme. Action et réaction"）。要知，此研究发表于 1982 年，落后卜恩礼的文章几乎有 30 年。[85]

对有关基督宗教汉学研究的一个最近好例子为杜鼎克（Adrian Dudink）的一篇论文《〈南宫署牍〉〈破邪集〉与西方关于南京教案 [1616/1617] 的报导》（"Nangong shudu [1620], Poxie ji [1640], and Westen Reports on the Nanking Persecution [1616/1617]"），其中作者从历史和批评的新角度去研究所谓"南京教难"，或者 19 世纪初所发生的反基督宗教的事件。在比较两本提供资料的中文书籍过程中，杜鼎克对此事件获得了新评估——凭借证据，所谓"南京教难""并不是一种追求毁灭基督宗教对中国的破坏，而是一种企图把它控制与征服管辖之下"。[86]

在《华裔学志丛书》中，过去 20 年来，中国的基督教研究一直是核心重点，尤其 1986 年后马雷凯担任此系列书籍编辑后，更是如此。专门研究中国基督教历史的刊物《中西文化关系期刊》（*Sino-Western Cultural Relations Journal*）[87] 的编辑孟德卫（David E. Mungello）曾在一篇论评文章中写道："近年来，《华裔学志丛书》已成为世界上中西历史学术作品之领先者。"[88] 自从 1985 年出版的《华裔学志丛书》34 册书中，即有 13 册探讨中国的基督教历史。这其中有些单册和会议文集讨论了关于中国的传教士白晋（Joachim Bouvet S. J.，1656—1730）、柏应理（Philippe Couplet S. J.，1623—1693）、汤若望、南怀仁和艾儒略（Giulio Aleni S. J.，1582—1649）。其他书册则是专题研究，比如"礼仪之争"、《圣经》在现代中国社会的流布普及情况，另有一册专门搜罗耶稣基督在中国的研究和文本。

华裔学志研究所另外出版《华裔选集》，发行对象为一般读者，而并非直接学术界的读者。此系列丛书也包括中国基督教的著作，亦即是传教士卫匡国（Martino Martini S. J.，1614—1661）、戴进贤（Ignaz Kögler S. J.，1680—1746）、南怀仁（Gottfried von Laimbeckhoven S. J.，1707—1787）、薛田资（Georg M. Stenz SVD，1869—1928）等人的生

平事迹，另有谈及香港和澳门的基督教历史，亦有一册收录现代中国的宗教、神学和教会等文章。

在有关基督教历史的文章中，我只拟详细论述两篇，一为魏特（Alfons Väth S. J.）执笔的汤若望传记；二为夏多明（Dominic Sachsenmaier，又译多米尼克·萨克森迈尔）执笔的有关中国改宗者朱宗元（约1616—1660）的专门研究。这两份作品可视为两种不同研究趋势的典型代表作，分别是20世纪前60年或前70年盛行的"传记式、传教导向的研究方法"[89]，以及20世纪末期（后20年或后30年）渐受重视的汉学研究式、文本导向的研究方法。魏特的传记最先出版于1933年，直可被叫作"徘徊在圣徒传边缘的颂辞式传记"[90]。即使如此，为了在1992年纪念汤若望四百周年冥诞，华裔学志研究所仍然重印此书。原因无他，此传记纵或有欧洲中心的偏见论点，却仍是今日研究汤若望的最佳资料。新版传记并附有最新的书目以及字汇索引。此书一出，评家广为论评，并成为《华裔学志丛书》的畅销书。[91]

夏多明1999年在德国弗赖堡（Freiburg）大学完成了博士论文，论文研究的焦点是明清之际较不为人所知的改信基督教人士朱宗元的作品，论文试图要呈现出"基督教融入中国文化的方法和机制"[92]。这份研究的特色在于运用跨领域的研究方法，将剑桥学派政治思想的方法架构应用于错综复杂的文化融合问题。从汉学研究的观点而言，如此正符合许理和所规范的要求，转向一个新的研究趋势，探讨基督教在中国的流布发展。其新意所在乃是不把耶稣会当成文化中介者，而是集中强调中国文化界对西学的反应，包括种种从西方引进的神学、道德、科学、技术和艺术理念。[93]

在《华裔学志丛书》方面，未来计划出版更多书籍来探讨基督教在中国的历史。例如，正在进行中的出版马雷凯编辑的《耶稣基督的中国面孔》（*The Chinese Face of Jesus Christ*）。此丛书计划分为五册，孜孜于呈现全面性跨学术领域研究下耶稣在中国的多重面貌和意象。它将结合汉学研究、传教历史、神学、艺术历史和其他层面。前三册包括的文章和文本讨论唐朝迄于今日的耶稣面孔和意象。第四册有份评注的书目,列举研究中国的耶稣形象等中、西方作品,并附有词汇索引。第五册则是肖像学,试图呈现出西方传教士和中国人士如何用艺术的方法刻画耶稣基督。这五册中的第一册和第二册,已经在今年出版。[94]

(三)汉学研究历史

1. 中国和日本汉学出版物书目

《华裔学志》中有许多文章包括最新汉学出版物的重要书目信息。早在《华裔学志》中国阶段,知名的新教传教士卫礼贤之子卫德明就曾发表三篇系列文章,介绍 1938—1945 年中国出版的重要汉学研究作品。[95] 这些文章把书目分为中文作品和外文作品,并包括分类和评注书目。这些文章不只让读者意识到 20 世纪 30 到 40 年代中国境内西方汉学家积极广泛的出版活动,[96] 而其附注论评,尤其针对中国作品的评注文字,更是至今仍具有学术价值。

《华裔学志》在日本阶段,编辑者试图把日本汉学家、满学家和蒙古学家的重要作品引介给西方读者。《华裔学志》曾刊出十余篇系列论文,写作者为后藤基已、后藤均平、刚本敬二、渡边惠子等人,他们探讨日本研究中国哲学[97]、宗教[98]、文学[99]、社会和经济[100]、考古学[101]、金石学、民间传统以及人种学[102]、满族和蒙古族历史[103]、中国语言[104]、中国艺术民俗[105]和韩国历史[106]等主题的成果,包括日本研究中国及其邻邦范围最广、数据最新的重要作品的书目信息。其中,大部分的书目条目皆有评注。以此系列文章而言,《华裔学志》的编辑们已是忠实于前文引《华裔学志》第 10 卷"编者语"中所言,将日本中国研究的丰厚传统呈现给《华裔学志》的读者。

2. 传记与讣闻

《华裔学志》亦刊登无数学者的传记、讣闻和书目,这对汉学研究史和相关研究领域而言亦是贡献良多。本文附录有详细全表。其中共有 32 个学者，包括编辑、编辑顾问、向《华裔学志》投稿的熟悉面孔，以及各个领域的杰出代表。

就此方面而言，傅吾康有一文堪值一提，此文把"德国年轻一代的汉学家"介绍给《华裔学志》的读者。⑩傅吾康的文章发表于 1940 年，就当时的政治情境而言，此文别具意义。傅吾康是德国知名汉学家傅兰阁之子，彼时正为驻于北平的德国文化机构工作。⑩在纳粹政权下，许多德国汉学家被迫迁离德国，如此意味着德国汉学的大量失血。傅吾康避免在文章中提到"移民"（emigrant）一字，但是他特别提到一些德国汉学家，"他们不必然一定住在德国"，"他们的写作出版语言也不必然总是德文。"在这些特殊的德国汉学家中，他提到艾伯华、白乐日和西门华。⑩

3. 刊物简评

在北平出刊的大部分《华裔学志》皆包括一个特别的栏目即"刊物简评"（review of reviews），评论搜罗当代以西语、中文和日文写作和中国研究相关的期刊。书评为期刊内容列表，或是相关文章摘要。⑩如此被列入评写的共有 68 种期刊（期刊名称全表见本文附录），其中有一般性质／导向的汉学研究期刊（如《通报》《支那考古》），亦有分类期刊专论艺术史（如《亚洲艺术》（*Artibus Asiae*）、《美术刊物》、考古学（如《考古》）、人类学（如《人类学》）、地理学（如《地理学报》《地理杂志》）、历史学（如《史学杂志》《史学季刊》）、书目（如《中国书目季报》（*Quarterly Bulletin of Chinese Bibliography*）、建筑学（如《中国营造学社汇刊》）及其他。⑪

至今为止，此部分仍别具意义。读者先要一览 20 世纪 30 到 40 年代的汉学，尤其是日本的汉学研究，此部分正足以派上用场。如同海陶玮（James Robert Hightower）所言，"这些刊物简评尤其能唤醒西方汉学家注意日本的主要期刊，彼时尚未固定按时推出已出刊文章的英文简介"⑫。负责筹划此部分内容者为沈兼士，时为《华裔学志》的编辑顾问之一，也是著名的语言学家。⑬至于这部分内容的作者，《华裔学志》中有数册提及陈祥春和方志澎。⑭方志澎长期担任《华裔学志》编辑助理，随后又是《华裔学志》编辑顾问，也可能是"刊物简评"的主要负责人士。⑮

另有其他同时代的汉学期刊亦有类似的内容。例如，《大亚洲》即有"东方书目"的部分，把中国、日本，偶尔是暹罗的出版物介绍给读者。在期刊部分，大部分只刊出目录。⑯《哈佛亚洲研究期刊》包括一个相当详尽的部分谓之"书目"，介绍来自俄国、中国、日本、美国和欧洲汉学研究出版物的摘要。⑰

从前述所言看来，《华裔学志》的"刊物简评"算是与同领域期刊齐肩并进，为读者提供研究中国文化堪称重要但有时不易取得的诸多期刊的研究成果。

五、结论

当今，在中国研究的领域中专科、专业研究与日俱长，西方汉学针对不同领域不同时代的期刊如雨后春笋般快速成长。时代趋势即或如此，《华裔学志》的主题光谱仍是一般宽广，《华裔学志》本身及丛书系列仍立意持续刊登汉学研究的各层面作品，包括所有相关领域。当然，《华裔学志》的内容也会反映当前的研究趋势，因之，传统的较为注重文本的汉学研究已转变为强调人类精神与思想历史的研究。此外，对比于《华裔学志》初创的年代，吾人发现英文已渐成主要的发表语言——这是以德、法为母语的汉学家们可能抱憾之趋势。

展望未来，《华裔学志》仍将忠于其职志，刊行研究中国基督教历史的相关作品，强调从汉学观点探讨此类主题。《华裔学志》也将持续促进中国和其他亚洲学者密切合作——今日辅仁大学设立华裔学志研究所即是具体实现了这个目标。

附 1:《华裔学志丛书》表（中文译本另见本书附录二）

附 2:《华裔选集》表（中文译文另见本书附录三）

附 3：讣闻、传记、书目列表

Name 名字	Author 作者	Vol., Year, Pages 册、年份、页数	Remarks 备注
Franz Xaver Biallas, SVD 鲍润生（1878–1936）	Hermann Köster, SVD	1(1935), preceding p. 245	Obituary（"Editorial Note"）,photo(frontispiece) 讣闻、照片，Chin. poem and notes by Chen Yuan 陈垣注解
Berthold Laufer 劳费尔（1874–1934）	Herrlee Glessner Creel	1（1935），487–496	Obituary, bibliography 讣闻、书目
Albert Tafel 艾伯特（1876–1935）	未详	1（1935），496–498	abridged from the German obituary by Paul Fickeler in: Sonderabdruck aus der Geographischen Zeitschrift 41（1935）；cf. fn. 1, p.496 讣闻
Alexander von Staël-Holstein 钢和泰（1876–1937）	Ernst Schierlitz	3（1938），286–291	Obituary, bibliography, photo（frontispiece）讣闻、书目、照片
Erich Haenisch 海尼士（1880–1966）	未详	5（1940），1–5	biography, bibliography, photo（frontispiece）, dedication 传记、书目、照片
John C. Ferguson 福开森（1866–1945）	R. H. van Gulik	6（1941），340–356	biogr., bibliogr., photo（frontispiece）传记、书目、照片
Ernst Schierlitz 谢礼士（1902–1940）	未详	7（1942），vii–ix	Obituary, bibliog., photo（frontispiece）讣闻、传记、照片

Name 名字	Author 作者	Vol., Year, Pages 册、年份、页数	Remarks 备注
Antoine Mostaert C. I. C. M. 田清波（1881–1971）	未详	10（1945），1–4*（Festschrift?）	biogr., bibliog., photo（frontispiece），dedication 传记、书目、照片
Paul Pelliot 伯希和（1878–1945）	Robert des Rotours	12（1947），266–276	Obituary 讣闻
Otto Franke 傅兰阁（1863–1946）	Beatus Theunissen O. F. M.	12（1947），277–296	Obituary, bibliog. 讣闻、书目
Cyril Drummond le Gros Clark 克拉克（1894–1945）	Gustav Ecke	12（1947），297–298	Obituary 讣闻
Shen Chien-shih 沈兼士（1887–1947）	Achilles Fang	13（1948），409–412	Obituary, bibliog., photo（facing p.409）讣闻、书目、照片
J. J. L. Duyvendak 戴闻达（1889–1954）	Olaf Graf, O. S. B.	14（1949–1955），584–587	Obituary 讣闻
Wilhelm Schmidt, SVD 施密特（1868–1954）	Johannes Maringer	14（1949–1955），588–591	Obituary 讣闻
Hellmut Wilhelm 卫德明（1905–1990）	F. W. Mote	29(1970–1971),i–xii（Festschrift）	biog., bibliog., photo（frontispiece），dedication，"Editors' Note" 传记、书目、照片
Gerhard Schreiber, SVD 石眉鸣（1911–1972）	未详	30（1972–1973），preceding table of contents	Obituary, photo 讣闻、照片
Henry Serruys，C. I. C. M. 司律思（1911–1983）	未详	32（1976），i–v	bibliog.（up to 1977），photo（frontispiece），dedication 传记、照片

Name 名字	Author 作者	Vol., Year, Pages 册、年份、页数	Remarks 备注
Paul L-M. Serruys C. I. C. M. 司礼义 （1912–1999）	未详	33（1977–1978）（Festschrift）	bibliog.（up to 1977）, photo（frontispiece）, dedication, Chin. poem 传记、照片
Richard C. Rudolph 理查德·鲁道夫 （1909–2003）	未详	34（1979–1980），i–v	bibliog.（up to 1978）, photo（frontispiece）, dedication 传记、照片
Henry Serruys，C. I. C. M. 司律思 （1911–1983）	未详	35（1981–1983）,	Obituary 讣闻
同上	Françoise Aubin	36（1984–1985），555–624	Obituary, biog., themat. arranged and annot. bibliog. 讣闻、书目
Paul B. Denlinger 敦林格（1921–1989）	未详	38（1988–1989），iii	Obituary 讣闻
Wolfram Eberhard 艾伯华（1909–1989）	未详	38（1988–1989），iv	Obituary 讣闻
Joseph Van Hecken, C. I. C. M. 贺歌南 （1905–1988）	Françoise Aubin	39（1990–1991），325–350	Obituary, biog., annot. bibliog. 讣闻、传记、书目
Erwin Rousselle 鲁雅文（1890–1949）	Hartmut Walravens	41（1993），283–298	biog., bibliog., photo （.294）, personal documents 传记、书目、照片
Heinrich Busch, SVD 卜恩礼（1912–2002）	Roman Malek	42（1994），n. p. （Festschrift）纪念文集	Photo, dedication 照片、贡献
Harrie Vanderstappen, SVD 范德本（1921–2007）	Michael Cunningham, Robert Poor	43（1995），vii–ix （Festschrift）纪念文集	photo（frontispiece）, biog., bibliog. 照片、传记、书目

Name 名字	Author 作者	Vol., Year, Pages 册、年份、页数	Remarks 备注
Achilles Fang 方志澎（1910–1995）	James Robert Hightower	45（1997），399–403	Obituary 讣闻
同上	Ilse M. Fang	45（1997），403–407	bibliog. 书目
Rudolph Loewenthal 罗文达（1904–1996）	Michael Pollack	45（1997），415–417	Obituary, reprinted from Points East vol.11, no.2（July 1996），p.19 讣闻
同上	Hartmut Walravens	45（1997），417–437	bibliog. 书目
Wolfgang Bauer 鲍吾刚（1930–1997）	Helwig Schmidt-Glintzer	45（1997），439–449	Obituary, biogr., photo, "Addenda to Wolfgang Bauer's Bibliography" published in H. Schmidt-Glintzer [ed.], Das andere China. Festschrift für Wolfgang Bauer zum 65. Geburtstag（Wiesbaden: 1995），pp.671–686 讣闻、书目、照片
Janusz Chmielewski 赫米耶莱夫斯基（1916–1998）	Marek Mejor	47（1999），501–503	Obituary, biog., select. bibliog. 讣闻、传记、书目选
Paul L-M. Serruys C. I. C. M. 司礼义（1912–1999）	W. South Coblin	47（1999），505–514	Obituary, biog., photo, addenda to the bibliog. in MS 33（1977–1978）讣闻、传记、照片、书目
Käte Finsterbusch 凯特·芬斯特布什（1930–2015）	Irene Wegner, Franz Xaver Peintinger	49（2001），173–179（Festschrift）	Biog., bibliog. 传记、书目
Isabelle Robinet 贺碧来（1932–2000）	Monica Esposito	49（2001），595–624	thematic and annot. bibliog. 主题和书目注解

Name 名字	Author 作者	Vol., Year, Pages 册、年份、页数	Remarks 备注
Julia Ching 秦家懿 （1934–2001）	Alan K. L. Chan	50（2002），537–540	Biog., photo 传记、照片
同上	Alan K. L. Chan, Charles Wing-hoi Chan	50（2002），541–547	bibliog. 书目

注　释：

①《华裔学志》最重要的历史记录包括：马雷凯，《华裔学志五十年（1935—1985）》，发表于 *Verbum* SVD 26（1985），第262—276页；高杏佛，《〈华裔学志〉——北平时代（1935—1945）的汉学杂志和它的编辑部图书馆》（Cordula Gumbrech, *Die Monumenta Serica—eine sinologische Zeitschrift und ihre Redaktionsbibligthek in ihrer Pekinger Zeit*[*1935-1945*]）（德文，Köln：Greven，1994）；谢沁霓，《从五十到七十年代的〈华裔学志〉（1950—1970）》，硕士学位论文，辅仁大学历史研究所，1997年。

② 高杏佛的研究中曾译过这阶段的始末（参见注释1）。有关《华裔学志》前十年的历史资讯，也可参见：Josefine Huppertz，《〈华裔学志〉的草创时期》（"Aus den Anfängen der 'Monumenta Serica'"），参见:《对中国的经验与研究——有关批评性中国学的一些贡献》（Hermann Köster（编），*China erlebt und erforscht. Partielle Beiträge zur kritischen Chinakunde*, München：Selbstverlag，1974，第191—233页。

③《辅仁英文学志》（*Bulletin of the Catholic University of Beijing*），1934年，第II页。

④ 引自《倾听未来计划》一文，见《辅仁学志》第4期（1935年10月），第157页。

⑤ 同上。此文件于天主教大学校方刊物《辅仁学志》。引陈垣语，特别强调这种中外合作关系，他举辅仁大学教授、中国语言学家沈兼士和他的同事鲍润生神父为例："此二人工作高度互补。沈兼士从中国学者的立场评论中国语言研究的问题，鲍润生从欧洲人的类比观点议论同样的主题。此类型的合作，正是辅仁多年前的规划，今日陈垣校长再提及此，说明它仍是当今的理想目标。"（出处同上，第 158 页。）

⑥《华裔学志》第 14 卷（1949—1955），无页数（在目录之前）。

⑦ 具有中国渊源和文化背景的联合编辑为：陈纶绪、蒋复聪、王际真（从《华裔学志》第 21 卷［1963］起）、乔伟、史景成、黄秀魂（从《华裔学志》第 31 卷［1974—1975］起）。第 41 卷（1993）以后，称之为编辑顾问。

⑧《华裔学志》第 1 卷（1935—1936）。

⑨ 参见 Hans-Wilm Schütte，《西方汉学》（*Sinologie in westlichen Staaten*），见 Brunhild Staiger et al.（eds.），《中国大百科辞典》（*Das große China-Lexikon*）（Darmstadt：Wissenschaftliche Buchgesellschaft，2003），第 679—680 页。

⑩ 读者可以在《华裔学志引得》（*Monumenta Serica Index to Volumes 1-35*）中，依照个别国家名，轻易地在前 35 册中找到这些文章。

⑪ 有关天主教辅仁大学历史，请参见高杏佛，第 19—27 页，以及 Donald Paragon，《英敛之（1866—1926）与辅仁大学的诞生》（"Ying Lien-chih（1866–1926）and the Rise of Fu Jen"），见《华裔学志》第 20 卷（1961），第 165—225 页。

⑫ 马雷凯，《华裔学志五十年（1935—1985）》，第 265 页。

⑬《华裔学志》，见《辅仁学志》第 5 期（1936 年 5 月），第 78 页。在此文结论中，谢沁霓质疑鲍润生所规划的这个目标是否有可能达成，只因《华裔学志》仍只刊研究古代中国文化的文章，并未刊登现代的发展，参见谢沁霓《20 世纪 50 到 70 年代的〈华裔学志〉》。

⑭ 若欲概览 20 世纪前半期欧洲、中国和日本最重要的汉学期刊，请参见傅海波，《汉学》（*Sinologie*）（Bern：Francke，1953），第 14—16 页。

⑮ 参见柯马丁（Martin Kern），《移民的德国汉学家（1933—1945）：中

国研究的历史和史料编纂》（"The Emigration of German Sinologists 1933–1945：Notes on the History and Historiography of Chinese Studies"），发表于《美国东方协会期刊》（*Journal of the American Oriental Society*）118（1991）4，第 523 页。此期刊的创办人和发行人是犹太人，在纳粹政权之初被迫移民国外。如此竟谓期刊要宣布暂停。至于《大亚洲》的历史始末，也参见 Hartmut Walravens 之"引言"，发表于 *Asia Major*（1921–1975）. Eine deutsch-britische Ostasienzeitschrift. Bibliographie und Register（Wiesbaden：Harrassowitz，1997），第 5—13 页，以及海尼士（Erich Haenisch），《布鲁诺·辛德勒与早期的〈大亚洲〉》（"Bruno Schindler und die alte *Asia Major*"），发表于《远东》（*Oriens Extremus*）12（1965），第 7—9 页。

⑯ 有关此君生平和作品（至 60 岁生日止），请参见《华裔学志》第 5 卷（1940），第 1—5 页。

⑰ 傅吾康，《纪念福克司》（"Walter Fuchs in Memoriam"），发表于《远东》27（1980），第 143—147 页；Martin Gimm，（"In Memoriam Walter Fuchs"）以及有关福克司教授作品目录增补（"Nachträge zum Schriftenverzeichnis von Prof. Dr. Walter Fuchs"），见 Michael Weiers，Giovanni Stary ed.，"Florilegia Manjurica in Memoriam Walter Fuchs"，Wiesbaden：Harrassowitz，1982，pp. 2–6。

⑱ 此文主题为中国诗人屈原，屈原为其博士论文主题。见《大亚洲》4（1927），第 50—107 页，续文见《大亚洲》7（1932），第 179—241 页。

⑲ 此文为 1912—1943 年在柏林的东亚艺术协会出版。

⑳ 此中国机构乃由知名的基督教传教士卫礼贤所创建。

㉑ Erich Haenisch，"Bruno Schindler und die alte *Asia Major*"，p.7.

㉒ 傅海波，《追寻中国：欧洲汉学研究史评》（"In Search of China. Some General Remarks on the History of European Sinology"），发表于 Ming Wilson（编），《欧洲研究中国——欧洲汉学国际研讨会的论文》（"Europe Studies China. Papers from an International Conference on the History of European Sinology"）（London：Han-Shan Tang，1995），第 16 页。

㉓ Herbert Franke，*Sinologie*，p.15.

㉔ 在研究报告《中国的宗教期刊出版》(*The Religious Periodical Press in China*; Peking: The Synodal Commission in China, 1940)中,罗文达列举天主教会的 125 个刊物名和新教教会的 256 个期刊名。这些数目字指的都是 1938 年。

㉕ 辅仁天主教大学 1926 年以来就出版此刊物,到 1934 年已出版 9 期。

㉖ 此刊物 1929 年创办于北平,以中文每半年发行一次。《华裔学志》上有许多文章皆是源于《辅仁学志》的翻译作品。

㉗ 此刊物成立于 1931 年,每半年由金陵大学中国文化研究院出版。罗文达形容其内容为"教育性的"。从《华裔学志》"刊物简评"的目录表看来,它绝对够资格称为汉学研究。(参见《华裔学志》第 1 卷,第 234、521 页;第 2 卷,第 491—493 页)

㉘ Cordula Gumbrecht, *Die Monumenta Serica—eine sinologische Zeitschrift und ihre Redaktionsbibliothek in ihrer Pekinger Zeit (1935-1945)*, p.81.

㉙ Löwenthal, *Religious Periodical Press*, p.42.

㉚ 感谢乐慕思(Peter Ramers)神父于圣奥古斯丁为我提供珍贵建议,尤其是本篇论文此部分。

㉛ 伯希和,《给编者的一封信》("Letter to the Editor",法文),见《华裔学志》第 1 卷(1935—1936),第 192 页。

㉜ 有关此传教国的历史,参见 Daniël Verhelst, Nestor Pycke (eds.),《圣母圣心会传教团的过去和现在》(*C. I. C. M. Missionaries Past and Present 1862-1987*),(Leuven, 1995)。有关他们在中国的活动,参见第 25—75 页和第 256—281 页。

㉝ 有关传记和书目资料,参见《华裔学志》第 10 卷(1945),第 1—4 页。

㉞ "比利时的圣母圣心会神父田清波以其在蒙古研究上的杰出成就闻名。……他收集相当多的第一手蒙古资料和手搞。当年他搬迁至北京时,通过透彻研究这些资料,出版了数部甚具学术价值的著作,吸引了举世蒙古学家的眼光。……在现代的蒙古方言中,鄂尔多斯方言有特别的语音、文法和字汇。在田清波之前,无人曾系统化地研究此方言。因之田清波乃是这个研究领域

的先锋。"额尔敦孟克，《田清波和鄂尔多斯方言研究》（"Antoine Mostaert and Ordos Dialect Studies"）发表于 Klaus Sagaster（编），《田清波：传教士和学者》，（"Antoine Mostaert（1881–1971）. C. I. C. M. Missionary and Scholar"），1 册，Papers. *Louvain Chinese Studies 4*（Leuven：Ferdinand Verbiest Foundation，1999），第 63 页。

　　㉟《鄂尔多斯教本：简介、语音、评注、评论和字汇》（北平：天主教大学，1937）。先前所引额尔敦孟克如此论评此书："从语言学观点而言，这是方言学的稀有文献。从文学观点而言，它是珍贵少见的专题民俗文学。"

　　㊱《鄂尔多斯蒙古语词典》1—3 册，《华裔学志丛书》第 5 卷（1941—1944）。"它是田清波最出名的作品，含括 21438 个主要条目，以注音符号写成并有法文说明。根据知名蒙古学家鲍培（Nicholas Poppe）的说法，它堪称一本优秀的字典。……在字典中，不仅精确解释鄂尔多斯方言中诸字的意义，并举丰富的口语资料为例。因之，此部字典不仅成为研究现在蒙古第一部全面性的方言字典，也是至今为止研究鄂尔多斯方言最佳的参考书。"额尔敦孟克，第 63—64 页。请参见 Nikolaus Poppe，《鄂尔多斯》（"Das Ordossische"），见《东方学课本》（*Handbuch der Orientalistik*），第一单元:《近东与中东》（"Der Nahe und der Mittlere Osten"）第五册:《阿尔泰语系学》（Altaistik），第二单元:《蒙古学》（Mongolistik），mit Beiträgen von Nikolaus Poppe et al.（Leiden-Köln：Brill，1964），第 134 页。

　　㊲ *Le Dialecte Monguor*，*parlé par les Mongols du Kansou occidental*，*IIe partie*，*Grammaire*，《华裔学志丛书》之六（1945）。此部作品亦出现在论蒙古方言的一篇文章中：Dominik Schröder，"Der Dialekt der Mongour"，见 *Handbuch der Orientalistik*（Leiden-Köln：Brill，1964），第 158 页。

　　㊳ 有关司律思的生平作品，参见 Françoise Aubin，"In Memoriam le R. P. Henry Serruys（1911–1983）érudite sino-mongolisant"（纪念司律思）。有关司礼义的出版物目录表（至 1997 年止），参见《华裔学志》第 33 卷（1977—1978）。

　　㊴ *Der Jesuiten—Atlas der Kanghsi-Zeit. Seine Entstehungsgeschichte nebst*

Namenindices für die Karten der Mandjurei，Mongolei，Ostturkestan und Tibet，mit Wiedergabe der Jesuiten-Karten in Originalgröße，《华裔学志丛书》之四（1943）。Arthur F. Wright 如此提到此书："Dr. Fuchs 处理了问题的每个层面，为地图学家、历史学家和文献学家（语言学家）提供了珍贵无比的资料用书。"《汉学在北平 1941—1945》（"Sinology in Peiping 1941–1945"），发表于 *Harvard Journal of Asiatic Studies* 9[1945-1947]，第 345 页。

㊵ 收录于《华裔学志》第 1 卷（1935—1936），第 277—314 页。参见 Dieter Schuh，Untersuchungen zur Geschichte der tibetischen Kalenderrechnung（西藏年历的历史研究）（Wiesbaden：Steiner，1973），第 1 页；Karl-Heinz Everding，"Die 60er—Zyklen. Eine Konkordanztafel"，见 *Zentralasiatische Studien* 16（1982），第 475—476 页。见其讣闻，《华裔学志》第 3 卷（1938），第 286—291 页。

㊶ *Leben und historische Bedeutung des ersten Dalai Lama dGe'dun grub pa dpal bzang po*（1391-1474）. *Ein Beitrag zur Geschichte der dGe lugs pa-Schule und der Institution der Dalai Lamas*，《华裔学志丛书》49（Sankt Augustin-Nettetal 2002）。

㊷《中国人眼中远西的大秦：对它历史与地理的研究》（"Ta-ch'in oder das China des fernen Westerns. Eine historisch-geographische Untersuchung（mit einer Karte）"），《华裔学志》第 6 卷（1941），第 212—272 页。

㊸ 陈观胜，《〈海录〉——中国关于西方国家的旅行记录的先驱》（"Hai-lu，Fore-Runner of Chinese Travel Accounts of Western Countries"），《华裔学志》第 7 卷（1942），第 208—226 页。

㊹ "Voyageurs Chinois venus à Paris au temps de la marine à voiles et l'influence de la Chine sur la littérature française du XVIIIe siècle"，《华裔学志》第 23 卷（1964），第 372—397 页。

㊺ Roderich Ptak，《澳门和中葡关系，约 1513/1514 年到约 1900 年。书目论文》（"Macau and Sino-Portuguese Relations，ca.1513/1514 to ca.1900. A Bibliographical Essay"），《华裔学志》第 46 卷（1998），第 343—396 页。

㊻《元西域人华化考》，钱星海、傅路德译注，《华裔学志丛书》15（Los Angeles：Monumenta Serica at the University of California，1966）. Nettetal：Steyler Verlag-Wort und Werk，1989 年再版。

㊼《元西域人华化考》。

㊽ 见本书书评，作者为 Frederick W. Mote，见《亚洲研究期刊》26（1967）4，第 690 页。亦参见杨联陞书评，见《美国东方学会期刊》（*Journal of the American Oriental Society*）89（1969）2，第 425—426 页。

㊾ Rudolf Löwenthal，《中国犹太人的姓名》（"The Nomenclature of Jews in China"），《华裔学志》第 12 卷（1947），第 91—126 页；Irene Eber，《重访开封犹太人：中国化的一个例证》（"K'aifeng Jews Revisited：Sinification as Affirmation of Identity"），《华裔学志》第 41 卷（1993），第 231—247 页。

㊿ Donald Daniel Leslie，《犹太人和犹太教在传统中国：一个综合参考书目》（"*Jews and Judaism in Traditional China. A Comprehensive Bibliography*"）《华裔学志丛书》44(Sankt Augustin-Nettetal：Steyler Verlag, 1998）。有篇书评曾说："Leslie 的册子是当今研究传统中国犹太人和犹太教的标准书目。" 见 Jonathan Goldstein 于《中国宗教期刊》（*The Journal of Chinese Religions* ）27（1999），第 191—192 页。

(51) 华裔学志研究所和中国中心合作出版。《华裔学志丛书》46（Sankt Augustin-Nettetal：Steyler Verlag，2000）。

(52) Josef Meili，*Neue Zeitschrift für Missionswissenschaft* 58（2002）2，*pp*.152-153.

(53) F. S. Drake，《唐代的伊斯兰教》（"Mohammedism in the T'ang Dynasty"），《华裔学志》第 8 卷（1943），第 1—40 页。

(54) Rudolf Loewenthal，《中国伊斯兰教的俄文资料》（"Russian Materials on Islam in China"），《华裔学志》第 16 卷（1957），第 449 —479 页。亦请参见另文《中国的伊斯兰学：有关中国穆斯林的书目笔记》（"Sino-Islamica. Bibliographical Notes on the Chinese Muslims"），《华裔学志》第 22 卷（1963），第 209—212 页。

(55) Donald Daniel Leslie,《唐代的波斯人寺庙》(“Persian Temples in Tang China”),《华裔学志》第 35 卷(1981—1983),第 275—303 页。

(56) 张星烺,《关于泉州波斯人驻军的一次叛乱(公元 1357—1366)》(“The Rebellion of the Persian Garrison in Ch’üan-chou(A. D. 1357–1366)”),《华裔学志》第 3 卷(1938),第 611—627 页。

(57) 请借助《华裔学志引得》,即可容易找到前 35 册。

(58) Johannes Beckmann,“Monumenta Serica”, *Neue Zeitschrift für Missionswissenschaft* 58(2002)2,第 152—153 页。德文引言之英译乃据 Roman Malek 之“Monumenta Serica(1935—1985),”第 261 页。

(59)《有关远东天主教历史的札记》(“Notes sur l’histoire du christianisme en Extrême-Orient”),《华裔学志》第 1 卷(1935),第 478—486 页。

(60)《唐代的景教寺院及大唐景教碑的发现地点》(“Nestorian Monasteries of the T’ang Dynasty and the Site of the Discovery of the Nestorian Tablet”),《华裔学志》第 2 卷(1936—1937),第 293—340 页。

(61)《绥远归化的北部景教遗址记事》(“Preliminary Report on Nestorian Remains North of Kuei-hua, Suiyüan”),《华裔学志》第 3 卷(1938),第 232—249 页。

(62)《关于马定先生在内蒙古发现的若干碑石残迹》(“On the Damaged Tablets Discovered by Mr. D. Martin in Inner Mongolia”),《华裔学志》第 3 卷(1938),第 250—256 页。

(63)《中国景教研究》(*Research on Nestorianism in China*),2003 年,5 月 20—28 日。此次会议由奥地利萨尔茨堡大学教会历史研究所和华裔学志研究所共同筹办,算是第一次举办国际会议探讨此类主题。此次会议参与者一再指出刊登在《华裔学志》的文章对他们研究景教的重要性。

(64) Beckmann 引用书籍,第 142 页。

(65) 有关其生平和作品,参见 Joseph Dehergne,“Henri Bernard-Maître: Choix d’articles et de livres écrits par lui sur 1’ Extrême-Orient”, *Bulletin de l’ École française d’Extrême-Orient* 63(1976),第 467—481 页。(杜鼎克[Adrian

Dudink〕提供此书目资料，在此致谢。）

⑥⑥《十七至十八世纪天主教在中国的传播以及它在中国文化史演变中的地位》（"L'Eglise catholique des XVIIe–XVIIIe siècles et sa place dans l'evolution de la civilization chinoise"），《华裔学志》第 1 卷（1935），第 155—167 页。

⑥⑦《中国及其近邻国家科学地图绘制工作的诸发展阶段（16 世纪至 18 世纪末期）》（"Les étapes de la cartographie scientifique pour la Chine et les pays voisins（depuis le XVIe jusqu'à la fin du XVIIIe siècle）"），《华裔学志》第 1 卷（1935），第 428—477 页。

⑥⑧《汤若望关于天文历法的著作（〈崇祯历书〉〈西洋新法历书〉）》，（"L'Encyclopédie astronomique du Père Schall. La réforme du calendrier chinois sous l'influence de Clavius，Galilée et de Kepler"），《华裔学志》第 3 卷（1938 年），第 35—77 页，第 441—527 页。《南怀仁对汤若望的科学工作的继承》（"Ferdinand Verbiest，continuateur de l'oeuvre scientifique d'Adam Schall. Quelques compléments à l'édition récente des sa correspondance"），《华裔学志》第 5 卷（1940），第 103—140 页。

⑥⑨《欧洲著作的中文编辑——葡萄牙人来华及法国传教士到北京后的编年书目（1514—1688）》（"Les adaptations chinoises d'ouvrages européens. Bibliographie chronologique depuis la venue des Portugais à Canton jusqu'à la Mission Francaise de Pékin 1514–1688"），《华裔学志》第 10 卷（1945），第 1—57 页，第 309—388 页。《欧洲为适应中国的精心努力：自法国传教士到北京至乾隆末期的天主教编年书目（1689—1799）》（"Les adaptations chinoises d'ouvrages européens. Bibliographie chronologique. Deuxième partie. Depuis la fondation de la Mission Française de Pékin jusqu'à la mort de l'empereur K'ien-long 1689–1799"），《华裔学志》第 19 卷（1960），第 349—383 页。

⑦⓪ 参见 Arthur F. Wright，《北平的汉学 1941—1945》（"Sinology in Peiping 1941–1945"），*Harvard Journal of Asiatic Studies* 9（1945–1947），第 317 页。就欧洲之研究早期（17、18 世纪）耶稣会在中国的传教任务等主题，许理和（Erik Zürcher）曾为文分析，批评裴化行（Bernard）之欧洲中心取向以及考

狄（Henri Cordier）之专注于书目研究，原因在他们的研究总表内完全不包括任何中国作者的作品。（参见许理和，《从"耶稣会研究"到"西学"》（"From 'Jesuit Studies' to 'Western Learning'"），见 Ming Wilson（编），*Europe Studies China*，第 273 页。

○71 参见 *Edward Malatesta S. J.* 之《讣告》（"Necrology"），见 *Actes du IVe Colloque International de Sinologie de Chantilly 8-11 septembre 1983. Chine et Europe：Évolution et particularités des rapports est-ouest du XVIe au XXe siècle*（Taipei a. o.，1991），第 303—308 页（英法对照），及 "Bibliography of Works by Joseph Dehergne，S. J."（Joseph Dehergne，S. J. 的作品书目），Theodore N. Foss 辑，同上书，第 309—314 页。

○72 《天主教在海南岛的开端》（"Les origines du Christianisme dans l'île de Hainan［XVIième–XVIIième siècles］"），《华裔学志》第 5 卷（1940），第 329—348 页。

○73 《1584 年—1800 年中国耶稣会之教理讲授及问答》（Joseph Dehergne，"Catéchismes et catéchèse des Jésuites de Chine de 1584 à 1800"），《华裔学志》第 47 卷（1999），第 397—478 页。至于编辑过程，参见马雷凯之编者语，同上书，第 397—399 页。

○74 参见《华裔学志》。论北堂图书馆的文章为：J. Van den Brandt，《北京（天主教）北堂图书馆小史》（"La bibliothèque de Pé-tang-notes historiques"），《华裔学志》第 4 卷（1939—1940），第 616—621 页；J. B. Thierry，《遣使会 1862 年北堂图书目录》（"Catalogus bibliothecae Domûs Pe-tang Congregationis Missionis Pekini Sinarum 1862"），同上书，第 605—615 页；H.Verhaeren，《北堂图书馆的中文书目》（"La bibliothèque chinoise du Pet'ang"），同上书，第 622—626 页。惠泽霖（Verhaeren）为一遗使会传教士，随后曾编辑北堂所有典藏的完整目录。（Catalogue de la Bibliothèque de Pe-Tang［北堂书目］，北京，1949）。

○75 有关此和传教历史的关联，参见 Johannes Beckmann，《北京北堂图书馆》（"Die Peitang Bibliothek in Peking.Ihre missionsgeschichtliche Bedeutung"），

Neue Zeitschrift für Missionswissenschaft 4（1948），第 275—278 页。

⑦⑥ 有关最新资料，参见 Lars Laman，《北堂收藏近况》（"The Current State of the Beitang Collection"），《欧洲汉学图书馆协会通讯》（*Bulletin of the European Association of Sinological Librarians*）第 9 期（1996），第 19—20 页。

⑦⑦ 《吴渔山晋铎 250 周年纪念》（"Wu Yü-shan. In commemoration of the 250th anniversary of his ordination to the priesthood in the Society of Jesus"），《华裔学志》第 3 卷（1938），第 130—170 页；亦见 Beckmann，"Monumenta Serica"，第 143—144 页。

⑦⑧ 许理和特别强调这个事实，参见《从"耶稣会研究"到"西学"》，第 275 页。

⑦⑨ 《汤若望与中国和尚木陈忞》（"Johann Adam Schall von Bell S. J. und der Bonze Mu Tschen-wen"），《华裔学志》第 5 卷（1940），第 316—328 页。此中文论文亦有德文译文，参见《辅仁学志》第 7 期（1938），第 1—28 页，译者为 D. W. Yang。令人扼腕的是，德文译本只完成三分之一。

⑧⓪ 参见顾卫民，《19 至 20 世纪中国的汤若望介绍与研究（1799—1991）》，见 Roman Malek（编），《中国的西学和基督教——汤若望耶稣会会士（1592—1666）的贡献和影响》（*Western Learning and Christianity. The Contribution and Impact of Johann Adam Schall von Bell S. J.[1592-1666]*），2 册（Sankt Augustin-Nettetal 1998），第 1104 页。

⑧① 参见 *Neue Zeitschrift für Missionswissenschaft 11*（1955），第 306 页。

⑧② 《东林书院和它的政治及哲学意义》（"The Tung-lin Academy and its Political and Philosophical Significance"），《华裔学志》第 14 卷（1949—1955），第 1—163 页。O. B. Van der Sprenkel 曾为此文写下摘要，参见《汉学书目》（*Revue Bibliographique de Sinologie*）1（1955），第 161—162 页。在《附录 II：东林书院和天主教教会》（"Appendix II：The Tung-lin Academy and Catholic Church"，第 156—163 页）中，卜恩礼分析欧洲和中国的资料，拒斥耶稣会士 Daniello Bartoli（1608—1685）的说法——东林党对天主教义抱持正面态度。他也反对裴化行更具远见的论点——就哲学观念和科学方法而言，耶稣会直接

影响东林党。这些论点出现在 Bernard《明末的哲学运动何由发生》（"Whence the Philosophic Movement at the Close of the Ming?"）的文章，参见 *Bulletin No.8 of the Catholic University of Peking*（1931），第 67—73 页。

㊻ 许理和，《从"耶稣会研究"到"西学"》，第 273—274 页。

㊼ 例如，他主编的《中国基督教手册》（*Handbook of Christianity*），第 1 册：635—1800（Leiden-Boston-Köln：Brill，2001）。

㊽ 钟鸣旦（Nicholas Standaert），《中国基督教史料编辑新趋势》（"New Trends in the Historiography of Christianity in China"），见《天主教历史评论》（*The Catholic Historical Review*）83（1997），第 580 页。有关谢和耐（Gernet）著作之评价，亦参见许理和，《从"耶稣会研究"到"西学"》，第 275—276 页。当然，我不拟忽视谢和耐划时代研究的优点。他的研究重新发现了中国的基督教之研究领域，为范围更广的汉学家提供素材，同时启发了各家对此主题的多方论辩。事有巧合，华裔学志研究所目前正拟出版谢和耐著作之德文增订版，以飨读者。先前之德文版《基督教进入中国：第一次遭遇与失败》（*Christus kam bis nach China. Eine erste Begegnung und ihr Scheitern*）已绝版数年。新版将包括更正后的德文译文、作者新序、中文字汇索引和重印此书重要论评。

㊾ 参见《华裔学志》第 48 卷（2000），第 137 页。

㊿ 此期刊先前称为《中国传教研究公报（1550—1880）》（*China Mission Studies*[*1550-1800*]*Bulletin*）。

⑱ 《中西文化关系期刊》（*Sino-Western Cultural Relations Journal*）21，（1999），第 35 页。此文评论《华裔学志丛书》35、37、42、43、44 诸册。此文也包括《华裔学志》简史及辅仁大学简介（第 36—37 页）。

⑲ 许理和，《从"耶稣会研究"到"西学"》，第 272 页。

⑳ 出处同上，第 273 页。

㉑ 在评论《传教国际评论》（*International Review of Missions*，83 [1994]，第 346—351 页）中，魏德光（Arne Sovik）写道："我们眼前所见是一本杰出的传教传记，其中引介的个人生平映照了其所处的时代和社会，同时也呼应了

角色生平所属的时代运动。先前曾有其他评者简短探讨汤若望，……然此书是第一流的学者就非常丰富完整的第一手资料全面地研究汤若望。这是一本爱的著作。这对传记对象并非吝于批评，然其为言义我同类，或许这正是作为一本传记之所当为。"许理和对此著作批评较多，他认为"像 Alfons Väth 写作汤若望传记的这类作品，今日的作者不会用此类颂诗式的写作"。(许理和，《从"耶稣会研究"到"西学"》，第 273 页。)

㊈ 参见 Dominic Sachsenmaier，《朱宗元（1616—1660 左右）的〈拯世略说〉》("*Die Aufnahme europäischer Inhalte in die chinesische Kultur durch Zhu Zongyuan[ca.1616-1660]*")，《华裔学志丛书》47（Sankt Augustin-Nettetal：Steyler Verlag，2001），第 471 页。

㊌ 参见许理和，《从"耶稣会研究"到"西学"》，第 264 页。

㊍ Roman Malek（编），《耶稣基督的中国面孔》("*The Chinese Face of Jesus Christ*")，vols.1，2. Jointly published by Institut Monumenta Serica and China-Zentrum，Sankt Augustin. Monumenta Serica Monograph Series 50/1，2（Nettetal：Steyler Verlag，2003）。

㊎ 《一九三八年来中国出版的汉学书籍选》("A Selected List of Sinological Books Published in China since 1938")，《华裔学志》第 7 卷（1942），第 92—174 页;《一九三八年来中国出版的汉学书籍选 II》("Second List of Sinological Books Published in China Since 1938")，《华裔学志》第 8 卷（1943），第 336—393 页;《中国出版的最新汉学书籍选 III》("A Third List of Recent Sinological Publications in China")，《华裔学志》第 11 卷（1946），第 151—189 页。

㊏ 以西方语言写作的专题书籍量已惊人，有 356 个标题之多，以中文写作的则有 490 个标题。

㊐ 后藤基已（Gotō Motomi），《战后日本关于中国哲学的研究》("Studies in Chinese Philosophy in Postwar Japan")，《华裔学志》第 14 卷（1949—1955），第 164—187 页。

㊑ 后藤均平（Gotō Kimpei），《战后日本关于中国宗教的研究》("Studies on Chinese Religion in Postwar Japan")，《华裔学志》第 15 卷（1956），第 463—

511 页。

⑨ 后藤均平（Gotō Kimpei），《战后日本关于中国文学的研究》（"Studies on Chinese Literature in Postwar Japan"），《华裔学志》第 16 卷（1957），第 397—448 页。

⑩ 后藤均平（Gotō Kimpei），《战后日本关于中国社会和经济的研究》（"Postwar Japanese Studies on Chinese Social and Economic History"），《华裔学志》第 17 卷（1958），第 377—418 页。

⑩ 后藤均平（Gotō Kimpei），《战后日本关于中国考古学的研究》（"Postwar Japanese Studies on Chinese Archaeology"），《华裔学志》第 18 卷（1959），第 431—459 页。

⑩ 后藤均平（Gotō Kimpei），《战后日本关于中国金石学、民间传统以及人种学的研究》（"Postwar Japanese Studies on Chinese Epigraphy，Folklore and Ethnology"），《华裔学志》第 19 卷（1960），第 384—402 页。

⑩ 刚本敬二（Okamoto Yoshiji），《战后日本对满洲及蒙古历史的研究》（"Studies on the History of Manchuria and Mongolia in Postwar Japan"），《华裔学志》第 19 卷（1960），第 437—479 页。

⑩ 后藤均平（Gotō Kimpei），《战后日本关于中国语言的研究》（"Postwar Japanese Studies on the Chinese Language"），《华裔学志》第 20 卷（1961），第 368—393 页。

⑩ 渡边惠子（Watanabe Keiko），《战后日本关于中国陶瓷的研究》（"Postwar Japanese Studies on Chinese Ceramics"），《华裔学志》第 21 卷（1962），第 379—404 页。

⑩ 刚本敬二（Okamoto Yoshiji），《二次世界大战以来日本对于韩国历史的研究》（"Postwar Japanese Studies in Chinese Epigraphy，Folklore and Ethnology"），《华裔学志》第 22 卷（1963），第 470—532 页。

⑩ 参见《华裔学志》第 5 卷（1940），第 437—446 页。

⑩ 参见其自传《为中国着迷：一位汉学家的自传》（"*Im Banne Chinas. Autobiographie eines Sinologen*[*1912-1950*]）；Dortmund：Projekt Verlag，1995），

尤其是第 60—68 页。

⑩ 有关诸学者及其他移民的德国汉学家的传记资料，参见柯马丁（Martin Kern），《移民的德国汉学家（1933—1945）》。柯马丁也提到傅吾康在《华裔学志》上的文章，写道："傅吾康正如其父，本身并非是国家社会党的一员，学术生涯也正处初试啼声的阶段，似乎也因实际理由选取这种隐晦的方式，做忠实的呈现……。"（第 513 页）

⑩ "刊物简评"可见于《华裔学志》第 1 卷（1935），第 229—240 页和第 515—527 页；第 2 卷（1936—1937），第 261—289 页和第 487—527 页；第 3 卷（1938），第 327—344 页和第 667—679 页；第 4 卷（1939—1940），第 715—736 页；第 6 卷（1941），第 422—451 页；第 7 卷（1942），第 353—378 页；第 9 卷（1944），第 262—299 页；第 11 卷（1946），第 343—353 页；第 12 卷（1947），第 332—381 页；第 13 卷（1948），第 433—444 页。因为编辑作业，《华裔学志》"书评"部分有时也论评期刊（例 Sinica，第 16 卷［1941］，评者为卫德明，见第 9 卷［1944］，第 257—259 页）。又"收到的书及文章"部分也有期刊评选（例第 9 卷［1944］，第 300 页）。

⑪ 在《华裔学志》第 2 卷（1936）编辑提及"刊物简评"之后，这类特殊范围的研究被称为"边界研究"（第 260 页）。有关受评的期刊分析及彼等之个别研究领域，亦请参见 Cordula Gumbrech, *Die Monumenta Serica—eine sinologische Zeitschrift und ihre Redaktionsbibliothek in ihrer Pekinger Zeit* (*1935-1945*)，第 70—71 页。

⑫ 参见《纪念方志浵》（"Achilles Fang：In Memoriam"），《华裔学志》第 45 卷（1997），第 400 页。

⑬ 参见 Cordula Gumbrech, *Die Monumenta Serica—eine sinologische Zeitschrift und ihre Redaktionsbibliothek in ihrer Pekinger Zeit* (*1935-1945*)，第 51 页。方志浵执笔的沈兼士讣文见于《华裔学志》第 13 卷（1948），第 409—412 页。有关其生平和著作的其他资料，参见周祖谟所辑沈兼士条目下，参见《中国大百科全书·语言文字》（中国大百科全书出版社，1988），第 339—340 页。

⑭《华裔学志》第 3 卷（1938），第 344、679 页；第 4 卷（1939—1940），

第 736 页；第 6 卷（1941），第 451 页；第 7 卷（1942），第 378 页。

⑪ 参见《纪念方志浵》（"Achilles Fang：In Memoriam"），《华裔学志》第 45 卷（1997），第 400 页。

⑪ 详细资料，参见 Hartmut Walravens，*Asia Major*（1921–1975）。

⑪ 从第 I 册（1936）开始，第 257—280 页和第 407—437 页。有关期刊个别标题，参见 John L. Bishop，《亚洲研究哈佛期刊索引，第 1 册［1936］至第 20 册［1957］》（*Index to the Harvard Journal of Asiatic Studies*，volume 1（1936）–volume 20（1957））；Cambridge，Mass.：Harvard-Yenching Institute，1962。

（写于 2003 年，有修改）

马雷凯博士的汉学研究及其对《华裔学志》的贡献

〔波兰〕顾孝永（Piotr Adamek）

　　没有人能够否认，华裔学志研究所今日的水平主要是建立在马雷凯博士的工作和贡献上。我们无法将他个人的成就和研究所的成就分开来谈，因为在过去的 30 多年里，他把全部的力量、所有的时间和精力投注于华裔学志研究所，而且研究所发展几乎所有的工作重点也是他个人的创举。在他长期担任主任与主编的领导之下，华裔学志研究所不断巩固了其在汉学世界的地位，开始了很多新的研究方向，并一直持续到今天。

　　马雷凯博士对远东的兴趣从他就读波兰天主教圣言会的神学院时就萌生了。1951 年他在波兰贝图夫（Bytów）出生，1969 年加入了圣言会的皮埃尼奥诺（Pieniężno）修道院。圣言会的"第一传教之爱"就是中国。马雷凯博士在学哲学和神学的时候（1970—1976），最初对日本感兴趣。在此期间他写的文章如《在日本和远东地区传教的未来》（"Przyszłość misji w Japonii i na Dalekim Wschodzie"）①，《南山天主教大学的传教功能 1949 至 1974 年》（"Misyjna funkcja Katolickiego Uniwersytetu Nanzan [Nagoya] 1949—1974"）②，还有他于 1976 年写的硕士论文:《天理教——日本的新宗教:特别提到的教义专著研究》（"Tenrikyo-neue Religion Japans. Eine monographische Studie mit besonderer

Berücksichtigung der Doktrin"）。同年，马雷凯博士承接圣职为司铎，并被派遣到德国圣奥古斯丁的华裔学志研究所。

为了准备在《华裔学志》的工作，马雷凯博士于 1976—1984 年在波恩攻读汉学、比较宗教学和教会历史，期间于 1978—1980 年还去了中国台湾，在辅仁大学研究了两年的中国语言和文化。除了对日本的兴趣（《远藤周作作品中的耶稣》["Jezus w twórczości Shusaku Endo"]）③ 外，他亦特别对道教问题感兴趣，例如《道教研究》（"Studia nad taoizmem religijnym"）④。他也因此于 1984 年撰写了波恩大学哲学系的博士论文：《〈斋戒录〉：道教礼仪材料》（"Das Chai-chieh lu. Materialien zur Liturgie im Taoismus"），然后获得出版。⑤

1985 年，马雷凯博士担任《华裔学志丛书》的主编。这个华裔学志研究所的汉学书系那时候算是"停滞的"，因为在 1947—1984 年间只出版两本书。马雷凯博士为《华裔学志丛书》注入新精神，开始每年最少出版一本或几本新书。涉及的作者为柯兰霓、孔维雅、卜松山（Karl-Heinz Pohl）、戴梅可（Michael Nylan）、秦家懿、高华士（Noel Golvers）、李集雅（Tiziana Lippiello）、司马涛（Thomas Zimmer）、钟鸣旦、沈卫荣、陈致等。他自己也编辑出版文章的合辑，如《西学与基督宗教在中国：汤若望的贡献和影响（1592—1666）》（*Western Learning and Christianity in China. The Contribution and Impact of Johann Adam Schall von Bell [1592-1666]*），⑥《犹太人在中国：从开封到上海》（*From Kaifeng to Shanghai. Jews in China*），⑦ 还有他最重要的多卷的工作《耶稣基督的中国面孔》（*The Chinese Face of Jesus Christ*）。⑧ 马雷凯博士担任《华裔学志丛书》的主编期间（1985—2012），先后出版了 48 本专著（包括几个多卷本）。

马雷凯博士一个重要的成就是稳定地出版《华裔学志》杂志。该汉学学刊自 1935 年成立以来即是华裔学志研究所成立的重要基础。由于工作人员有限，《华裔学志》杂志有时会不定期地出版，甚至每隔两年或三年。1985—1991 年，马雷凯博士和卜恩礼、弥维礼共同编辑《华裔学志》。1992 年马雷凯成为该杂志的主编，稳定了出版周期。自 1993 年以来，每年出版一本 400 —750 页的杂志。许多发表文章的作者为世界不同国家的汉学家，包括傅海波、狄德满（R. G. Tiedemann）、陶德文（Rolf Trauzettel）、杜鼎克、鲁保禄（Paul Rule）、许理和、尤锐（Yuri Pines）和梅欧金（Eugenio Menegon）。

　　马雷凯博士还确定了华裔学志研究所汉学研究专业的具体领域。在他的领导下，该研究所以研究中西方文化关系著称，特别是基督宗教在中国的历史。除了已经提到的《华裔学志丛书》众多的出版物，在此期间马雷凯博士创建一个新的系列，旨在为大众读者提供有关基督宗教在中国的传教历史——"华裔选集"的系列著述。例如，《卫匡国（1614—1661）及其 17 世纪在中国的传教》（*Martino Martini S. J. [1614-1661] und die Chinamission im 17. Jahrhundert*），[9]《影响、翻译和比较:〈圣经〉在中国》（*Influence, Translation, and Parallels. Selected Studies on the Bible in China*）[10]，《景教：东方教会在中国与中亚》（*Jingjiao. The Church of the East in China and Central Asia*）[11]，《基督宗教在中国的本地化：以现代的视角来评估》（*Contextualization of Christianity in China. An Evaluation in Modern Perspective*）[12]，　还有《跨越宗教差异：19 世纪中国新教传教士的基督教福音翻译事业》（*Negotiating Religious Gaps. The Enterprise of Translating Christian Tracts by Protestant Missionaries in Nineteenth-Century China*）[13] 等专著。

　　具有挑战性的编辑工作并没有停止马雷凯博士处理广泛的学术、教育和普及的工作。他写了上百篇文章，同时翻译文章和撰写评论，发表在各种与汉学和中国有关的杂志，还接受了相当多的访问，在德国、法国、波兰、俄罗斯和中国台湾地区等地的研讨会和讲座上发表了 200 多场的演讲。[14]1991 年以来，他以研究所的名义筹办了好几个会议，如关于汤若望[15]，犹太人在中国[16]，景教[17]和波兰在中国的传教士[18]，组织展览如"耶稣基督的中国面孔"[19]和"李金远的画"等[20]。同时，马雷凯博士也在大学讲课，比如在波恩大学、萨尔茨堡大学

（奥地利）、明斯特大学、奥尔什丁（波兰）和圣奥古斯丁的哲神学院。他还指导了几十个博士、硕士和学士的论文。如此多的工作未曾妨碍他自己的研究，他研究的高峰可说是 2003 年在波恩大学完成的博士后论文《视域融合：墨子与耶稣——吴雷川（1869—1944）为中国与基督宗教遭遇的诠释》（"Verschmelzung der Horizonte: Mozi und Jesus. Zur Hermeneutik der chinesisch-christlichen Begegnung nach Wu Leichuan [1869-1944]"）。[21]

除了在华裔学志研究所的编辑工作、研究和教育之外，马雷凯博士在该研究所最初的基础上，开展了与中国教会的广泛对话。早在 1982 年，他在华裔学志研究所创办了《今日中国》杂志，用德文（现在也有波兰文和英文版本）发布关于宗教和基督宗教在中国的消息，1984—2003 年马雷凯博士任该杂志的主编。他妥善分配日益繁重的任务，如德国和中国教会的联系，照顾在德国学习的中国修士和神父们，专门支持在中国社会和教育项目——1987 年德国教会，创建一个独立的机构：中国中心，并担任创办人和首任董事（至 1998 年）。华裔学志研究所的学术工作和中国中心的宗教和社会活动组合，虽然有时被批评，却为两个机构带来非常丰硕的成果。

马雷凯博士对汉学和研究所的贡献，不胜枚举。例如，他与世界各地的众多汉学家联系，并为汉学研究提供丰富的研究所的图书馆（90000 册），与台湾的辅仁大学共同创设该研究所的分支——华裔学志汉学研究中心（Monumenta Serica Sinological Research Centre）等。事实上，华裔学志研究所已经在过去的 30 年里大为改观，并且在马雷凯博士的领导下发展成为蓬勃知名的汉学研究所。虽然 2011 年年初马雷凯博士因病休养，但是他慢慢康复并开始辛勤工作，继续准备他许多的出版物和其他工作。我们能够肯定的是，他将来为汉学和华裔学志研究所还会做更多的贡献。[22]

（写于 2015 年 10 月）

附：马雷凯博士学术著作精选

（按出版的先后顺序排列）

主编

《华裔学志》杂志（*Monumenta Serica: Journal of Oriental Studies*），1985—1991 年与卜恩礼、弥维礼共同编辑；1992—2012 年主编。

《华裔学志丛书》（*Monumenta Serica Monograph Series*），1985—2012 年，卷 XVII–LXII 和 IX 新的扩大版。

《华裔选集》（*Collectanea Serica*），1994—2012 年。

《今日中国——关于中国的宗教和基督宗教的信息》（*China Heute. Informationen über Religion und Christentum im chinesischen Raum*），1984—2003 年主编；2003—2011 年编辑。

《今日中国·宗教—基督教—教会》（*Chiny dzisiaj. Religie-chrześcijaństwo-Kościół*），2006—2011 年。

著作

1976（和 B. Skóra，W. Wesoły 共同出版），《圣言会为传教的服务：圣言会一百年（1875—1975 年）》（*Werbiści w służbie misji. W stulecie istnienia Zgromadzenia Słowa Bożego[1875-1975]*），Pieniężno-Płock。

1978（和 W. Wesoły 共同出版），《为圣言的服务》（*W służbie Słowa Bożego*），Pieniężno-Płock。

1982《在波兰》（*Werbiści w Polsce*），Pieniężno。

1985《〈斋戒录〉：道教礼仪材料》（*Das Chai-chieh lu. Materialien zur Liturgie im Taoismus*）. Würzburger Sino-Japonica，14，Frankfurt a. M.-Bern-New York：Peter Lang Verlag。

1986（出版）《关于喜悦》（*John Ching-hsiung Wu: O radości*），Warszawa：Verbinum.（第三版 1991）。

1987（和 M. Plate 共同出版），《中国的天主教徒寻找新的途径》（*Chinas Katholiken suchen neue Wege*），Freiburg：Herder。

1989（和 W. Prawdzik 共同出版），《自治与依赖之间：从历史和神学看中国天主教教会的问题》（*Zwischen Autonomie und Anlehnung. Die Problematik der katholischen Kirche in China*，*theologisch und geschichtlich gesehen*），Nettetal：Steyler Verlag（Veröffentlichungen des Missionspriesterseminars St. Augustin，37）。

1993（出版）《华裔学志索引》（*Monumenta Serica. Journal of Oriental Studies. Index to Volumes I-XXXV*[1935—1983]），Sankt Augustin：Institut Monumenta Serica。

1993（出版）《当代中国的宗教：政策与实践》（*Donald MacInnis, Religion im heutigen China. Politik und Praxis*）. Monumenta Serica Monograph Series, vol. XXXI, Nettetal：Steyler Verlag。

1994（出版）《圣言会士薛田资（1869—1928）——中国传教士在清帝国和民国》（*Stephan Puhl，Georg M. Stenz SVD* [1869-1928]. *Chinamissionar im Kaiserreich und in der Republik*）. Nettetal。

1996《天之道：中国宗教的传统》（*Das Tao des Himmels. Die religiöse Tradition Chinas*），Freiburg i. Br.：Herder（Kleine Bibliothek der Religionen），新修订版 2003。

1996（出版）《中国个案：中国语境中的宗教、神学和教会（天主教与基督教）论文集》（*"Fallbeispiel" China. Ökumenische Beiträge zu Religion，Theologie und Kirche im chinesischen Kontext*）St. Augustin-Nettetal。

1997（和 T. Lippiello 共同出版）《"西儒"艾儒略（1582—1649）以及中国与基督宗教的对话》（*"Scholar from the West". Giulio Aleni S. J.* [1582-1649] *and the Dialogue between Christianity and China*），St. Augustin-Nettetal-Brescia（Fondazione Civiltà Bresciana，Annali IX-Monumenta Serica Monograph Series XLII）。

1997（出版）《香港：过渡时期的教会和社团，材料和文献汇编》（*Hongkong. Kirche und Gesellschaft im Übergang. Materialien und Dokumente*），St. Augustin. China-Zentrum。

1997（和 Barbara Hoster，Katharina Wenzel-Teuber 共同出版），《布洛赫上海木刻集》（*David Ludwig Bloch，Holzschnitte. Woodcuts*）. Shanghai 1940–1949，Sankt Augustin-Nettetal。

1998（出版）《西学与基督宗教在中国：汤若望的贡献和影响（1592—1666）》（*Western Learning and Christianity in China. The Contribution and Impact of Johann Adam Schall von Bell [1592-1666]*）*Monumenta Serica Monograph Series* XXXV/1–2，St. Augustin-Nettetal。

1999（和 Irene Eber 共同出版），《〈圣经〉在现代中国：文学和智性的激荡》（*Bible in Modern China. The Literary and Intellectual Impact*）*Monumenta Serica Monograph Series* XLIII，St. Augustin-Nettetal。

2000（出版）《澳门：原点即是未来》（*Macau. Herkunft ist Zukunft*）. China-Zentrum-Institut Monumenta Serica，Sankt Augustin-Nettetal。

2000（出版）《南京主教兰贝克霍芬（1707—1787）和他发自中国的信件以及他的游记》（*Gottfried von Laimbeckhoven SJ [1707-1787]. Der Bischof von Nanjing und seine Briefe aus China mit Faksimile seiner Reisebeschreibung*）. Sankt Augustin-Nettetal.

2000（和 Arnold Zingerle 共同出版）《卫匡国（1614—1661）及其17世纪在中国的传教》（*Martino Martini S. J. [1614-1661] und die Chinamission im 17. Jahrhundert*），Monumenta Serica Institute，St. Augustin-Nettetal。

2000（出版）《犹太人在中国：从开封到上海》（*From Kaifeng to Shanghai. Jews in China*）. *Monumenta Serica Monograph Series* XLVI（Sankt Augustin-Nettetal）。

2001—2007（出版）《耶稣基督的中国面孔》（*The Chinese Face of Jesus Christ*）. Vol. 1. *Monumenta Serica Monograph Series* L/1（Sankt

Augustin-Nettetal 2001）；Vol. 2. *Monumenta Serica Monograph Series* L/2（Sankt Augustin-Nettetal 2003）；Vol. 3a. *Monumenta Serica Monograph Series* L/3a（Sankt Augustin-Nettetal 2005）；Vol. 3b. *Monumenta Serica Monograph Series* L/3b（Sankt Augustin–Nettetal 2007）。

2004《视域融合：墨子与耶稣——吴雷川（1869—1944）为中国与基督宗教遭遇的诠释》（Verschmelzung der Horizonte: Mozi und Jesus. Zur Hermeneutik der chinesisch-christlichen Begegnung nach Wu Leichuan [1869–1944]）. *Studies in Christian Mission* 29（Leiden-Boston：Brill）。

2004（出版）《影响、翻译和比较：〈圣经〉在中国》（*Marian Galik. Influence, Translation, and Parallels. Selected Studies on the Bible in China*）. Monumenta Serica Institute, Sankt Augustin-Steyler Verlag, Nettetal。

2006（和 Peter Hofrichter 共同出版），《景教：东方教会在中国与中亚》（*Jingjiao. The Church of the East in China and Central Asia*）. Collectanea Serica（Sankt Augustin-Nettetal）。

2007（出版）《基督宗教在中国的本地化：以现代的视角来评估》（Peter Chen-Main Wang, *Contextualization of Christianity in China. An Evaluation in Modern Perspective*）. Monumenta Serica Institute, Sankt Augustin-Steyler Verlag, Nettetal。

2010（和 Gianni Criveller 共同出版），《点亮一支蜡烛：与中国的相遇与友谊》（*Light a Candle. Encounters and Friendship with China*）. Festschrift in Honour of Angelo S. Lazzarotto P. I. M. E. Collectanea Serica（Sankt Augustin-Nettetal）。

2012（出版）《跨越宗教差异：19 世纪中国新教传教士的基督教福音翻译事业》（John T. P. Lai, *Negotiating Religious Gaps.The Enterprise of Translating Christian Tracts by Protestant Missionaries in Nineteenth-Century China*）. Monumenta Serica Institute, Steyler Verlag, Sankt

Augustin。

学术文章选介

1973《在日本和远东地区传教的未来》（"Przyszłość misji w Japonii ina Dalekim Wschodzie"），发表于 *Słowo Powszechne* 17（1973）。

1975《南山天主教大学的传教功能 1949 至 1974 年》（"Misyjna funkcja Katolickiego Uniwersytetu Nanzan [Nagoya] 1949 —1974"），发表于 *Collectanea Theologica* 45（1975）I，145–148。

1980《天理教——日本的新宗教：特别提到的教义专著研究》（"Tenrikyo-neue Religion Japans. Eine monographische Studie mit besonderer Berücksichtigung der Doktrin"），发表于 *Życie i myśl* 30（1980），79–95。

1981《道教研究》（"Studia nad taoizmem religijnym"），发表于 *Studia Theologica Varsaviensia* 19（1981）1，259–269。

1985《中国宗教研究的途径》（"Ansätze zur chinesischen Religionswissenschaft"），发表于 *China heute* 6（1985），8–11。

1987《心斋：道教了解禁食的说明》（"Vom Fasten des Herzens. Hinweise auf das Fastenverständnis im Taoismus"），发表于 *Christ in der Gegenwart* 39（1987）12，93–94。

1989《天主教神学在中国》（"Teologia katolicka w Chinach"），发表于 *Collectanea Theologica* 59（1989）III，128–133。

1992《天主教会在中国》（"The Catholic Church in China"），发表于 *Theology Digest* 39（1992）3，223–228。

1993《儒家和道家的精神气质》（"Das Ethos des Konfuzianismus und Daoismus"），发表于 *Adel Th. Khoury*（出版），《世界宗教的精神气质》（Das Ethos der Weltreligionen），Freiburg-Basel-Wien 1993，75–117。

1994《欧洲—中国文化交流》（"Cultural Exchange Europe-China"），发表于 *European Ecumenical China Communication* 2（1994），63–66。

1999《今天中国非基督徒（"非教会"）的学者对基督宗教和神

学的研究——初步说明》（"The Study of Christianity and Theology in China Today by Non-Christian ['Non-Churched'] Scholars. Preliminary Remarks"），发表于 *European Ecumenical China Communication* 4（1999），42–46。

1999《葡萄牙统治的结束：澳门及中华人民共和国》（"Das Ende der portugiesischen Herrschaft. Macau und der Übergang in die Volksrepublik China"），发表于 *KM Forum Weltkirche* 6（1999），9–13。

2000《道教——中国本地宗教》（"Taoizm-rodzima religia Chin"），发表于 Henryk Zimoń（出版），《宗教在现代世界。宗教学问题概要》（*Religia w świecie współczesnym. Zarys problematyki religiologicznej*）（Lublin 2000），307–323。

2005《儒家和道家的精神气质》（"Das Ethos des Konfuzianismus und Daoismus"），发表于 A. Th. Khoury（出版），《世界宗教和道德》（*Die Weltreligionen und die Ethik*）（Freiburg 2005），75–117。

2006《"人格"是否对儒家"君子"这一概念的补充或替代？ 20 世纪初叶的尝试》，发表于 Zbigniew Wesołowski，*Symposiums-Beiträge: Drittes Internationales Sinologisches Symposium der Katholischen* Fu Jen Universität. Personen-und Individuumsbegriff in China und im Westen（Taibei 2006），229–257。

2007《耶稣基督的中国面孔：问题概览与图形展示》（"Chińskie oblicza Jezusa Chrystusa. Przegląd problematyki i impresje ikonograficzne"），发表于《世界文化和宗教中的耶稣基督的面孔》（*Oblicza Jezusa Chrystusa w kulturach i religiach świata*）.（Warszawa 2007），113–139, 191–224。

2008《中国语境中基督论：方东美（1899—1977）论人的本质》（"Elementy chińskiego kontekstu Chrystologii. Fang Dongmei [1899–1977] o naturze ludzkiej"），发表于 Dariusz Klejnowski-Różycki（出版），《中国的基督论》（*Chrystologia chińska*）（Opole 2008），11–41。

2009《边际宗教——犹太教在中国宗教历史语境中的一个评论》

（"'Marginal Religion' —Remarks on Judaism in the Context of the History of Chinese Religions"），发表于《在多元世界的家中：中国和犹太文化的读、写、译》(At Home in Many Worlds. Reading，*Writing and Translating from Chinese and Jewish Cultures*)，（出版）Raoul David Findeisen et al.（Wiesbaden 2009），81–101。

2010《宗派主义与19世纪中国对基督宗教的批判：评论一个被误解的基督宗教在中国历史的部分》("Konfessionalismus und die chinesische Kritik am Christentum im 19. Jahrhundert. Bemerkungen zu einem verkannten Aspekt der Christentumsgeschichte in China")，发表于 M. Delgado-H. Waldenfels（出版），《福音与文化：遭遇和断裂》(*Evangelium und Kultur. Begegnungen und Brüche*)（Fribourg-Stuttgart 2010），163–189。

2010《恶还是圣？天主教会对孔子和儒家的矛盾态度》("Verdammt oder heilig? Die ambivalente Haltung der katholischen Kirche zu Konfuzius und Konfuzianismus")，发表于 *zur debatte* 8（2010），20–22。

2010《成汤王时基督宗教的存在。注解及初步评论》("The Christian carrière of King Cheng Tang. Notes and Preliminary Remarks")，发表于 Denise Aigle et al.（出版），*Miscellanea Asiatica. Mélanges en l'honneur de Françoise Aubin.*（Monumenta Serica Monograph Series LXI，Sankt Augustin-Nettetal 2010），719–752。

2010《基督宗教在中国的历史：新扩大的通路》("New and Enlarged Access to the History of Christianity in China")，发表于 *Journal of Chinese Religions* 38（2010），66–73。

2012《基督宗教及其在中国的表现形式》("Das Christentum und seine Manifestationen in China. Versuch einer Typologie")，发表于 Iwo Amelung-Thomas Schreijäck（出版），《中国宗教和社会变化》(*Religionen und gesellschaftlicher Wandel in China*)。Frankfurt East Asian Studies Series 2（München 2012），90–128。

2012《简述圣言会在中国对〈圣经〉翻译的贡献（1882—1950）》，李海艳翻译，发表于《天主教思想与文化》1（2012），296-343。

注　释：

① 参见 *Słowo Powszechne*（Warszawa）17（1973）。

② 参见 *Collectanea Theologica*（Warszawa），45（1975）I，145-148。

③ 参见 *Życie i myśl*（Warszawa）30（1980），79-95。

④ 参见 *Studia Theologica Varsaviensia*（Warszawa）19（1981）1，259-269。

⑤ Das Chai-chieh lu. Materialien zur Liturgie im Taoismus. *Würzburger Sino-Japonica*, 14, Frankfurt a. M.-Bern-New York: Peter Lang Verlag 1985.

⑥ *Western Learning and Christianity in China. The Contribution and Impact of Johann Adam Schall von Bell（1592–1666）. Monumenta Serica Monograph Series* XXXV/1-2, St. Augustin-Nettetal 1998.

⑦ *From Kaifeng to Shanghai. Jews in China.* Monumenta Serica Monograph Series XLVI（Sankt Augustin-Nettetal 2000）.

⑧ *The Chinese Face of Jesus Christ*. Vol. 1. *Monumenta Serica Monograph Series* L/1（Sankt Augustin-Nettetal 2001）; Vol. 2. *Monumenta Serica Monograph Series* L/2（Sankt Augustin-Nettetal 2003）; Vol. 3a. *Monumenta Serica Monograph Series* L/3a（Sankt Augustin-Nettetal 2005）; Vol. 3b. *Monumenta Serica Monograph Series* L/3b（Sankt Augustin-Nettetal 2007）.

⑨ Roman Malek, Arnold Zingerle（编），*Martino Martini S. J.（1614–1661）und die Chinamission im 17. Jahrhundert*, Monumenta Serica Institute, St. Augustin-Nettetal 2000.

⑩ Marian Galik. *Influence, Translation, and Parallels. Selected Studies on the Bible in China*, Monumenta Serica Institute, Sankt Augustin-Steyler Verlag, Nettetal 2004.

⑪ Roman Malek（编）, *Jingjiao. The Church of the East in China and Central Asia*, Monumenta Serica Institute, Sankt Augustin-Steyler Verlag, Nettetal 2006.

⑫ Peter Chen-Main Wang（编）, *Contextualization of Christianity in China. An Evaluation in Modern Perspective*, Monumenta Serica Institute, Sankt Augustin-Steyler Verlag, Nettetal 2007.

⑬ John T. P. Lai, *Negotiating Religious Gaps. The Enterprise of Translating Christian Tracts by Protestant Missionaries in Nineteenth-Century China*, Monumenta Serica Institute, Steyler Verlag, Sankt Augustin 2012.

⑭ "The German Historiography of Christianity in China", International Conference in Memory of the 400th Anniversary of the Birth of Johann Adam Schall von Bell and the Historiography of the Catholic Church in China, Fu Jen Catholic University, Taipei, 22–24 October 1992; "Catechisms and catechetical material published by Divine Word Missionaries（SVD）in China（1882–1950）. Preliminary Bibliographical Remarks", International Conference on Historiography, Fu Jen Catholic University, Taipei, 7. September 2001; "Pasquale d'Elia（De Lixian 德礼贤）S. J.（1890–1963）: Mission Historian and Sinologist", International Sinological Symposium the Encounter between Italy and China: The Italian Contribution to Sinology, Fu Jen Catholic University, 22. November 2007.

⑮ International Symposium on the Occasion of the 400th Anniversary of the Birth of Johann Adam Schall von Bell, S. J.（1592–1666）. Science-Philosophy-Religion.04–09.05.1992.

⑯ From Kaifeng to Shanghai-Jews in China.Exhibition and an International Colloquium（September 22–26, 1997）on the History of Jews in China.

⑰ Research on Nestorianism in China（20–26 May 2003）. Salzburg（Austria）.

⑱ Venturing into Magnum Cathay. 17th Century Polish Jesuits in China: Michał Boym S. J.（1612–1659）, Jan Mikołaj Smogulecki S. J.（1610–1656）, and Andrzej Rudomina S. J.（1596–1633）. International Workshop, 26 September–1 October, 2009, Kraków.

⑲ Gesichter Jesu in China-Ausstellung des Instituts Monumenta Serica und des China-Zentrums e. V.. Kloster Helfta, Liboriushaus. 29. Juni–24. August 2003.

⑳ 26. April. 2007–29. Juni. 2007："Bilder von Li Jinyuan. Künstler des Misereor-Hungertuchs"，—Ausstellung im Museum der Steyler Missionare "Haus Völker und Kulturen"，Arnold-Janssen-Str. 26, 53757 Sankt Augustin.

㉑ Verschmelzung der Horizonte：Mozi und Jesus. Zur Hermeneutik der chinesisch-christlichen Begegnung nach Wu Leichuan（1869–1944）. Studies in Christian Mission 29（Leiden-Boston：Brill 2004）.

㉒ 编者按：由于身体等方面的原因，马雷凯博士于 2018 年 4 月中旬离开德国，回到他的祖国波兰，在波兰中北部的格鲁帕（Górna Grupa）休养和治疗。不过他仍然与华裔学志研究所保持着联系，并继续着他的学术研究工作。2019 年 11 月 29 日，马雷凯博士病逝于格鲁帕，享年 68 岁。

中国学者对《华裔学志》的影响与贡献

任大援

一、小引：中西合作的历史渊源及评价

明朝万历初年（16 世纪末），当耶稣会士范礼安（Alexandre Valignani，1538—1606）、罗明坚（Michel Ruggieri，1543—1607）、利玛窦先后进入中国，中西文化交流史就进入了"传教士"扮演重要角色的阶段[①]。

这一阶段的特点之一是中西学者都表现出相互了解的强烈愿望。有人统计，从 16 世纪至 18 世纪，在华活动的耶稣会士共达 900 余人，其中除 100 余人是中国（包括澳门）人以外，其他都是外国人。绝大多数来华的耶稣会士都在中国士大夫的帮助下起了中国名字。[②] 人们可以看出，异域文化与自身文化相互好奇与吸引，引发了在交流与合作基础上的研究：在中国，"西学"（泰西之学）出现了；在西方，汉学（Sinology）出现了。

在这一过程中，中西方的学者在思想、观点、方法上，有矛盾与冲突，也有交流与合作，而这两种形式，都推动了中国学术史的发展，也推动了世界学术史的发展。

从"传教士"阶段开始，我们看到一系列人们熟知的例子，留

下了中外学者成功合作的典范。例如，明末徐光启与利玛窦的合作与《几何原本》（数学）的出版；李之藻与西方传教士的广泛合作与《天学初函》（神哲学、学术与科学）的编纂；王徵与邓玉函（Johann Schreck，1576—1630）等人的合作与《远西奇器图说》等机械物理学著作的出版；王徵与金尼阁（Nicolas Trigault，1577—1628）的合作与《西儒耳目资》（语言学）的出版；杨廷筠与艾儒略的合作与《职方外纪》（地理学）的出版；19 世纪王韬与理雅各（James Legge，1815—1897）的合作与《中国经典》（The Chinese Classics，经学）的翻译出版，等等。

19 世纪以来，中西学者的交往进一步深入。这一时期的汉学发展，有两个显著的标志：一是在欧洲本土的大学汉学讲座的开办；二是汉学（中国学）杂志的兴起。前者，以法国为代表；后者，《通报》与《华裔学志》是最突出的代表。

沙畹与伯希和是汉学讲座的重要人物，也是与中国学者合作交流的最重要代表。例如，沙畹早年在清朝驻法国公使馆参赞唐复礼的帮助下，着手翻译《史记》③。他 1889 年来华，之后在《东方学会杂志》（Journal of the Peking Oriental Society）上发表《史记封禅书译注》，后来陆续完成《史记》译稿，被认为是《史记》的最佳译本。沙畹还通过伯希和与罗振玉书信来往，将所作西域简牍校本寄给罗振玉，经过罗振玉与王国维的磋商、分类、考订，终于合作完成《流沙坠简》，在日本出版。由于沙畹的影响，他的几位大弟子伯希和、马伯乐（Henri Maspero）、葛兰言（Marcel Granet）、高本汉、阿列克（V. Alekseev）、叶理绥（S. Elisseev）及其后学戴密微（Paul Demievlle），在他们的汉学研究中，都与中国学者发生了密切的联系，中国学者对他们的研究工作给予了重要的影响和帮助。除了法国汉学家以外，德国的汉学家如钢和泰、傅兰阁、卫礼贤、欧特曼、海尼士、颜复礼（F. Jaeger）、鲍润生、孔好古等人，同样与中国学者有着不解之缘。20 世纪以来，同西方汉学家有较多来往的中国学者有罗振玉、王国维、胡适、朱希祖、顾颉刚、梁启超、陈垣、刘半农、吴宓、陈寅恪、姚从吾、方豪、杨堃、柯劭忞、王重民、沈兼士等。以上名单，远远算不上完整，但足以说明，20 世纪的中西学者交往，已经成为汉学发展过程中的一个事实。

从"传教士时代"开始，中外学者的交往，有合作，也有矛盾与歧见，这是必然的。经过矛盾、冲突而达到理解与合作。这种交往与合作，也成为这一历史文化过程中的一个突出特色。

二、中国学者对早期《华裔学志》的影响与贡献

（一）辅仁大学与中国学者的创立之功

讨论中国学者对《华裔学志》的贡献，如果从源头上说，和辅仁大学的创立密切相关，而辅仁大学的创立，中国学者做出了重要贡献。这些学者主要是英华（字敛之）、马良（字相伯）、陈垣（字援庵）。

辛亥革命之后，中国著名天主教爱国人士英敛之、马相伯就曾联名上书罗马教廷，请求在中国创办大学。为了办教育，英敛之甚至放弃了《大公报》的工作，他希望恢复利玛窦等传教士的作风，尊重传统，介绍科学，使中国现代化，为此要建立一所规模完善的大学。可是，由于教皇庇护十世于 1914 年去世和第一次世界大战爆发而搁置。

英敛之和马相伯并没有停止努力。1913 年，英敛之在北京西郊的香山静宜园开始办学，"专为教（会）中子弟教授国学，以挽救教会衰颓的文风"[④]。他用孔子所说的"以文会友，以友辅仁"[⑤]的教诲给学校起名"辅仁社"，后来的辅仁大学，名称即出于此。第一次世界大战结束之后，罗马教廷着手考虑英敛之和马相伯关于在北京开办天主教大学的"上书"，相继派代表来华考察，1923 年 9 月，全美本笃会举行大会通过了在北京建立一所天主教大学的决定。至 1925 年，辅仁大学的前身——辅仁社正式成立[⑥]。

辅仁大学作为一所教会大学，经常被与中国近代的其他十几所教

会大学[⑦]等量齐观。实际上，情况有很大的不同，这不仅仅是由于它是民国初年屈指可数的由天主教建立的大学，而且还在于从它的创立到办学宗旨方面，中国学者都起了极其重要的指导作用[⑧]，而且这种作用，也影响到与辅仁大学密不可分的《华裔学志》。

与其他教会大学不同，辅仁大学有这样两个突出的特点：第一，辅仁大学办学的根本宗旨是"发展中国固有之文化，介绍世界科学新知识"[⑨]。五四运动以后，英敛之和马相伯深深感到弘扬和发展国学传统的迫切性和重要性，在《美国本笃会士创设北京公教大学宣言书稿》中，他们指出："今日者，离心离德，几无公是公非之可言。加以党阀纠纷，喧呶夺攘，求其志不为财移，财不为豪劫者盖鲜。天下事，往往千人成之而不足，一人毁之而有余；千日成之而不足，一日毁之而有余，将华夏数千年之文物作用，不但吐弃之，非笑之，甚欲尽绝根株以为快，有心人能不怒焉伤之？最可惜者，粗解旁行，浮慕西法之辈，皮毛是袭，所有家珍，徒供他人之考古，亦可谓不善变矣。本会之来，第欲以效忠于欧者，效忠于亚，矢与有心人共挽此狂澜耳。"[⑩] 这段话中，即包含了对当时激进反传统的委婉批评，也包含了对"浮慕西法之辈，皮毛是袭"的尖刻讽刺。

英敛之、马相伯的办学方针非常强调对中国优秀传统文化的弘扬。他们还认为，强调发展"学问"，是继承和推广利玛窦、艾儒略、汤若望等传教先驱研究中国传统学术文化的业绩。"用学问为诱掖之具"，这里包括了学习西方自然科学的方面。

第二，辅仁大学在办学方针和方法方面，英敛之、马相伯的方针是，大胆吸收和重用教外饱学之士，重视国文和中国本土学术文化的发展。要实现重视和传播中国本土文化的目的，就必须有好的师资，辅仁大学在这方面，在教会大学中非常突出。辅仁大学从一建校，就聘任教外人士陈垣担任校长，聘请著名中国语言文学家刘复（半农）为教务长，著名国学家沈兼士等为教授。还有朱希祖、郭家声、朱师辙、尹炎武、张星烺、余嘉锡、马衡、范文澜等。这一国学队伍的阵容，不仅在当时全国的教会大学中是首屈一指的，就是在全国的所有公立和私立大学中，也不多见。这些国学的名流，后来也成为《华裔学志》的编者和作者。

辅仁大学的上述特点，是在中国五四运动以后的"非基督教"和反帝爱国运动的形势下表现出来的，但应该指出的是，英敛之、马相伯的上述思想，早在20世纪20年代，英敛之在香山静宜园创办"辅仁社"时就萌发了，而马相伯更从震旦大学的办学实践中，吸取了经验教训。英敛之、马相伯、陈垣等人的思想，对辅仁大学的办学宗旨和方针与方法产生了重要影响，其思想实质也影响到《华裔学志》。

（二）《华裔学志》的成立与陈垣先生的贡献

重视出版工作，是辅仁大学的传统，也是陈垣校长教育思想的一个重要组成部分。早在1926年，辅仁大学就开始出版《辅仁英文学志》，亦名《辅仁英文学报》。这本杂志逐渐吸引了热衷于中国文化研究的西方汉学家，成为一种学术性期刊。1929年，辅仁大学出版《辅仁学志》（中文）。对于这两份刊物，陈垣校长都给予了极大的关心，因为在他的内心始终有一个想法，就是要把汉学研究的中心，建立在中国。20世纪20年代以来，他反复讲过这样的话："现在中外学者谈汉学，不是说巴黎如何，就是说东京如何，没有提中国的，我们应当把汉学中心夺到中国，夺回北京。"⑪陈垣先生重视期刊的发行，正是这一想法的具体体现。1934年，《辅仁英文学志》停刊，而由《华裔学志》继续，其学术的水准更高了。陈垣先生亲自为它起了中文名称"华裔学志"，充分说明了其重视的程度。

《华裔学志》的主编是圣言会神父鲍润生教授，它的编委会由中外学者共同组成，中国方面的编辑成员有校长陈垣、文学院院长沈兼士、历史系主任张星烺、西语系主任英千里、编辑助理方志淼等学者。顺便指出，《华裔学志》后来的发展中，又有中国学者受邀加入编辑队伍，它一直保持了与中国学者合作的传统。

在上述中文编辑中，陈垣先生的作用是独特的，其重要作用主要表现在两方面。

其一，陈垣先生对辅仁大学学术任务的规定，不仅是对辅仁大学学术方针的指导，同时也是对《华裔学志》研究方向的指导。

陈垣1935年发表在《辅仁学志》上的文章提出三点未来的计划，即：第一，有系统地整理中国的史料，并运用西方最新的研究方法；第二，通过工具书、参考书的翻译，来帮助中外学者的研究工作；第三，借助发表汉学领域研究的最新发现来促进国际学术的合作。[12]这一年，正是《华裔学志》开始出版的一年，陈垣先生的计划，后来在《华裔学志》的编辑实践中基本上都实现了。

其二，在一些重要研究方向上，陈垣先生身体力行上述的指导方针，对当时及后来的汉学研究都产生了重要影响。其中特别突出的是关于中国宗教史的研究。

中国著名史学史专家白寿彝先生对陈垣先生有这样的评价："他对于中国宗教史研究开拓了新的领域，对中国历史文献学的研究建立了一定的基础。"[13]陈垣先生关于中国宗教史的研究，是从早期基督教开始的，关于元朝也里可温教，清朝学者钱大昕、魏源等人和日本学者田中萃一郎、坪井九马三等都有研究，而最后解决问题者实为陈垣先生，而且自《元也里可温教考》发表之后，无人再能深入一步。关于摩尼教，伯希和、王国维等均有研究，而摩尼教流传中国的原委，学术界公认以《摩尼教入中国考》最为扎实，连伯希和、王国维都被折服。其《火祆教入中国考》不仅廓清了火祆教在中国流传的原委，还廓清了清代学者钱大昕等人有关研究的错误。关于耶稣会的研究，陈垣先生的《吴渔山晋铎250周年纪念》《汤若望与中国和尚木陈忞》都是开拓之作。

陈垣先生对于中国宗教史的研究，范围的宽广和研究的深入，有些至今仍无人能望其项背。关于火祆教、摩尼教、一赐乐业教（犹太教）、佛教、也里可温教、基督教、伊斯兰教、道教等主要宗教，他都有专题深入的研究，他所著《元也里可温教考》《火祆教入中国考》《摩尼教入中国考》《开封一赐乐业教考》《元西域人华化考》《基督教入华史略》和《基督教入华史》，是中国历史学家对这些宗教第一次系统论述。

陈垣先生所开拓的中国宗教史的研究，后来成为《华裔学志》的一个重要研究方向，尤其是关于基督宗教的研究，可以说是核心重点。关于此，德国学者巴佩兰女士有很好的阐释和介绍。⑭

（三）沈兼士与"刊物简评"以及中国学者在学术上对《华裔学志》的影响

中国学者对《华裔学志》的影响是多方面的。从刊物编辑的角度，有一件事应该首先提到，这就是沈兼士和"刊物简评"栏目对当时汉学研究的影响。

《华裔学志》的栏目，同其他杂志一样，"论文"和"书评"是其核心部分，除此之外，还设有"短文"（杂文）栏目。此外更具特色的，是"刊物简评"栏目。这个栏目的设立，是沈兼士先生建议的。《辅仁学志》曾这样介绍这一栏目："使该杂志独具特色的是它的'刊物简评'，在这个栏目中，逐一评论各种用汉语、日语和欧洲语言出版的东方学期刊的文章。在目前这卷中（指《华裔学志》第 2 卷），受到评论的是六本主要的汉语期刊和部分欧洲语言期刊。对于期刊中的每一篇文章，作者名字和文章题目都进行了翻译，内容也做了概括，并常常会得到评论。文章的主题从考古学到音乐学，从文学到历史，不一而足。实际上，'刊物简评'已经被众多杰出学者认同为他们不可或缺的助手。"⑮

我们知道，19 世纪末至 20 世纪初，汉学史上一个重要的现象是汉学期刊的出现。它的出现同在法国开始的汉学讲座一样，标志着汉学（也包括东亚研究）发展走入新的阶段。在西方汉学期刊的影响下，中国和日本也开始出版期刊。期刊既是汉学的产物，汉学也借助于期刊得到发展并在学术界立足。中国史学历来有重视目录之学的传统，沈兼士作为《华裔学志》的中方编辑，在这点上是独具慧眼的。

在具体做法上，"刊物简评"强调作者自己所写的内容提要，以防止编辑人员在评论时发生断章取义的情况。在《华裔学志》第2卷"刊物简评"的征稿说明中说：

> 应来自各方的要求，我们打算今后在"刊物简评"这一部分中，不仅包括汉语和非汉语的汉学文章以及相关期刊的题目，而且包括用汉语和日语写就的文章的英文概要。由此，我们希望使海外的学者同步了解这里进行的研究工作。事实上，扩大的"刊物简评"最终可能成为一本独立的出版物，以中文的或外文的模式。它将扼要地涵盖一些边缘学科如考古学、人类学、种族学和古生物学等方面的文章。然而，由于总有这样一种危险：即评论者可能只抓住一些枝节的东西，而忽略了文章作者本人认为是本体的和本质的东西，因此我们向文章作者建议给他们的文章加上"作者概要"，也就是一个大约5到20行或100到300个字符的综述，可以用小号字体印在文章的开头。这种方法的优点是显而易见的。作者本人必须保证不被误解，不使自己通常长篇而费解的文章被错误弄得面目全非，或者使其完全被忽视，或者使其只能被相当有限的读者所了解。这些优点比起一篇浓缩的"作者概要"所花费的些许功夫来说，是完全值得的。⑯

当时的上述做法，即使在今天看来，也是非常"专业"的。可以说，《华裔学志》树立了一种学术标准，为我们今天的学术和期刊工作，也做出了一种表率。在《华裔学志》发行将近20年后，德国著名汉学家傅海波说："要谈到在中国发行的最重要的汉学期刊（自1935年起），非北平天主教辅仁大学的《华裔学志》莫属。"⑰此外，从学术史的角度，通过《华裔学志》这些记录，我们就可以了解了当时重要的汉学期刊与国学期刊，以下根据德国学者巴佩兰女士的统计及笔者核对，它们是：

《人类学》（*Anthrops*）（维也纳附近的 St. Gabriel）

《亚洲艺术》（*Artibus Asiae*）（莱比锡）

《大亚洲》（*Asia Major*）（莱比锡）

《辅仁英文学志》（*Bulletin of the Catholic University of Peking*）（北平）

《法国远东学院学报》（*Bulletin de l'Ecole Française d'Extrême-Orient*）（河内）

《远东古物博物馆学报》（*Bulletin of the Museum of Far Eastern Antiquities*）（斯德哥尔摩）

《中国学志》（*The China Journal*）（上海）

《中国政治社会学评论》（*The Chinese Social and Political Science Review*）（北平）

《亚洲学志》（*Journal Asiatique*）（巴黎）

《皇家亚洲学会中国北方分会期刊》（*Journal of the North China Branch of the Royal Asiatic Society*）（上海）

《中国与佛学期刊》（*Melanges Chinois et Bouddhiques*）（布鲁塞尔）

《东方与西方》（*Orient et Occident*）（日内瓦）

《东亚杂志》（*Ostasiatische Zeitschrift*）（柏林和莱比锡）

《中国书目季刊》（*Quarterly Bulletin of Chinese Bibliography*）（北平）

《汉学期刊》（*Sinica*）（法兰克福）

《通报》（*T'oung pao*）（莱顿）

《东方研究院学报》（*Bulletin of the School of Oriental Studies*）（伦敦）

《中国西部边界研究学报》（*Journal of the West China Border Research Society*）（成都）

《哈佛亚洲研究期刊》（*Harvard Journal of Asiatic Studies*）（剑桥，马塞诸塞州）

《皇家亚洲学会期刊》（*The Journal of the Royal Asiatic Society*）（伦敦）

《东洋文库研究所回忆录》（*Memoirs of the Research Department of the Toyo Bunko*）（东京）

《日本学志》（*Monumenta Nipponica*）（东京）

《汉学集刊》（*Sinologische Arbeiten*）（北京）

《拉特兰编年期刊（梵蒂冈）》（*Annali Lateranensi*）（梵蒂冈）

《汉学》（*Han-Hiue*）（法兰克福）

《印度中国人类研究院院刊》（*Institut Indochinois Pour l'Etude de I'Homme*）（阿内）

《美国东方学会期刊》（*Journal of the American Oriental Society*）（费城）

《中国研究文献》（*Lectures Chinoises*）（北京）

《中国文献期刊》（*Scripta Sinica*）（北京）

《华西协和大学中国文化研究所集刊》（*Studia Serca*）（成都）

《震旦杂志》（*Bulletin de I'Université L'aurore*）（上海）

《伦敦大学亚非学院学报》（*Bulletin of the School of Oriental and African Studies*）（伦敦）

《民俗研究》（*Folk Studies*）（北京）

《燕京学报》（*Yenching Journal of Chinese Studies（Yen-ching Hsüech-Pao*）（北京）

（以上西文，共 34 种，按照刊登次序排列。）

《浙江图书馆馆刊》（杭州）

《金陵学报》（南京）

《清华学报》（北平）

《中法大学月刊》（北平）

《中国营造学社汇刊》（北平）

《辅仁学志》（北平）

《国学季刊》（北平）

《"中央研究院"历史语言研究所集刊》（北平）

《"国立"北平图书馆馆刊》（北平）

《岭南学报》（广州）

《史学年报》（北平）

《地学杂志》（北京）

《地理学报》（南京）

《燕京学报》（北平）

《"国立"武汉大学文哲季刊》（武汉）

《考古》（不详）

《民俗》（"国立"中山大学研究院文科研究所）（广州）

《民族学研究期刊》（不详）

《文献论丛》（北平）

《文献特刊》（北平）

《文澜学报》（杭州）

《禹贡半月刊》（北平）

《语言文学专刊》（广州）

《中山文化教育季刊》（广州）

《田野考古报告》（上海）

《河南博物馆馆刊》（不详）

《方志》（南京）

（以上中文，共 27 种。）

《支那学》（京都）

《东方学报》（京都）

《东洋学报》（东京）

《史学杂志》（东京）

《美术研究》（东京）

《古迹调查报告》（不详）

《满洲史学》（奉天）

（以上日文，共7种。）

　　以上，西文期刊34种，中文期刊27种，日文期刊（或报告）7种，总计有68种之多。需要说明的是，其中的27种中文期刊，严格地说，不属于"汉学"的范畴，而应该算是"国学"[18]，但是，它们却集中表现了当时中国学者的最新也是最高的研究成果。《华裔学志》的介绍，一方面说明西方汉学家对中国学者成果的重视，另一方面，这些成果也对西方汉学家的研究发生着影响。关于这些期刊介绍的撰稿人，据巴佩兰的研究和推断，有中国学者陈祥春和方志浵，特别是方志浵，可能是主要执笔人。顺便说到，方志浵是一位博学的学者，且极具语言天赋。他1910年出生于朝鲜的中国人家庭，因此有人认为他是朝鲜人。他于1937年之后进入《华裔学志》编辑部，成为执行编辑。1947年赴美国哈佛大学，直至1995年病逝。

　　与《华裔学志》合作的中国学者中，沈兼士是另一位特别重要的人物。他发表在《华裔学志》第2卷上《试论"鬼"的原始意义》一文，在语言训诂学的研究上具有开拓性的意义。这是一篇吸收汉学家语言学成果而又有所发展的典型研究，陈寅恪、李方桂等人都给以很高的评价。[19]20世纪二三十年代，瑞典汉学家高本汉以中国音韵学研究而享有很高名声，沈兼士的"论鬼"一文，在方法上不同于高本汉，他说："高本汉君之《汉语词类》，欲以读音之形式定语辞之义类，而其取字说义似均可商。余不自揣，欲别辟一途径以研究汉语之历史。"[20]高本汉本人对这一评判如何看，一时还找不到具体的资料，但高氏晚年说过，他毕生从事中国文化的著述，只有爱护本国文物历史而从事研究的中国学者是真正的知音。

　　从1935年《华裔学志》创刊到1949年，共有13位中国学者发表了22篇文章（详见下表）。

《华裔学志》第1—13卷中国学者发表文章列表

作 者	题目	卷次	备注
陈垣	《切韵》和它的鲜卑作者	1	英千里译
陈垣	关于马定（D. Martin）先生在内蒙古发现的若干碑石残迹	3：1	英千里译
陈垣	吴渔山晋铎250周年纪念	3：1	丰浮露译
陈垣	汤若望与中国和尚木陈忞	5	Yang, D. W. 译
费孝通	中国血缘关系制度的问题	2	
沈兼士	试论"鬼"的原始意义	2	英千里译
沈兼士	初期意符字	12	
张星烺	关于泉州波斯人驻军的一次叛乱（1357—1366）	3：2	
强一宏（Ch'iang I-hung）	中国古代医学文献中关于人体寄生虫起源的论述	3：2	合作
陈鸿舜（H. S. Chen）	北京恭王府和它的王府花园	5	合作
陈观胜	《海录》——中国关于西方国家的旅行记录的先驱	7	
方志澎	何可思教授关于屈原《天问》次序变更方面的探讨	7	
方志澎	裴学海的《古书疑义举例四补》（翻译）	10	
方志澎	《汪穰卿笔记》中一则关于伪造名画的趣闻	10	
方志澎	《九经三传沿革例》著者考	11	
方志澎	关于《广韵声系》	11	
杨树达	关于古代中国的倒装宾语	7	方志澎译
王静如	焉夷和焉耆，突厥和月氏	9	方志澎译
杨宗翰	小云石海涯（1286—1324）	9	
陈宗祥	傈僳和水田部落的双系制度和氏族划分	12	赵卫邦译
季羡林	印度佛典巴利语中的"Asiyati"	12	
裴文中	关于兰州天主教堂收集的史前陶器	13	

事实上，关于中国学者对《华裔学志》的帮助与影响，并不能仅仅就他们发表在《华裔学志》上的论文来看。他们与辅仁大学外国教师和汉学家的交往以及他们用中文发表的研究文章，都对当时的汉学发展产生着潜移默化的作用。其中有些还是影响很大的，如张星烺的《中西交通史料汇编》等著作对中西交通史的研究，英千里、方志浵、陈祥春等人在翻译、书评等方面所做的大量工作，都给了西方汉学家很大的帮助。

三、《华裔学志》在中西交往中形成的特色

在讨论中国学者对《华裔学志》的影响与贡献时，必然会思考一个问题，即：为什么中国学者能对一个西方的杂志在早期发生如此之大的影响，并在很大的程度上贯穿到以后的发展中去？这就涉及早期《华裔学志》自身发展的几个特色：

（一）与大学的互动关系和汉学家角色

研究《华裔学志》的历史，会发现一个有趣的现象，就是它在历史的发展中几乎总是与大学有着密不可分的联系与互动。早年与辅仁大学的关系自不待言，1949 年到日本以后，1957 年与名古屋的南山大学，1963 年到美国后与加州大学洛杉矶分校，直到 2002 年再次与台湾辅仁大学进行合作。这一系列的事实，凸显了《华裔学志》研究群体与大学互动的特色和明显的汉学家角色。这也是它与中国学术界和世界学术界保持密切关系而始终站在汉学前沿的一个法宝。[21]

圣言会对大学教育的重视，有着历史渊源。早在 1904 年，当时新任命的鲁南宗座代表（Apostolischer Vikar）、圣言会的韩宁镐主教就写信给圣言会总部，强调大学教育及学术的重要：

> 我请求派遣几位学有专精的神父来推动学术及较高等的学校教育。对这件事我真的念兹在兹。理由如下：首先，天主教的教育事业对自己的教会声誉有所亏欠。请看看在中国有关天主教的

文献以及有关中国的天主教文献。除了耶稣会的一些贡献外，可说完全付诸阙如，得多下功夫……第二点，我们对中国人也有所亏欠。未来的世界很可能会由黄种人来左右，或者至少在某种程度上是如此。我不知道您们在欧洲是否察觉到，在这里各方面均力争上游。我们可以借着科学来打动中国人。如果不这样，我们会被中国人无情地甩到一边。……中国人有他们的独特的文化。所以我们必须要派些专人到中国。……假如我们想增加、强化我们在中国的影响力，那么我们在这方面就得加把劲。第三点，我们也需要这类的人才到我们的学校帮忙。如果我们的学校要进步、发展，就需要学有专精之士。但是我们不能匆忙地随便找些人来；要找的人先得学中文，换句话说，现在就要未雨绸缪。第四点，这件事最终对传教人员本身也有必要性。在漫长的传教生涯中，如果欠缺精神上的激励，人会变得萎靡不振。我总觉得，奋发向上读书对传教士来说，是第八件圣事。如果有几个能干的人手，他们就会起酵母菌的作用。……可以考虑的人选有自然科学家……可是特别需要是汉学方面：历史学、宗教学、民族学以及汉语方面的人才。[22]

以上这段话，我们在 100 年后的今天读起来，也不禁要为他的洞见所折服。韩宁镐主教是在"鲁南"——孔子的家乡讲这番话，而讲话者在这里生活了几十年，有谁能说这不是受到了中国伟大教育家孔子的影响呢？特别是他强调"奋发向上读书对传教士来说，是第八件圣事"，这不能不使人想到孔子所说的"学而时习之，不亦乐乎"的教导，是放之四海而皆准的真理。圣言会采纳了韩宁镐主教的这些意见，以《华裔学志》为代表的研究团体及其出版物，几十年来在上面提到的历史学、宗教学、民族学以及汉语等方面，取得了令人瞩目的成就。

《华裔学志》的第一任主编鲍润生的想法，竟然与韩宁镐不谋而合。他在 1926 年写给圣言会第三位总会长吉尔，说："我得到这样的结论：对我的工作最好，也是对教会工作最能产生绩效的，便是让我在大学任职。因为我在教会所欠缺的，可以在大学里找到。跟训练有素的中国人合作，有图书馆在身边以及可以到内地做学术研究之旅。"㉓后来，他果然如愿以偿，成为圣言会在辅仁大学的一个教授。虽然时间不长，但他却做出了卓有成效的工作，对此做过专门研究的柯慕安博士写道："1933年接手这份工作以后，他整个的心思都放在如何让辅仁大学进步发展上。他对汉学及教育念兹在兹，整整三年的时间他全心全意地投入教学、汉学的研究以及他各项的计划实现，直到他突然去世。"㉔作为神父同时也是教授的鲍润生，似乎更具后者的角色。这不是一个偶然事例。汉学在近代的发展，具有了专门化的特色，而近代以来的大学，是专门汉学得以哺育的摇篮，不管研究者的身份角色、主观动机如何，要想在汉学这一专门领域里有所发展，只有在最肥沃的学术土壤上，才能得以实现。

大学的环境对于《华裔学志》的影响与作用，还表现在直接培养了德国年轻的汉学家，其中包括后来担任主编的卜恩礼和副主编的石眉鸣。他们均在辅仁大学完成硕士论文——《荀悦——东汉末年的思想家》（卜恩礼）、《汉代的鲜卑族》（石眉鸣）。其中卜恩礼的导师是著名历史学家余嘉锡。由于《华裔学志》的迁徙，他们又在美国拿到博士学位，成为名副其实的汉学家。

（二）与中国学者的密切合作与对中国文化的认同

在《华裔学志》的早期发展过程中，以陈垣为首的中国学者给予了它不小的帮助与影响。这其中的原因，与《华裔学志》的西方汉学家对中国学者的坦诚态度直接相关。在中西合作方面，《华裔学志》甚至可以说是一个典范。当《华裔学志》第1卷出版后，鲍润生教授即向圣言会的总部汇报："中国人的合作特别重要。"㉕

由于圣言会注意加强与辅仁大学中方学者的沟通和合作，使得学校的中外教师关系融洽。几十年后，辅仁大学校友、北京大学历史系教授乔明顺曾这样回忆："在所有的外人所办的学校，中外人士的合作都是难以解决的问题。虽然双方都以培养人才为共同目标，但由于不同的文化背景所导致的价值观的分歧和生活习惯的差异，往往引起隔阂矛盾。对此，居于辅仁主导地位的西方人士，在消弭裂痕、调整双方关系方面，做了不懈的努力。首先，他们保证中方人士在工作中有职有权，不受干扰。其次，对中国教授彬彬有礼。每年春节校务长都到老先生宅第贺节送礼，还经常对教授们宴请慰问，表示尊重。"⑥

在同中国学者甚至是中国普通百姓的交往中，《华裔学志》的汉学家逐步形成对中国文化的认同。鲍润生在给圣言会领导鲍德姆斯的信中曾说："我对中国越加研究，便越发喜爱中国。"㉗

当然，中西学者的交往与合作，要从东西方文化交流的角度来理解，才能更深刻地认识其本质意义。对于鲍润生与陈垣的友谊，我们也作如是观。

1934 年 3 月，陈垣撰成《从教外典籍见明末清初之天主教》，文末附 "题鲍润生司铎译楚辞二绝"：

　　屈子喜为方外友，骞公早有楚辞音。
　　如今又得新知己，鲍叔西来自柏林。
　　演西也是西来客，天问曾刊艺海尘。
　　此日若逢山带阁，引书定补鲍山人。㉘

这里的屈子一句既指屈原幻想世外仙道的生活，（如《楚辞·远游》中说："览方外之荒忽兮，沛罔象而自浮"），也指 "方外" 之人也喜爱屈原，故有下一句 "骞公早有楚辞音"，指隋朝和尚道骞撰写《楚辞音》，如今又来了远西的 "新知己"，就是鲍润生神父。实际上，在鲍润生之前，已有明末的传教士阳玛诺（字 "演西"）著《楚辞问》，被清人蒋骥（室名山带阁）引用并收入丛书《艺海珠尘》。陈垣先生戏称，若是山带阁在世，修订《楚辞》的注本，一定要补上鲍润生的成果。

陈垣先生有一个补充说明："忆民国十一二年间，英敛之先生介绍余与鲍润生司铎相识，云鲍正翻译《楚辞》。余甚为惊讶，以天主教与

《楚辞》不易发生关系。惟明末西士阳玛诺著《天问略》，后列入《艺海珠尘》，天问二字，实本《楚辞》。雍正间山带阁注楚辞远游、天问诸编，引用利玛窦、阳玛诺、傅泛际、汤若望之说，为天主教与《楚辞》发生关系之始，盖已二三百年于兹矣。其引利玛窦说，称为利山人，因利亦曾自号为大西域山人也。"㉙鲍润生信仰天主教，他却研究与天主教没有直接关系的《楚辞》，陈垣先生由"惊讶"到理解，他自己作《从教外典籍见明末清初之天主教》，不是仅从"教内"典籍看天主教，而是注重教外典籍的史料价值和宗教与社会政治、文化的密切关系。陈垣先生对古代宗教传播史的研究，是站在超越宗教的文化立场。

在对《华裔学志》的未来做设想的时候，陈垣先生说过这样的话："我们可以满怀信心地期待，有一天教会可以在中国社会中得到一个正当的地位，而现代的传教士也能够像利玛窦一样，被中国人视为导师并获得中国人的友谊。"㉚

（三）与图书馆的不解之缘

《华裔学志》既是一份刊物，也是一个研究机构。不论从哪一方面讲，它都有一个显著的特点，就是有一个丰富而实用的图书馆。在这个图书馆的 9 万余册藏书中，中文图书文献占有极大的比重，因而在欧洲都负有盛名。这一事实的原因，应该是多方面的，但与中国学者有关，则是肯定的。

从远源上说，鲍润生的老师伯希和早就提出过下列看法：治"中国学"，必须有三方面的条件：1. 目录学与藏书；2. 实物的收集；3. 与中国学者的接近。㉛此三点意见的头一条，就是关于图书的。作为伯希和的学生，鲍润生在这一点上做得相当出色。他从在柏林和巴黎读书的时代开始，就留心收集汉学的书籍和工具书，逐渐形成了一个小型图书馆。在北平时，《华裔学志》的图书馆有相当一部分是鲍润生的藏书。高杏佛在 1994 年出版的《华裔学志：一份汉学杂志及其北京时期的编辑图书馆》一书的 147 至 186 页，有一份 406 部图书的目录。当然，《华裔学志》的图书远不止这些，在图书管理方面得力于《华裔学志》编委中的谢礼士，他于 1929 年通过德国国家图书馆员考试，1930 年因辅仁大学需要一名图书馆员而来到中国。他积极支持《华裔学志》的创办，并成为编委，在图书资料供应方面给其他学者很大的帮助。自从图书馆建立之后多年，直到今天，都有中国人通过兼职来从事目录工作。

1949 年，当《华裔学志》离开中国的时候，搬运图书成了一件十分艰巨的工作，但在众人帮助下，终于得以顺利完成。在经历了日本、美国的 22 年漂泊后，图书竟保存完好，卜恩礼神父厥功甚伟。2005 年，坐落在圣奥古斯丁的华裔学志研究所，重修了它的图书馆，使其更加实用和漂亮，藏书也更加丰富。而大量的中文图书编目，则有许多中国学者的功劳。

（写于 2005 年）

注　释：

① 从中西交通史的角度看从中古到近代的中西交往，有四个重要的时代，这就是 13 至 14 世纪的 "马可波罗时代"，16 至 17 世纪的 "利玛窦时代"，19 至 20 世纪的 "学院汉学" 和 "西域探险考察家时代"。这些阶段都已经纳入汉学研究的视野。

②《耶稣会士中国书简集·中文版序》，郑州：大象出版社，2001 年 1 月，第 6 页。

③ 戴密微，《法国汉学研究史概述》，载阎纯德主编，《汉学研究》第一辑，北京：中国和平出版社，1969 年 9 月，第 42 页。

④ 方豪，《英敛之先生年谱及其思想》，载沈云龙主编，《近代中国史料丛刊续编第三辑》第 23 册，方豪编《英敛之先生日记遗稿》附录，台北：文海

出版社，第 1—38 页。

⑤ 《论语·颜渊》。

⑥ 1925 年成立时名"辅仁社"，为大学预科，英敛之为社长。1927 年更名辅仁大学，开设文科。1929 年设文、理、教育三学院，共 12 个系。

⑦ 据统计，中国近代以来的教会大学有 17 所之多，分布在北京、上海、南京、天津等 12 座城市。

⑧ 辅仁大学和震旦大学同属于天主教创办的大学，两所学校都不是教会主动创立的大学，而是民国初年仅有的由中国学者呈请和敦促下开办的。震旦大学是在梁启超、蔡元培等人与马相伯的共同努力下，由马相伯出面，呈请于耶稣会而成立的；辅仁的创立已见正文所叙。但由于种种原因，在震旦大学，中国学者并没有发挥积极主导的作用。这也是马相伯后来极力帮助英敛之促成辅仁大学创立的一个原因。

⑨ 图沫，《辅仁大学的过去现在与将来》，载李楚材辑，《帝国主义侵华教育史资料》，北京：教育科学出版社，1987 年 7 月，第 177 页。

⑩ 载方豪编，《马相伯（良）先生文集续编》，北平：上智编译馆，1948 年，第 70—80 页。

⑪ 桑兵，《晚清民国的国学研究》，上海：上海古籍出版社，2001 年，第 201 页。

⑫ 参见陈垣，《倾听未来计划》，载《辅仁学志》第 4 期，1935 年，第 157 页。

⑬ 白寿彝，《要继承这份遗产》，《励耘书屋问学记》（代序），北京：生活·读书·新知三联书店，1982 年 6 月。

⑭ 参见本书《〈华裔学志〉及其研究所对西方汉学的贡献》。

⑮ 译自 "Monumenta Serica: A Scientific Survey"，*Fu Jen Magazine* Vol. VII，1938 年 8 月，第 122 页。

⑯ 译自 Rud. Rahmann，SVD，*Monumenta Serica Journal of Oriental Studies of the Catholic University of Peking* Vol. II 1936–1937 Johnson Teprint Corporation New York, London，1970，p.260。

⑰ H. Frank, *Sinologie*, Bern 1953，15，参见《有关中国学术性的对话：以〈华裔学志〉为例》，台北：辅仁大学出版社，2004 年 7 月，第 65 页。

⑱ 笔者这里使用"汉学"的概念，指外国人研究中国的历史、哲学、语言等，不包括中国人自己对上述方面的研究。这样以便于对"汉学"与"国学"两个概念进行区分。

⑲ 陈寅恪读了《试论"鬼"的原始意义》一文后写信给沈兼士说："依照今日训诂学之标准，凡解释一字是作一部文化史。中国近日著作能适合此定义者……，惟此文足以当之无愧也。"（《陈寅恪先生来函》，载《沈兼士学术论文集》，北京：中华书局，1986 年，第 202 页。）

⑳《沈兼士学术论文集》，北京：中华书局，1986 年，第 206 页。

㉑ 需要说明的是，关于《华裔学志》与南山大学的学术交往，我们并没有找到更多的资料。

㉒ H. Fischer, *Augustin Henninghaus*, Steyl 1940，pp.284–284. 转引自柯慕安（Miroslav Kollár SVD），《鲍润生神父:〈华裔学志〉的创办者——他的生平与事业》，载《有关中国学术性的对话：以〈华裔学志〉为例》，台北：辅仁大学出版社，2004 年 7 月。

㉓ 鲍润生 1926 年 11 月 11 日于上海致威廉吉尔的信，转引自《有关中国学术性的对话：以〈华裔学志〉为例》，台北：辅仁大学出版社，2004 年 7 月，第 58 页。

㉔《鲍润生神父:〈华裔学志〉的创办者——他的生平与事业》，转引自《有关中国学术性的对话：以〈华裔学志〉为例》，台北：辅仁大学出版社，2004 年 7 月，第 50 页。

㉕ 鲍润生 1936 年 1 月 15 日致总会会长葛林德的信。出处同上，第 64 页。

㉖ 乔明顺，《未曾冲淡的深切怀念》，《辅仁校友通讯》第 20 期。

㉗《〈华裔学志〉的创办者鲍润生神父的生平及其成就》。

㉘ 大意是：与"方外"的僧道为友让屈原欢喜，早就有隋朝的和尚道骞注解《楚辞》；如今又遇到新的好朋友，就是从柏林而来的神父鲍润生！想当年耶稣会士阳玛诺（演西）也是从西方远道而来，他写的《天问略》收入了

《艺海珠尘》，与屈原的关怀多么相似！今天要是再碰上蒋骥（山带阁）这样专门搜集《楚辞》注解的人，他一定会把鲍润生神父的注解也增补上！

㉙《陈垣学术论文集》第一集，北京：中华书局，1980年6月，第226页。

㉚ 陈垣，《倾听未来计划》，载《辅仁学志》第4期，1935年，第157页。

㉛《胡适的日记》手稿本，载桑兵，《国学与汉学——近代中外学界交往录》，杭州：浙江人民出版社，1999年11月，第120页。

陈垣先生对汉学的贡献

任大援

近年来，国际汉学研究成为学术界的一个热点。此文写作之时，正是欧洲传教士利玛窦去世 400 年、中西交通史专家方豪诞辰 100 年，一系列相关学术活动，似乎加深了学界与社会对这一领域的关注度。在这种背景下，还恰逢著名史学家陈垣先生诞辰 130 周年，23 卷本《陈垣全集》也出版发行不久。机缘所至，让人萌发了对陈垣先生与国际汉学研究之关系的思考。

一、"利玛窦传统"的中国回应

将陈垣先生与国际汉学相联系，并非主观臆断，而是有一个重要事实基础，这就是陈垣先生自 1926 至 1949 年在辅仁大学担任由副校长到校长的重要职务，而辅仁大学是当时中西文化交流一个特殊的重要窗口。说辅仁大学是"特殊窗口"，原因自然是它是一所天主教大学，而天主教自从利玛窦进入中国，就发生了如何与中国文化相适应和协调的问题。利玛窦实行的是调适（accommodation）策略，他深知传教的困难，因而刻苦学习中国语言、研习中华经典、洞察风土人情、结交文人学士，直至能熟练地用中文写作。中国科学与文明史专家李约瑟博士说："利玛窦不仅是一位杰出的精通中国语言的语言学家，也是一位科学家和优秀的数学家。"① 由于以耶稣会士利玛窦为代表的传教士开始认真地对待与研究中国文化，形成了西方人有意识地研究中国历史文化的开端。甚至由于天主教内部的"礼仪之争"，促使欧洲人对中国文化更增兴趣，因而如今国人对国际汉学的研究，也就以 17 世纪的"传教士"为早期时代，而利玛窦的做法，也被称为"利玛窦传统"；到了 19 世纪初，汉学研究在欧洲进入大学殿堂。而基督教会一部分机构及神职人员专注于中国文化研究的传统一直延续下来，直至今天。《华裔学志》及其研究所就是一个典型的例子。

在这个曲折的历史过程中，汉学作为一个专门学科领域在西方逐步形成并发展起来。因其研究者的主体是海外学者，因而也被称作国际汉学。李约瑟说："17 世纪由耶稣会士开始的中西文化交流工作，在 19 世纪又由基督教徒（新教徒）接续下去。"② 这个说法并不十分确切，因为对于出身天主教的汉学家来说，这一过程并没有因"礼仪之争"而结束。而在后来的过程中，对于整个基督宗教，不论是天主教还是新教的汉学家来说，都不同程度地延续了利玛窦传统。这种情况在近代的一个突出表现，就是教会大学在中国的兴起。辅仁大学是中国近代十几所教会大学中极少数属于天主教系统的大学，因而在对于利玛窦传统的继承方面，有其独特之处，而陈垣先生作为校长，对利玛窦传统从中国学者的角度进行了回应。这种回应，不仅影响了辅仁的学风，也影响到汉学研究。

说辅仁大学在继承利玛窦传统方面有独特之处，首先是承办辅仁大学的同样是属于天主教的修会——本笃会（Benedictines，拉丁文缩写 OSB）和圣言会（Divine Word Missionaries，拉丁文缩写 SVD）；第二，他们继承利玛窦的传统，用学术作为文化沟通的中介，传播科学，探究中国的历史、文学、艺术和哲学，宣扬基督宗教的普世精神。正如后来被任命为辅仁大学校长的本笃会修士奥图尔（George O'Toole，1888—1944）1924 年 3 月写给辅仁大学的创始人、中国学者英敛之的信中所说:"当这所大学正式开学后,我们希望您能担任中国文学、历史的教授。我们希望在中国人民的眼里,天主教会并不是他们的敌人,而是他们在本民族语言、传统、古典文学等方面的朋友。"③ 本笃会自认为担当着"在中国人心目中立下一个真正基督教文化的理想典范"的责任。④ 后来的圣言会亦如此。

对于天主教修会上述理念,陈垣先生作为辅仁大学校长,所做出的回应在于:最大限度地淡化了宗教的立场,最大限度地开拓本土学术与文化的研究。其表现在两点:其一,提出辅仁大学办学的根本宗旨,"发展中国固有之文化,介绍世界科学新知识,以示公教之公"⑤。其二,辅仁大学的办学方法,是大胆吸收和重用教外的中国著名学者,重视国文和中国本土学术文化的研究。在 1935 年辅仁大学创校十周年时,陈垣先生指出:"余继任校事,推阐先辈遗志,以为吾校应勉进者三件事:一、采取西学新方法以谋中国旧史之整理。二、编译各种工具书以谋中外学者之便利。三、传达华学新研究以谋世界合作之进行。"⑥ 陈垣先生领导下辅仁大学的上述特点,与两个背景相关。一是五四运动以后,国内"非基督教"以及反帝爱国运动的形势;另一个是英敛之与马相伯的影响。而后一点是陈垣思想十分重要的来源。英敛之、马相伯的教育思想及其对于基督宗教的态度,早在 20 世纪 20 年代英敛之于香山静宜园创办"辅仁社"时就逐步成熟,而马相伯更从震旦大学的办学实践中,吸取经验教训。马相伯曾为学校规定了三条原则:"崇尚科学、注重文艺、不谈教理。"⑦ 他尝试推广中西双方学术研究,而不列入宗教课程,这点被陈垣先生所充分继承。

二、中外学者合作的促进者

辅仁大学的建立,与绝大多数教会大学有一个很大的不同,这就是从它筹办起,中国学者就是积极的推动者。而它建立之后,陈垣先生在前人的基础上进一步推动了中外学者的合作,对当时及后来的汉学研究都起到积极的影响。

辅仁大学的创立者马相伯曾说过这样的话："大抵洋人办学，辙有二弊：一不重汉文，或重而不得其道；一所授西文，程度太浅，盖视十五六岁华生等于五六岁者而授之；或所授非浅，而不知选择华人所喜者。即以科学论，亦鲜能彻底。"[⑧] 继续这种思路，陈垣先生非常重视中外学者的合作。他在制定辅仁大学的研究方针时，特别指出"互助合作为尤要"，并且举例说，雷格（按指 James Legge，今译理雅各）译中国经典，靠王韬帮助而成功；而法国大儒沙畹翻译《史记》，仅成47 卷，至今尚无人继续，或许就是没有人合作帮助的原因。[⑨]

众所周知，辅仁大学其名，出自孔子"以文会友，以友辅仁"一语。但陈垣先生在阐发这一主题时进一步借用了孟子"友天下之善士""友古之人"之说，而对"友天下之善士"赋予了新的意义。

辅仁大学在推动中外学者合作的一个具体表现，就是为中西学者合作搭建一个有效的平台。陈垣先生担任校长后，聘请著名中国语言文学家刘复（半农）为教务长、著名国学家沈兼士等为教授。此外还有朱希祖、郭家声、朱师辙、尹炎武、张星烺、余嘉锡、马衡、范文澜、英千里、台静农、容肇祖、谭其骧、朱士嘉、史念海等一批人。这一国学队伍的阵容，不仅在当时教会大学中首屈一指，就是在全国的所有公立和私立大学中，也不多见。陈垣先生的这种做法，为辅仁大学的汉学家与中国学者之间的合作提供了良好的基础。

20 世纪初，随着法国巴黎"汉学讲座"的设立，西方汉学的成果不断出现，这种情况曾给中国学者很大的刺激，据后来据郑天挺、翁独健等人回忆，陈垣先生多次讲过这样的话：现代中外学者谈汉学，不是说巴黎如何，就是说东京如何，没有提中国的，我们应当把汉学中心夺到中国，夺回北京。[⑩] 陈垣先生这段话的意思，并非排斥汉学，而是激励国学。陈垣先生本人，不仅十分鼓励"教内"汉学家所做的研究，而且积极与汉学家来往，例如，1933 年伯希和来北平，陈垣先生代表辅仁大学多次宴请，并有胡适、陈寅恪、柯绍忞等人作陪。胡适在其中一次席间说："希望嗣后研究中国学问，须中外学者合作，以补以前各自埋头研究之缺陷，及使世界了解中国文化之真价值。"这段话后来登在 1933 年 1 月的《北平晨报》上。

陈垣先生所推动的中外学者合作，通过《华裔学志》在辅仁大学的创立和发展，看得更加明显。期刊出版工作，是陈垣先生推动中外学者合作的一个重要工具。辅仁大学建立之初，曾出版《辅仁英文学志》（英文）和《辅仁学志》（中文）。1934 年，《辅仁英文学志》停刊，而由《华裔学志》继续。《华裔学志》的主编是圣言会神父鲍润生，陈垣先生虽然只是编委，但在其中起了重要的推动作用。《华裔学志》的拉丁文刊名为 Monumenta Serica，可直译为"丝域之迹"或"中国之碑"。陈垣先生为其起了中文刊名"华裔学志"，并请当时在北平的著名出版家、学者兼书法家孙壮（字伯恒，1879—1943）先生题写了刊名。后来这份期刊的中文名字，在中外都十分有名。

《华裔学志》编委会由中外学者共同组成，第 1 卷的编辑成员中，西方汉学家有田清波、钢和泰、艾克、谢礼士；中国方面除陈垣外，还有辅仁文学院院长沈兼士、历史系主任张星烺、西语系主任英千里、编辑助理方志澎等人。

在陈垣先生影响下，中国学者在对《华裔学志》的建设中也做出了重要贡献。例如"刊物简评"这个栏目，就是沈兼士建议设立的。在这个栏目中，逐一评论各种用汉语、日语和欧洲语言出版的东方学期刊中的文章。这对了解国际汉学现状颇有帮助，被众多杰出学者认同为"不可或缺的助手"。又如，沈兼士发表在《华裔学志》第 2 卷的《试论"鬼"的原始意义》一文，就是一篇吸收汉学家语言学成果而又有所发展的典型研究，他说"高本汉君之《汉语词类》，欲以读音之形式定语辞之义类，而其取字说义似均可商。余不自揣，欲别辟一途径以研究汉语之历史。"[⑪] 对于这篇文章，陈寅恪、李方桂等人都给予很高的评价。高氏晚年说过："我毕生从事中国文化的著述，只有爱护本国文物历史而从事研究的中国学者是真正的知音。"[⑫]

从 1935 到 1949 年，在《华裔学志》出版的 13 卷中，"论文"和"短文"两个基础栏目共有 90 位撰稿人，其中有 13 位中国学者发表了 22 篇文章，他们是费孝通、沈兼士、张星烺、杨树达、季羡林、裴文中等人，陈垣先生本人发表了 4 篇有分量的文章。

在陈垣先生的努力下，在 20 世纪 30 年代的北平，以《华裔学志》为中心，吸引了一大批海外汉学家和中国著名学者，中外学者合作，把陈垣先生"把汉学中心夺到中国、夺回北京"的想法付诸了实践。

三、国际汉学研究的推动者

陈垣先生既是与西方学者合作的表率，又是国际汉学研究的推动者。这二者之间本来就有密切的相关性。而如果单就对国际汉学研究的推动而言，陈垣先生的贡献主要表现在两点：一是积极推动了国际汉学期刊《华裔学志》的建设，并影响到它以后的研究发展方向；二是关于中国基督教史宗教史的研究对国际汉学发挥着影响。

在考察 20 世纪初国际汉学的学术发展时，我们发现"期刊"是一个重要的领域，可惜对这一时期与汉学相关的西文期刊的综合深入研究尚不多。从《华裔学志》的"刊物简评"栏目可以看到，这一时期用各种欧洲语言出版的关于研究中国文化与历史的期刊达 30 种以上。而《华裔学志》是其中的佼佼者。这一点当时就为许多中外学者所称道。半个多世纪之后，回顾总结历史，《华裔学志》的个案值得思考。陈垣先生当年为辅仁大学题写"以文会友，以友辅仁"，把中国古代"友"的概念推向了国际。

陈垣先生不仅以校长和编辑的双重身份对《华裔学志》发挥着重要影响，而且与它的首任主编鲍润生神父有着多年的学术交往。1934年 3 月，陈垣撰成《从教外典籍见明末清初之天主教》一文，引领了国际汉学研究的一个新方向。我们知道，明末以来的早期汉学家，是来自欧洲的传教士，因此传教史研究与汉学史之间有密不可分的关系，特别是传教士来华的所言所行，与中国士人的交往等信息，在当时有许多记录，其中既有民间学者的笔记，也有官方的档案。陈垣先生是近代以来最早注意到这批文献的学者，他曾写过不少相关的文章，披露不为人注意的重要资料，对天主教来华史料进行文化史方面的分析，等等。例如特别应该提到的，是《从教外典籍见明末清初之天主教》一文，是带有方法总结性的论著。他一方面从文献学的角度，总结教内典籍和教外典籍在史料上的互补性，另外则从宗教之外的眼光，判别与宗教有关的史料之价值，例如"教士之品学"，"教徒之流品"（信众的身份），"奉教之热忱"，"教势之昌盛"，"教徒之教外著作"等。这就跳出宗教信仰的窠臼，从一般文化史的角度看待明末清初天主教来华的现象。陈垣先生这种研究方法引申出的新思路，可以概括为"教内典籍"与"教外典籍"互重、宗教与学术互重、政治与文化互重。这种思路，不仅通过他与鲍润生的私人友谊影响到鲍润生本人，而且影响到《华裔学志》以后的办刊方向，这就是宗教与历史文化并重的汉学研究方法。

鲍润生曾说过的这样话："我们也希望表达另一种常常已经是超前的思想。在那些住在东亚的西方人中，有一些人对研究文化和人有很浓厚的兴趣，尤其是对中国文化和中国人民。这也是一些天主教传教士们的真实想法，他们很好地保持了传统，试图寻求宗教目的和文化研究、人类学研究的统一。"[13]

在陈垣校长的关注和参与下，《华裔学志》在北平的 13 年，基本奠定了它后来的办刊特色。1937 年，《华裔学志》编辑部在北平出版了《华裔学志丛书》。离开中国后，1964 年在日本名古屋出版了《华裔选集》，这两套丛书分别连续以专著为主的形式发表汉学研究的最新成果。而《华裔学志》杂志本身，成为与《通报》齐名的欧洲最有影响的汉学杂志。它的主编马雷凯教授在刊物创建 50 周年时曾这样表示过："其文化史研究的意义大于传教本身的研究。事实上，自从四百多年以前利玛窦来到中国，教会一天也没有停止过对中国文化的思考与对话，那些睿智的学者与思想家，不论他们的身份属于或不属于教会，同样为后人留下了珍贵的遗产。"⑭ 这其实正与当年陈垣先生的思想殊途同归。

陈垣先生的史学研究对国际汉学的另一重要影响，是他对宗教史的研究。陈垣先生的宗教史研究成果，不仅为国内学界所公认，在国际上也有重要影响。他从中国基督教人物研究开始，早年曾写有《浙西李之藻传》《泾阳王征传》《休宁金声传》《华亭许缵曾传》等。后来进入专门研究，著有《元也里可温教考》《开封一赐乐业教考》《火祆教入中国考》《摩尼教入中国考》等，并发表宗教史论文 50 多篇，范围除以上"四考"以外，也涉及佛教、基督宗教、伊斯兰教、道教，等等。他对于宗教史研究之深、范围之广，有些至今仍无人能出其右。

陈垣先生在上述领域的研究，在 20 世纪初以来对国际汉学有很大的影响。这一方面是因为中西文化的早期交流和域外宗教的进入有密切的关系；另一方面，也是由于 20 世纪的历史学对宗教有更大的关照，这在东西方的学人都是如此。天主教进入中国引发的 17 世纪的"礼仪之争"，进一步激发了西方人对中国宗教问题兴趣，而汉学家又首先担当了对西方文化进行传播阐释的角色。但在当时中国的学术界，对中国宗教问题的研究应该从哪里入手，应该用什么样的方法？还没人能给出好的解释和研究的范例。陈垣先生的"四考"一出，中外学者都豁然开朗。20 世纪 40 年代初，陈寅恪在为陈垣《明季滇黔佛教考》所作的序中指出："中国史学，莫盛于宋，而宋代史家之著述，于宗教往往疏略，此不独由于意执之偏颇，亦其知见之狭陋有以致之。元明及清，治史者之学识，更不逮宋，故严格言之，中国乙部之中，几无完善之宗教史，然其有之，实自近岁新会陈援庵先生之著述始。"⑮ 关于耶稣会的研究，陈垣先生所写的《吴渔山晋铎 250 周年纪念》《汤若望与中国和尚木陈忞》等，都是开拓之作。

在今天来看，中国基督教史及宗教史是研究中国文化史，特别是明清以来的文化史所绕不过去的环节，也是研究中西文化交流史所绕不过去的环节，此亦西方汉学家重视这一问题的原因之一。我们今天因为看到学术史的发展过程，更能看清楚这一点。而对于当年的陈垣先生来说，这一领域的开拓却是来自史学家所特有的敏锐、真知灼见和学术功力。中国学者方豪，对陈垣先生这一领域的研究也做出了开拓性的贡献。而西方汉学家，从 20 世纪 30 年代的裴化行到后来的谢和耐、许理和、高华士、杜鼎克、钟鸣旦等人，在一定程度上，都受到陈垣先生和方豪先生的影响。

（写于 2010 年，有修改）

注　释：

①《中国科学技术史》第一卷，北京：科学出版社、上海：上海古籍出版社，1990 年，第 152 页。

② 同上。

③ 陶飞亚、吴梓明，《基督教大学与国学研究》。福州：福建教育出版社，1998 年，第 153 页。

④［荷］柯博识著，袁小涓译，《私立北京辅仁大学 1925—1950》，台北：辅仁大学出版社，2007 年，第 24 页。

⑤《陈垣全集》第 22 册，合肥：安徽大学出版社，2002 年，第 523 页。

⑥ 出处同上，第 526 页。

⑦ 周川、黄旭主编，《百年之功：中国近代大学校长的教育家精神》，福州：福建教育出版社，2005 年，第 3 页。

⑧《致英千里（1926）》，《马相伯卷》，北京：中国人民大学出版社，2014 年，第 328 页。

⑨《陈垣全集》第 22 册，合肥：安徽大学出版社，2002 年，第 526—527 页。

⑩ 刘乃和，《励耘承学录》，北京：北京师范大学出版社，1992 年，第 88 页。

⑪《沈兼士学术论文集》，北京：中华书局，1986年，第205—206页。

⑫〔瑞典〕高本汉著，董同龢译，《高本汉诗经注释》，上海：中西书局，2012年，书前页。

⑬见本书马雷凯，《华裔学志五十年（1935—1985）》。

⑭同上。

⑮陈恒，《明季滇黔佛教考》，石家庄：河北教育出版社，2000年，第235页。

附录

（编者按）

《华裔学志》的刊名是 *Monumenta Serica*，副刊名是 *Journal of Oriental Studies*，中文刊名是陈垣先生所命名的"华裔学志"。其中，Monumenta Serica 是拉丁文，意为"丝域之迹"（或译为"丝域之碑"），Journal of Oriental Studies 是英文，意为"东方研究杂志"。中文刊名"华裔学志"居中大字竖写，十分醒目。书写者为当时京城著名金石书法家、收藏家、商务印书馆北平分馆经理孙壮（字伯恒）先生。由于封面上有醒目的中文"华裔学志"四字，故此刊在中文学界以《华裔学志》的名称流行。

《华裔学志》自 1935 年在北京（当时称北平）出版后，计划以每年一卷的频率连续出版。从 1935 到 1948 年，在北平共出版 13 卷。1949 年后迁往日本，因各种原因编辑停顿，直到 1955 年恢复出版，1963 年迁往美国之前，出版了 9 卷（第 14—22 卷）。1963 年到达美国之后，到 1972 年迁往德国之前，在美国出版了 7 卷（第 23—29 卷）。1972 年迁到德国之后，到 2018 年共出版 37 卷（第 30—66 卷）。需要说明的是，自 2015 年也即第 63 卷开始，《华裔学志》推出电子版，同时也把出版频率改为每年两卷，这种情况，称之为 XX 卷之一、XX 卷之二，但其内部页码是连续排列的。

就《华裔学志》的内容而言，分为 Articles（论文或专论）、Miscellaneous（短文或杂文）、Book Reviews（书评）、Review of Reviews（刊物简评或对其他杂志的书评的介绍）。本附录一，主要以《华裔学志》论文或专论中的文章为主，而对短文、杂文和书评的全部目录进行中译，俟诸来日。特此说明。关于华裔学志目录的翻译，最早是我在 1992 年访德期间完成的，当时只翻译了第 1—38 卷，回国后送给当时在北京的弥维礼教授，他那时是《华裔学志》驻北京的代表，弥教授后来请北京师范大学的老师校对修订过，这就是后来台湾辅仁大学作为"辅仁大学华裔学志丛书系列之二"《〈华裔学志〉中译标题目录 1—50 卷（1935—2002）》的一个来源。该书的主编魏思齐教授在"编者导论"中也指出了这一点。之后，我逐步把后面的部分补齐。需要说明的是，《华裔学志》从 57 卷（2009）起，已经开始有中文目录。为了体现完整性，中文目录仍然延续到 66 卷之二（2018 年）。

《华裔学志》出版后，在北平的汉学家们的研究热情高涨，并有大部头的专著问世，这种研究成果，无法通过一本杂志介绍出来，因此，从 1937 年开始，《华裔学志》编辑部开始编辑出版相关汉学专著，命名为《华裔学志丛书》(*Monumenta Serica Monograph Series*，简称 *MSMS*)。到 2019 年，丛书系列共出版 69 种专著。此外，从 1964 年开始，《华裔学志》编辑部也开始编辑出版一套以一般读者为对象的汉学书籍，开始称为 Other Publications（其他出版物），后来统一命名为 Collectanea Serica（《华裔选集》），到 2019 年共出版 24 部。本附录二、附录三，将以上两套出版物的书名翻译为汉语。

附录一 《华裔学志》目录（第1—66卷）

《华裔学志》第1卷（1935）

有关远东天主教历史的札记（法文）裴化行（Bernar, Henri）478—486

特稿：伯希和（Paul Pelliot）给编者的一封信（英文）192

《华裔学志》第2卷（1936—1937）

试论"鬼"的原始意义（英文）沈兼士（Shen Chien-Shih）1—20

中国（文献中）对"花生"最早的记载（英文）傅路德（Goodrich, L. Carrington）21—80

杜甫诗的翻译（第二卷）（德文）赞克（Zach, Erwin von）81—124

中国血缘关系制度的问题（英文）费孝通（Fei, Hsiao-Tung）125—148

三国时代天文学的贡献（英文）艾伯华（Eberhard, W.）、缪勒（Mueller, R.）149—164

对库恩（Franz Kuhn）先生的答复（关于《水浒传》的翻译）（英文）石坦安（Steinen, Diether）165—166

北京故宫博物院（英文）顾若愚（Koester, Hermann）167—190

对所谓《景善公日记》的若干批评性评论（德文）（Lewisohn, William）191—202

唐代的景教寺院及大唐景教碑的发现地点（英文）林仰山（Drake, F. S.）293—340

关于索格文（Soghdischen）佛教经书的札记（德文）韦勒（Weller, Friedrich）341—404

曹操的两首诗（德文）白乐日（Balazs, Stefan）410—420

在热河（Jehol）所发现的宋代陶器的契丹（Kitan）变种（英文）山下泰藏（Yamashita, Taizo）421—422

凯旋的骑手（关于中国西部民间刺绣）（英文）舒斯特（Schuster, Carl）437—440

《华裔学志》第3卷（1938）

现代中国法律的婚姻自由（英文）范可法（Van der Valk, M.）1—34

《华裔学志》第 4 卷（1939—1940）

《华裔学志》第5卷（1940）

《华裔学志》第6卷（1941）

《华裔学志》第7卷（1942）

《华裔学志》第8卷（1943）

汉代的铁刀和剑（德文）（Eder, Matthias） 394—400

《汪穰卿笔记》中一则关于伪造名画的趣闻（英文） 方志浵（Fang, Achilles）
435—436

《华裔学志》第11卷（1946）

《抱朴子》内篇卷六（英文） 丰浮露（Feifel, Eugene） 1—32

元朝用蒙古文对汉文文献的翻译（德文） 福克司（Fuchs, Walter） 33—64

《九经三传沿革例》著者考（英文） 方志浵（Fang, Achilles） 65—86

于谦——政治家和兵部尚书（德文） 傅吾康（Franke, Wolfgang） 87—122

关于《广韵声系》（英文） 方志浵（Fang, Achilles） 123—149

中国近年来出版的汉学著作目录（三）（英文） 卫德明（Wilhelm, Hellmut）
151—189

关于康熙时代的地图集的补充说明（法文） 裴化行（Bernard, Henri） 191—
200

在各种中国方言中的语音区别（法文） 贺登崧（Grootaers, W.） 207—231

中国北方方言的语音：关于其分布的研究（英文） 齐德芳（Giet, Franz）
233—267

周代的青铜文字（铜器铭文）（德文） 罗越（Loehr, Max） 269—325

战国时代的小型陶俑及其复制品（英文） 罗越（Loehr, Max） 326—333

在土耳其伊斯坦布尔的一件中国文献（德文） 艾伯华（Eberhard, W.） 334—
335

《华裔学志》第12卷（1947）

云南的梵文题刻（以及该省主要佛塔的建立时间）（一）（英文） 李华德
（Liebenthal, Walter） 1—40

关于周朝的国法理论——《邓析子》全书和片断的研究（德文） 卫德明
（Wilhelm, Hellmut） 41—96

中国犹太人的姓名（英文） 罗文达（Löwenthal, Rudolf） 97—126

根据蒙、汉文资料编辑的卫匡国（Martini）中国蒙古地图集（法文） 裴化行

《华裔学志》第13卷（1948）

霍夫（Eierhoff, Joseph） 376—384

周代铜器铭文中一条关于调息功夫的记载（英文） 卫德明（Wilhelm, Hellmut） 385—388

滕县出土的汉像石（英文） 林仰山（Drake, F. S.） 389—394

关于中国西南地区纳西族及其他部落的祭天（英文） 雷冕（Rahmann, Rud.） 395—408

《华裔学志》第 14 卷（1949—1955）

东林书院和它的政治及哲学意义（英文） 卜恩礼（Busch, Heinrich） 1—163

战后日本关于中国哲学的研究（英文） 后藤基已（Gotō Motomi） 164—187

中国史前之宗教（德文） 顾若愚（Köster, Hermann） 188—214

山东省关于法律的民俗：《民商事习惯调查报告录》（德文） 罗度华（Kroker, Eduard） 215—302

蒙古的墓刻和石碑：斯文·赫定（Sven Hedin）在内蒙古最后的远征（1927—1935）及发现（德文） 约翰内斯·马林格（Maringer, Johannes） 303—339

"无念尔祖"——《诗经·大雅》文王之诗中早期儒家一个欺骗性的虔诚误读以及对它正确的语义学解释（英文） 罗逸民（Reifler, Erwin） 340—373

前燕史（英文） 石眉鸣（Schreiber, Gerhard） 374—480

卜弥格（Michael Boym, 1612—1659）的著作（英文） 什切希尼亚克（Szczesniak, Boleslaw） 481—538

琦善与义律（Elliot）的谈判以及对失败的穿鼻草约的再评价（英文） Wong, George H. C. 539—573

利玛窦《交友论》注解（英文） 方豪（Fang, Hao） 574—583

《华裔学志》第 15 卷（1956）

前燕史（续） 石眉鸣（Schreiber, Gerhard） 1—141

青铜器"錞"的研究 梅原末治（Umehara, Sueji） 142—160

欧几里德著作的中文译本首次向中国介绍（意文，附英文提要） 德礼贤

《华裔学志》第16卷（1957）

文） 什切希尼亚克（Szcześniak, B.） 360—362

昙曜及其时代（据冢本善隆《支那佛教史研究·北魏篇》）（英文） Galen E.
　　Sargent 363—396

战后日本关于中国文学的研究（英文） 后藤均平（Gotō Kimpei） 397—448

中国伊斯兰教的俄文资料（英文） 罗文达（Loewenthal, Rudolf） 449—479

《华裔学志》第 17 卷（1958）

楚帛书的初步研究（英文） 巴纳（Barnard, Noel） 1—11

最近发现的西周青铜器铭文（英文） 巴纳（Barnard, Noel） 12—46

黄巾军（英文） Michaud, Paul 47—127

《淮南子》研究（续）（英文） 伊娃卡夫（Kraft, Eva） 128—207

中国青铜器装饰的专用名称（续）（英文） 康时登（Consten, Eleanor von
　　Erdberg） 208—254

《白居易传》——《旧唐书》卷 166 的翻译及注解（英文） 丰浮露（Feifel,
　　Eugene） 255—311

关于《水浒传》的作者（英文） 小川环树（Ogawa Tamaki） 312—330

论元剧的背景（英文） 杨富森（Yang, Richard） 331—352

元代及明初蒙古人取名的一些类型（英文） 司律思（Serruys, Henry） 353—
　　360

满洲天主教教义问答 米仕（Mish, John L.） 361—372

杜赫德（J. B. du Halde）的《中华帝国志》的俄文译本（英文） 什切希尼亚
　　克（Szczesniak, B.） 373—376

战后日本关于中国社会和经济的研究（英文） 后藤均平（Gotō Kimpei）
　　377—418

战后日本关于中国绘画和雕塑的研究（英文） 范德本（Vanderstappen,
　　Harrie）、渡边惠子（Watanabe Keiko） 419—473

《华裔学志》第 18 卷（1959）

十六世纪漠南蒙古南部的汉人（英文） 司律思（Serruys, Henry） 1—95

《华裔学志》第 19 卷（1960）

《华裔学志》第20卷（1961）

日本关于老子研究的最新成果：木村英所著的《老子的新研究》（英文） 郝理
　　庵（Hurvitz, Leon） 311—367

战后日本关于中国语言的研究（英文） 后藤均平（Gotō Kimpei） 368—393

《华裔学志》第 21 卷（1962）

耶律楚材的《西游录》（英文） 罗依果（Rachewiltz, Igor de） 1—128

康有为的哲学思想——新的综合尝试（英文） 萧公权（Hsiao, Kung-Chuan）
　　129—193

关于唐代文化的笔记（英文） 薛爱华（Schafer, Edward H.） 194—221

关于《方言》中五个字的研究（第二部分·附五幅地图）（英文） 司礼义
　　（Serruys, Paul） 222—319

基于文献的中国方言学研究（英文） 司礼义（Serruys, Paul） 320—344

一个中国小商人的商业活动（英文） 艾伯华（Eberhard, W.） 345—356

蒙古语中"黄金"与"皇家"（英文） 司律思（Serruys, Henry） 357—378

战后日本关于中国陶瓷的研究（英文） 渡边惠子（Watanabe Keiko） 379—
　　404

《华裔学志》第 22 卷（1963）

论明代兴起的社会基础（1351—1360）（英文） 戴乐（Taylor, Romeyn） 1—
　　78

"时调"（Sijo）体最伟大的诗人尹善道——他的生活和他的诗（英文） 李鹤
　　洙（Lee, Peter H.） 79—120

鄂尔多斯的喇嘛寺院（法文） 贺歌南（Van Hecken, Joseph） 121—168

"Nam"（西藏边界地区）语言译解的线索（英文） 夏富（Shafer, Robert）
　　169—184

日本关于中国绘画和雕塑的研究（1958—1962）（英文） 范德本（Vanderstappen,
　　Harrie）、渡边惠子（Watanabe Keiko） 185—208

中国的伊斯兰学：有关中国穆斯林的书目笔记（英文） 罗文达（Loewenthal,

《华裔学志》第25卷（1966）

《华裔学志》第26卷（1967）

《华裔学志》第 27 卷（1968）

关于井原西鹤《世间胸算用》结构的若干研究（英文） Befu, Ben　385—397

《华裔学志》第 28 卷（1969）

《华裔学志》第 29 卷（1970—1971）

《华裔学志》第 30 卷（1972—1973）

《华裔学志》第 31 卷（1974—1975）

《华裔学志》第32卷（1976）

《华裔学志》第 33 卷（1977—1978）

《华裔学志》第34卷（1979—1980）

《华裔学志》第 35 卷（1981—1983）

《华裔学志》第36卷（1984—1985）

《华裔学志》第 37 卷（1986—1987）

《华裔学志》第38卷（1988—1989）

中国小说的起源（英文）　倪豪士（Nienhauser, William H.）　191—219

俄国正教会在北京的出版事业补遗（德文）　魏汉茂（Walravens, Hartmut）　221—229

中古汉语：对某些批评的回应（英文）　蒲立本（Pulleyblank, E. G.）　231—247

评 A. Schuessler《周初汉语字典》（英文）　科尔博（Kolb, Raimund）　249—261

《华裔学志》第 39 卷（1990—1991）

西岳：华山之文化层面（英文）　文青云（Vervoorn, Aat）　1—30

强者为王：中国帝制时期外交关系中的军事力量与公主和亲（自汉至清）（英文）　Holmgren, Jennifer　31—85

法家的"刑名"观：考古证据如何重新诠释现存文本（英文）　梅约翰（Makeham, John）　87—114

相连相认：李之藻的儒家—基督宗教综合学（英文）　Leung, Yuen-sang　115—130

商朝末年黄河北岸的犀牛和野牛：书写符号"𠴎"和中国字"兕"字图解（英文）　雷焕章（Lefeuvre, Jean A.）　131—157

生成音韵学是研究古汉语"快板"（Allegroform）型式的重要途径（英文）　Fowler, Vernon K.　159—167

唐代的萤火虫（英文）　薛爱华（Schafer, Edward H.）　169—198

李翱的三寓言：公鸡、骏马和凤凰（英文）　玛德琳（Spring, Madeline K.）　199—208

内蒙古的地名（英文）　司律思（Serruys, Henry）　209—246

通颊：七到十世纪汉藏疆界之部落（英文）　荣新江（Rong, Xinjiang）　247—299

苏联东干人——来自中国的伊斯兰教徒：他们的过去、现在和未来 （英文）　葛维达（Dyer, Svetlana Rimsky-Korsakoff）　301—323

纪念蒙古学家、汉学家贺歌南（Josephvan Hecken, 1905—1988）（英文）　鄂法兰（Aubin, Francoise）　325—350

有关 M. E. Lewis 著《早期中国所允许之暴力》的一些评注（德文） 科尔博
（Kolb, Raimund） 351—364

《华裔学志》第 40 卷（1992）

道德的英雄：传统中国的归隐模式（英文） 伯科维茨（Berkowitz, Alan J.）
1—32

传统中国的归隐模式：参考书目选（英文） 伯科维茨（Berkowitz, Alan J.）
33—46

魔术师传奇：唐代奇人叶法善（631—720）传（英文） 柯克兰（Kirkland,
Russell） 47—86

"舍利"及僧侣传记中相关之描述（德文） 西胁常记（Tsuneki Nishiwaki）
87—120

《牛经大全》：一本有关牛的中国兽医书（德文） 冯·登·德里施（Driesch,
Angela von den）、傅海波（Franke, Herbert） 121—218

西夏的军事成就：兀剌海和黑水镇燕军（英文） 邓如萍（Dunnell, Ruth W.）
219—234

纳吉（Na-khi）圣像传统及西藏苯教传统中之那伽（Nāga）（德文） 胡梅尔
（Hummel, Siegbert） 235—243

F. Bergmans 1931 年在 Chara-choto 发现之纸币（德文） 克劳斯（Henke,
Klaus） 245—268

唐朝沙洲方言比较研究（英文） 柯蔚南（Coblin, Weldon South） 269—361

《华裔学志》第 41 卷（1993）

哲学散文中汉赋的根源（英文） 章沧授（Zhang, Cangshou）、Pease, Jonathan
1—27

宗主在望：董巨画派的早期历史（英文） 白润德（Bryant, Daniel） 29—88

鉴赏力和对粗俗的抵抗——杨慎（1488—1559）及其作品（英文） Schorr,
Adam 89—128

《华裔学志》第 42 卷（1994）

《华裔学志》第 43 卷（1995）

题献给圣言会神父 H. A. Vanderstappen 教授的论文集

《华裔学志》第44卷（1996）

《华裔学志》第45卷（1997）

《华裔学志》第46卷（1998）

［特辑］儒学、道家、道教中"道"之兴旺

《华裔学志》第47卷（1999）

［特辑］国际老子研讨会论文选集·马王堆帛书发现后之老子研究

（德文） Wegmann, Konrad　315—347

佛教诠注一例：憨山德清法师之《道德经解》（德文）　叶格正（Jager, Henrik）
　349—362

《老子》在道教中的意义和功能（德文）　常志静（Reiter, Florian C.）　363—
　376

《华裔学志》第48卷（2000）

中国咏史诗中的象征主义（英文）　许钢（Xu, Gang）　1—18

迷惑与憎恶之间：唐诗人眼中的胡人（法文）　胡若诗（Hu-Sterk, Florence）
　19—38

致仕的半俸与七十老人白居易的自我写照（英文）　杨晓山（Yang, Xiao-shan）
　39—66

入世与隐逸：胡瑗《周易口异》初探（英文）　韩子奇（Hon, Tze-ki）　67—92

明代艳情传奇小说之刊行与出版文化（英文）　王岗（Wang, Richard G.）
　93—132

《南宫署牍》《破邪集》与西方关于南京教案的报导（英文）　杜鼎克（Dudink,
　Adrian）　133—265

明代《官话》语音史探讨（英文）　柯蔚南（Coblin, Weldon South）　267—335

文学境域旅行境域：有关《西游补》的互文性（互为文本性）和叙述结构（德
　文）　柯理（Treter, Clemens）　337—357

俄国画家 Anton Legasov 在中国：俄国"北京传教士团"的历史略谈（英文）
　艾琳娜（Nesterova, Elena）　359—427

早期俄国东干回民的迷信及信仰（英文）　葛维达（Dyer, Svetlana Rimsky-
　Korsakoff）　429—443

《华裔学志》第49卷（2001）

《陈先生内丹诀》（陈朴）的成仙理论与功法（英文）　苏德朴（Eskildsen,
　Stephen）　1—31

《华裔学志》第 50 卷（2002）

《华裔学志》第 51 卷（2003）

[专辑] 汉堡墓葬简帛国际研讨会

《华裔学志》第52卷（2004）

《华裔学志》第53卷（2005）

［特辑］魅力和理解：西方精神与中国精神的互动 I

《华裔学志》第 54 卷（2006）

［特辑］魅力和理解：西方精神与中国精神的互动 II

Fredrik） 405—415

《华裔学志》第 55 卷（2007）

兴其宗者多有异貌：中国古代的畸形与残疾观（英文） 米欧敏（Milburn,
　　Olivia） 1—22

汉代大赋的特征及其与君主关系（英文） 吴伏生（Wu, Fusheng） 23—59

在政治与形上论之间——论王通在唐宋思潮演变中形象的转变（英文） 王国
　　尧（Wong, Kwok-Yiu） 61—97

《参同契考异》与内丹在朱熹思想中的地位（英文） 金永植（Kim, Yung Sik）
　　99—131

明代陪都南京的军事功能（英文） 方骏（Fang, Jun） 133—155

《三国演义》与孟子的君主观（英文） 葛良彦（Ge, Liangyan） 157—193

德川古学中之《诗经》（英文） 弗吕克（Flueckiger, Peter） 195—225

西方与《易经》的初次相遇——18 世纪法国耶稣会士的书信、拉丁文本及其
　　译文的介绍与编辑出版（英文） 柯兰霓（Collani, Claudia Von） 227—387

《口铎日抄》中佛兰德版画及其欧洲寓意在中国的运用（英文） 梅欧金
　　（Menegon, Eugenio） 389—437

有关十八世纪中国官话变异的音韵学摘记（英文） 柯蔚南（Coblin, W. South）
　　439—446

唐至明中期典籍中有关"秦吉了"（八哥）的记述（德文） 普塔克（Ptak,
　　Roderich） 447—469

侗族的笁：中国特有的木结构（德文） 兹韦格（Zwerger, Klaus） 471—512

《华裔学志》第 56 卷（2008）

"中国没有创世神话"就是一种神话（英文） 金鹏程（Goldin, Paul R.） 1—22

从魂魄到精神：中国早期到中古时代"灵魂"术语的发展（英文） 劳悦强
　　（Lo, Yuet Keung） 23—53

书写意义：古代哲学的文意建构方法（英文） 麦笛（Meyer, Dirk） 55—95

礼事与历史：《仪礼·丧服》与《礼记》中有关丧服礼仪的阐释（德文）

《华裔学志》第57卷（2009）

《华裔学志》第58卷（2010）

《华裔学志》第 59 卷（2011）

［特辑］探寻大中华——17 世纪耶稣会士在中国：卜弥格（1612—1659）、
穆尼阁（1610—1656）、卢安德（1596—1633）
国际研讨会（2009 年 9 月 26 日至 10 月 1 日）

《华裔学志》第60卷（2012）

《华裔学志》第61卷（2013）

《华裔学志》第 65 卷之一（2017）

《华裔学志》第 65 卷之二（2017）

《华裔学志》第66卷之一（2018）

《华裔学志》第66卷之二（2018）

附录二 《华裔学志丛书》目录（1937—2019）

1.《鄂尔多斯民间文学》（包括导论、词法注解、评论和词汇表）

田清波（Antoine Mostaert）著　　北平，1937 年

Antoine Mostaert:

Textes oraux ordos recueillis et publiés avec introduction, notes morphologiques, commentaires et glossaire

2.《现代中国家庭法纲要》

范可法（Marc Van der Valk）著　　北平，1939 年

Marc Van der Valk:

An Outline of Modern Chinese Family Law

3.《中国文化结构研究——中国古代的区域文化（之二）：东南地区的文化》

艾伯华（Wolfram Eberhard）著　　北平，1942 年

Wolfram Eberhard:

Untersuchungen über den Aufbau der chinesischen Kultur. II. Lokalkulturen im Alten China. Teil 2. Die

Lokalkulturen des S°dens und Ostens by Wolfram Eberhard; Japan In Deutschland by A. R. Kroeger)

4.《康熙皇舆全览图》（三册，附原大的耶稣会地图）

福克司（Walter Fuchs）著　　北平，1943 年

Walter Fuchs:

Der Jesuiten-Atlas der Kanghsi-Zeit. Seine Entstehungsgeschichte nebst Namenindices für die Karten der Mandjurei, Mongolei, Ostturkestan und Tibet mit Wiedergabe der Jesuiten-Karten in Originalgröße

5.《鄂尔多斯蒙古语词典》1—3 册

田清波（Antoine Mostaert）著　　北平，1941—1944 年

Antoine Mostaert:

Dictionnaire Ordos 1-3

6.《陇西蒙古人所讲的土族语》第二卷（语法）

　　石德懋（A. De Smedt）著　　北平，1945 年

　　A. De Smedt:

　　Le Dialecte Monguor parlé par les Mongols du Kansou occidental. IIe Partie.
　　Grammaire

7.《中国文学史及其思想基础》（根据日本长泽规矩也《支那学术文艺史》
　　而写）

　　丰浮露（Eugen Feifel）著　　北平，1945 年

　　Eugen Feifel:

　　Geschichte der chinesischen Literatur und ihrer gedanklichen Grundlage

8.《广舆图版本考》（朱思本的蒙古地图《广舆图》）

　　福克司（Walter Fuchs）著　　北平，1946 年

　　Walter Fuchs:

　　The "Mongol Atlas" of China by Chu Ssu-pen and the Kuang-yü-t'u
　　Peking 1946, Fu Jen Catholic University Press

9.《唐代法律史资料》

　　卡尔·宾格尔（Karl Bünger）著　　北平，1946 年

　　Karl Bünger:

　　Quellen zur Rechtsgeschichte der T'ang-Zeit

10.《水晶念珠（蒙古语宝罗额里赫）：从文学史角度对拉西彭楚克乾隆（1774—
　　1775）年间所撰蒙古编年史的研究》

　　海西希（Walther Heissig）著　　北平，辅仁大学出版社，1946 年

　　Walther Heissig:

　　Bolur Erike. Eine Kette aus Bergkristallen. Eine mongolische Chronik der
　　Kienlung-Zeit von Rasipungsug(1774-75)
　　Peping 1946, Fu Jen Catholic University Press

11.《鄂尔多斯民间文学的翻译与整理》（此书为《华裔学志丛书》第一册的翻
　　译与整理）

　　田清波（Antoine Mostaert）著　　北平，1947 年

Antoine Mostaert:

Folklore Ordos. Traduction des "Textes oraux Ordos"

12.《伊藤仁斋：德川时代的哲学家、教育家和汉学家》

约瑟夫·约翰·思贝（Joseph John Spae）著　　　1947 年，北平

Joseph John Spae:

Itô Jinsai. A Philospher, Educator and Sinologist of the Tokugawa Period

13.《肇论》（根据中文原本翻译，附导论、注解及附录）

李华德（Walter Liebenthal）著　　　北平，1948 年

Walter Liebenthal:

The Book of Chao. A Translation from the Original Chinese with Introduction, Notes and Appendices

14.《中国古代青铜器的铸造及其青铜合金》

巴纳（Noel Barnard）著　　　与澳大利亚大学联合出版，1961 年

Noel Barnard:

Bronze Casting and Bronze Alloys in Ancient China

15.《元西域人华化考》

陈垣著（钱星海、傅路德译）　　　洛杉矶，1966 年；圣奥古斯丁 – 内特塔尔，1989 年重印

Ch'en Yüan:

Western and Central Asians in China under the Mongols

16.《颜元〈存学编〉（附生平和思想介绍）》

Mansfield Freeman 译　　　洛杉矶，1972 年

Translated by Mansfield Freeman:

Yen Yüan, Preservation of Learning. With an Introduction on His Life and Thought

17.《耶稣会士白晋神父的生平与著作》

柯兰霓（Claudia von Collani）著　　　圣奥古斯丁 – 内特塔尔，1985 年

Claudia von Collani:

P. Joachim Bouvet S. J. – Sein Leben und sein Werk

18.《汉藏语词汇比较手册》

柯蔚南（W. South Coblin）著　　圣奥古斯丁 – 内特塔尔，1986 年

W. South Coblin:

A Sinologist's Handlist of Sino-Tibetan Lexical Comparisons

19.《秦石鼓》

马几道（Gilbert L. Mattos）著　　圣奥古斯丁 – 内特塔尔，1988 年

Gilbert L. Mattos:

The Stone Drums of Ch'in

20.《七步得道：司马承祯的〈坐忘论〉》

孔维雅（Livia Köhn）著　　圣奥古斯丁 – 内特塔尔，1987 年

Livia Köhn:

Seven Steps to the Tao: Sima Chengzhen's "Zuowanglun"

21.《郑板桥：诗人、画家和书法家》

卜松山（Karl-Heinz Pohl）著　　圣奥古斯丁 – 内特塔尔，1990 年

Karl-Heinz Pohl:

Cheng Pan-ch'iao. Poet, Painter and Calligrapher

22.《柏应理（1623—1693）：把中国介绍给欧洲的人》

韩德力（Jerome Heyndrickx）编　　华裔学志与鲁汶南怀仁基金会联合出版，圣奥古斯丁 – 内特塔尔，1990 年

Jerome Heyndrickx (Ed.):

Philippe Couplet, S. J. (1623-1693). The Man Who Brought China to Europe
Jointly published by Institut Monumenta Serica and Ferdinand Verbiest
Foundation, Leuven

23.《北京纸马：家庭拜神之一瞥》

安妮·S. 古德里奇（Anne Swan Goodrich）著　　圣奥古斯丁 – 内特塔尔，1991 年

Anne Swan Goodrich:

Peking Paper Gods. A Look at Home Worship

24.《变化的中心：〈洪范〉原作及后人解读的变化》

戴梅可（Michael Nylan）著　　圣奥古斯丁 – 内特塔尔，1992 年

Michael Nylan:

The Shifting Center: The Original "Great Plan" and Later Readings

25.《汤若望传》（据 Bachem 出版社 1933 年版影印，增加附录、家庭世系表、索引、《清史稿·汤若望传》）

魏特（Alfons Väth）著　　圣奥古斯丁 – 内特塔尔，1991 年

Alfons Väth:

Johann Adam Schall von Bell S. J. Missionar in China, kaiserlicher Astronom und Ratgeber am Hofe von Peking 1592-1666

26.《道德的启蒙：莱布尼茨和沃尔夫论中国》

秦家懿（Julia Ching）、魏勒·奥斯特比（Willard G. Oxtoby）著　　圣奥古斯丁 – 内特塔尔，1992 年

Julia Ching，Willard G. Oxtoby:

Moral Enlightenment. Leibniz and Wolff on China

27.《千手千眼观世音菩萨广大圆满无碍大悲心陀罗尼经：译文、文本分析及其在中国的拜仪研究》

Maria Dorothea，Reis-Habito 译著　　圣奥古斯丁 – 内特塔尔，1993 年

Maria Dorothea，Reis-Habito:

Die Dharani des Großen Erbarmens des Boddhisatva Avalokitesvara mit tausend Händen und Augen. Übersetzung und Untersuchung ihrer textlichen Grundlage sowie Erforschung ihres Kultes in China

28.《南怀仁的〈欧洲天文学〉》

高华士（Noel Golvers）著　　华裔学志与鲁汶南怀仁基金会联合出版，圣奥古斯丁 – 内特塔尔，1993 年

Noel Golvers:

The "Astronomia Europaea" of Ferdinand Verbiest, S. J. (Dillingen, 1687). Text, Translation, Notes and Commentaries

Jointly published by Institut Monumenta Serica, Sankt Augustin and Ferdinand Verbiest Foundation, Leuven

29.《天妃显圣录：引言、译文和注解》

魏道恒（Gerd Wädow）译著　　圣奥古斯丁 – 内特塔尔，1992 年

Gerd Wädow:

T'ien-fei hsien-sheng lu. "Die Aufzeichnungen von der manifestierten Heiligkeit der Himmelsprinzessin". Einleitung, Übersetzung, Kommentar

30.《传教士·科学家·工程师·外交家南怀仁（1623—1688）》

魏若望（John W. Witek）著　　华裔学志与鲁汶南怀仁基金会联合出版，圣奥古斯丁 – 内特塔尔，1994 年

John W. Witek:

Ferdinand Verbiest (1623-1688): Jesuit Missionary, Scientist, Engineer and Diplomat

Jointly published by Institut Monumenta Serica, Sankt Augustin and Ferdinand Verbiest Foundation, Leuven, St. Augustin-Nettetal 1994

31.《当代中国的宗教：政策与实践》

穆蔼仁（Donald MacInnis）著　　圣奥古斯丁 – 内特塔尔，1993 年

Donald MacInnis:

Religion im heutigen China. Politik und Praxis

32.《13 世纪宋伯仁的〈梅花喜神谱〉，一本关于梅花和诗歌的手册》

林山石（Peter Wiedehage）著　　圣奥古斯丁 – 内特塔尔，1995 年

Peter Wiedehage:

Das "Meihua xishen pu" des Song Boren aus dem 13. Jahrhundert. Ein Handbuch zur Aprikosenblüte in Bildern und Gedichten

33.《礼仪之争：历史和意义》

孟德卫（D. E. Mungello）编　　华裔学志与旧金山利玛窦中西文化史研究所联合编辑，旧金山、圣奥古斯丁 – 内特塔尔，1994 年

D. E. Mungello (ed.)：

The Chinese Rites Controversy: Its History and Meaning

Jointly published by Institut Monumenta Serica, Sankt Augustin and The Ricci Institute for Chinese-Western Cultural History

34.《停建"巴别塔"——中国及西方思想研究：献给陶德文（Rolf Trauzettel）教授的纪念专集》

顾英莉（I. Krüßmann）、顾彬（W. Kubin）、和梅勒（Hans-Georg Möller）
编　　圣奥古斯丁 – 内特塔尔，1995 年

Ingrid Krüßmann, Wolfgang Kubin, Hans-Georg Möller:
Der Abbruch des Turmbaus. Studien zum Geist in China und im Abendland.
Festschrift für Rolf Trauzettel

35.《西学与基督宗教在中国：汤若望的贡献和影响（1592—1666）》（1992 年
汤若望国际学术研讨会论文集），2 卷
马雷凯（Roman Malek）编　　中国中心和华裔学志联合出版，圣奥古斯
丁 – 内特塔尔，1998 年

Roman Malek (ed.) :
Western Learning and Christianity in China. The Contribution and Impact of
Johann Adam Schall von Bell (1592-1666)
Jointly published by the China-Zentrum and Monumenta Serica Institute

36.《汪康年和〈时务报〉》
Ewald Heck 著　　圣奥古斯丁 – 内特塔尔，2000 年

Ewald Heck:
Wang Kangnian (1860-1911) und die "Shiwubao"

37.《中国的自然之光：从柏应理的教务报告 Breve relatione 看在中国传教的理
论与实践》
Secondino Gatta 著　　圣奥古斯丁 – 内特塔尔，1998 年

Secondino Gatta:
Il natural lume de Cinesi. Teoria e prassi dell' evangelizzazione in Cina nella
Breve relatione di Philippe Couplet S. I. (1623-1693)

38.《从〈东西文化及其哲学〉看梁漱溟（1893—1988）的生活观和文化观》
魏思齐（Zbigniew Wesolowski）著　　圣奥古斯丁 – 内特塔尔，1997 年

Zbigniew Wesolowski:
Lebens-und Kulturbegriff von Liang Shuming (1893-1988). Dargestellt anhand
seines Werkes Dong-Xi wenhua ji qi zhexue

39.《古代中国的祥瑞和吉兆（汉、三国、六朝）》
李集雅（Tiziana Lippiello）著　　圣奥古斯丁 – 内特塔尔，2001 年

Tiziana Lippiello:

Auspicious Omens and Miracles in Ancient China. Han, Three Kingdoms and Six Dynasties

40.《白话：口语书面化的问题——敦煌变文在词法上的特征研究》

司马涛（Thomas Zimmer）著　　圣奥古斯丁 – 内特塔尔，1999 年

Thomas Zimmer:

Baihua. Zum Problem der Verschriftung gesprochener Sprache im Chinesischen. Dargestellt anhand morphologischer Merkmale in den bianwen *aus Dunhuang*

41.《西周（公元前 1045 ？—公元前 771）封建和封地的研究资料》

乌尔里希·刘（Ulrich Lau）著　　圣奥古斯丁 – 内特塔尔，1999 年

Ulrich Lau:

Quellenstudien zur Landvergabe und Bodenübertragung in der westlichen Zhou-Dynastie (1045? - 771 v. Chr.)

42.《"西儒"艾儒略（1582—1649）以及中国与基督宗教的对话》

李集雅（Tiziana Lippiello ）、马雷凯（Roman Malek）编　　圣奥古斯丁 – 内特塔尔，1997 年

Tiziana Lippiello, Roman Malek (eds.) :

"Scholar from the West." Giulio Aleni S. J. (1582-1649) and the Dialogue between Christianity and China

43.《〈圣经〉在现代中国：文学和智性的激荡》

埃伯（Irene Eber）编　　圣奥古斯丁 – 内特塔尔，1999 年

Irene Eber et al. (eds.) :

Bible in Modern China. The Literary and Intellectual Impact

Sankt Augustin-Nettetal 1999

44.《犹太人和犹太教在传统中国：一个综合参考书目》

李渡南（Donald Daniel Leslie）著　　圣奥古斯丁 – 内特塔尔，1998 年

Donald Daniel Leslie:

Jews and Judaism in Traditional China. A Comprehensive Bibliography

Sankt

45.《和合本与中文圣经翻译》

尤思德（Jost Oliver Zetzsche）著　　圣奥古斯丁 – 内特塔尔，1999 年

Jost Oliver Zetzsche:

The Bible in China: the History of the Union Version or the Culmination of Protestant Missionary Bible Translation in China

46.《犹太人在中国：从开封到上海》

马雷凯编　　华裔学志研究所与中国中心联合出版，圣奥古斯丁 – 内特塔尔，2000 年

Roman Malek (ed.):

From Kaifeng to Shanghai. Jews in China

Joint Publication of the Monumenta Serica Institute and the China-Zentrum

47.《朱宗元（1616—1660）的〈拯世略说〉》

夏多明（Dominic Sachsenmaier）著　　圣奥古斯丁 – 内特塔尔，2001 年

Dominic Sachsenmaier:

Die Aufnahme europäischer Inhalte in die chinesische Kultur durch Zhu Zongyuan (ca. 1616-1660)

48.《君子之光：中国风景画家心中的月亮》

李贞熙（Jeonghee Lee-Kalisch）著　　圣奥古斯丁 – 内特塔尔，2001 年

Jeonghee Lee-Kalisch:

Das Licht der Edlen (junzi zhi guang). Der Mond in der chinesischen Landschaftsmalerei

49.《一世达赖喇嘛根敦朱巴传（1391—1474）》

沈卫荣著　　圣奥古斯丁 – 内特塔尔，2002 年

Shen Weirong:

Leben und historische Bedeutung des ersten Dalai Lama dGe'dun grub pa dpal bzang po (1391-1474)

50.《耶稣基督的中国面孔》第一册

马雷凯（Roman Malek）编　　圣奥古斯丁 – 内特塔尔，2002 年

Roman Malek (ed.) :

The Chinese Face of Jesus Christ, vol. 1

《耶稣基督的中国面孔》第二册

马雷凯（Roman Malek）编　　圣奥古斯丁 – 内特塔尔，2003 年

Roman Malek (ed.) :
The Chinese Face of Jesus Christ, vol. 2

《耶稣基督的中国面孔》第三册上

马雷凯（Roman Malek）编　　圣奥古斯丁 – 内特塔尔，2005 年

Roman Malek (ed.) :
The Chinese Face of Jesus Christ, vol. 3a

《耶稣基督的中国面孔》第三册下

马雷凯（Roman Malek）编　　圣奥古斯丁 – 内特塔尔，2007 年

Roman Malek (ed.) :
The Chinese Face of Jesus Christ, vol. 3b

《耶稣基督的中国面孔》第四册上

马雷凯（Roman Malek）编　　圣奥古斯丁 – 内特塔尔，2015 年

Roman Malek (ed.):
The Chinese Face of Jesus Christ, vol. 4a

51.《相遇与对话：16 至 18 世纪中西交流观的变化》

吴小新编　　圣奥古斯丁 – 内特塔尔，2005 年

Wu xiaoxin (ed.):
Encounters and Dialogues. Changing Perspectives on Chinese-Western Exchanges from the Sixteenth to Eighteenth Centuries

52.《从礼仪化到世俗化:〈诗经〉的形成》

陈致著　　华裔学志与旧金山利玛窦中西文化史研究所联合编辑，圣奥古斯丁 – 内特塔尔，2007 年

Chen Zhi:
The Shaping of the Book of Songs. From Ritualization to Secularization
Jointly published by Institute Monumenta Serica and The Ricci Institute of Chinese-Western Cultural History at the University of San Francisco

53.《万济国〈华语官话词典〉》（卷一：中英文注解；卷二：汉语拼音和英语索引）

柯蔚南（W. South Coblin）著　　圣奥古斯丁 – 内特塔尔，2006 年

W. South Coblin:
Francisco Varo's Glossary of the Mandarin Language
Vol. 1: An English and Chinese Annotation of the *Vocabulario de la Lengua Mandarina*;
Vol. 2: Pinyin and English Index of the *Vocabulario de la Lengua Mandarina*

54.《伊斯兰教在传统中国：一个研究目录指南》

李渡南（Donald Daniel Leslie）、杨大业、Ahmed Youssef 著　　圣奥古斯丁－内特塔尔，2006 年

Donald Daniel Leslie, Yang Daye, Ahmed Youssef:
Islam in Traditional China. A Bibliographical Guide

55.《宽恕我们的罪——明末清初的告解圣事》

钟鸣旦（Nicolas Standaert）、杜鼎克（Ad. Dudink）编　　圣奥古斯丁－内特塔尔，2006 年

Nicolas Standaert, Ad. Dudink (eds.)：
Forgive Us Our Sins. Confession in Late Ming and Early Qing China

56.《李九标的〈口铎日抄〉：明末基督教徒日记》（2 卷，并附导言和注释）

许理和（Erik Zürcher）翻译、导言、注释　　圣奥古斯丁－内特塔尔，2007 年

Translated, with Introduction and Notes by Erik Zürcher:
Kouduo richao. Li Jiubiao's Diary of Oral Admonitions. A Late Ming Christian Journal. 1–2

57.《返回欢乐：中国文学与生活世界的研究及其东西方的容受：顾彬教授纪念专集》

郭尚文（Jari Grosse-Ruyken），Marc Hermann，Christian Schwermann 编
圣奥古斯丁－内特塔尔，2007 年

Jari Grosse-Ruyken Marc Hermann u. Christian Schwermann unter Mitwirkung von Jari Grosse-Kuyken:
Zurük zur Freude. Studien zur chinesischen Literatur und Lebenswelt und ihrer Rezeption in Ost und West
Festschrift fürift für Woffgang Kubin

58.《北宋年间的礼仪争辩：礼仪知识、权力斗争和学术运动》

麦立昂（Christian Meyer）著　　圣奥古斯丁 – 内特塔尔，2008 年

Christian Meyer:

Ritendiskussio-nen am Hof der nördlichen Song-Dynastie 1034-1093: Zwischen Ritengelehrsamkeit, Machtkampf und intellektuellen Bewegungen

59.《基督生平插画：〈进呈书像〉（1640）的历史》

钟鸣旦（Nicolas Standaert）著　　圣奥古斯丁 – 内特塔尔，2007 年

Nicolas Standaert:

An Illustrated Life of Christ Presented to the Chinese Emperor. The History of Jincheng shuxiang(1640)

60.《人与道：中国宗教的新研究——纪念欧大年（Daniel L. Overmyer）论文集》

柯若朴（Philip Clart）、高保罗（Paul Crowe）编　　圣奥古斯丁 – 斯泰勒，内特塔尔，2009 年

Philip Clart and Paul Crowe (Eds.):

The People and the Dao. New Studies in Chinese Religions in Honour of Daniel L. Overmyer

61.《关于亚洲的杂谈：鄂法兰（Françoise Aubin）荣誉纪念文集》

Denise Aigle, Isabelle Charleux, Vincent Goossaert, Roberte Hamayon 编

华裔学志研究所，圣奥古斯丁，斯泰勒 – 内特塔尔，2010 年

Denise Aigle, Isabelle Charleux, Vincent Goossaert and Roberte Hamayon (Eds.):

Miscellanea Asiatica. Mélanges en l'honneur de Françoise Aubin-Festschrift in Honour of Françoise Aubin

62.《中国与基督教的相遇》新修订版，马雷凯编，有补充并附索引

谢和耐（Jacques Gernet）著　　华裔学志研究所，德国圣奥古斯丁 – 斯泰勒，2010 年

Jacques Gernet:

Die Begegnung Chinas mit dem Christentum

Neue, durchgesehene Ausgabe mit Nachträgen und Index

Herausgegeben von Roman Malek

63.《天堂的风采：明初佛教法海寺的壁画和碑文》（2 卷）

Ursula Toyka 著　　华裔学志研究所，圣奥古斯丁，2014 年

Ursula Toyka:

The Splendours of Paradise: Murals and Epigraphic Documents at the Early Ming Buddhist Monastery Fahai Si

64.《论中国古代名家》

Bernard S. Solomon 著　　圣奥古斯丁 – 斯泰勒，内特塔尔，2013 年

Bernard S. Solomon:

On the School of Names in Ancient China

65.《本国的陌生人：中国的基督教史学研究：从梁启超到章开沅》

顾迪康（Dirk Kuhlmann）著　　圣奥古斯丁，2014 年

Dirk Kuhlmann:

Das Fremde im eigenen Lande: Zur Historiographie des Christemtums in China von Liang Qichao (1837-1929) bis Zhang Kaiyuan (geb.1926)

66.《闻父名而悲——中国的避讳学：实现社会价值的一种方式》

顾孝永（Piotr Adamek）著　　圣奥古斯丁，利兹，2015 年

Piotr Adamek:

A Good Son Is Sad if He Hears the Name of His Father. The Tabooing of Names in China as a Way of Implementing Social Values

67.《儒家伦理与西方科学：王国维（1877—1927）及其为近代中国的奋争》

胡秋华著　　圣奥古斯丁 – 劳特利奇，阿宾顿，牛津，2016 年

Hu Qiuhua:

Konfuzianisches Ethos und westliche Wissenschaft. Wang Guowei (1877-1927) und das Ringen um das moderne China

68.《扎根于望德之中——马雷凯 65 华诞纪念文集》（2 卷）

巴佩兰（B. Hoster）、顾迪康（D. Kuhlmann）、魏思齐（Z. Wesołowski）编

圣奥古斯丁 – 劳特利奇，阿宾顿，牛津，2017 年

B. Hoster/ D. Kuhlmann/Z. Wesołowski (Eds.) :

Rooted in Hope. In der Hoffnung verwurzelt. Festschrift in Honor of Roman Malek S. V. D. on the Occasion of His 65th Birthday. Vol. 1. 2

69.《艾儒略〈口铎日抄〉和明末中国福建的儒耶对话》

宋刚著　　圣奥古斯丁 – 劳特利奇，阿宾顿，牛津，2019 年

Song Gang:

Giulio Aleni, Kouduo richao, and Christian-Confucian Dialogism in Late Ming
Fujian

Sankt Augustin - Routledge, Abingdon, Oxon 2019

附录三 《华裔选集》目录（1964—2019）

1.《北京东岳庙和它的传说》（包含 Janet R. Ten Broeck 1927 年对东岳庙的描述，附 20 幅图片）

安妮·S. 古德里奇（Anne Swan Goodrich）著　　名谷屋，1964 年

Anne Swan Goodrich:

The Peking Temple of the Eastern Peak: the Tung-yüeh Miao in Peking and its Lore. with 20 Plates

Appendix: Description of the Tung-yüeh Miao of Peking in 1927

2.《中国地狱：北京十八层地狱庙与中国的地狱观念》

安妮·S. 古德里奇（Anne Swann Goodrich）著　　1981 年德国圣奥古斯丁出版，1989 年重印

Anne Swan Goodrich:

Chinese Hells. The Peking temple of Eighteen Hells and Chinese Conceptions of Hell

3.《圣言会士薛田资（1869—1928）——中国传教士在清帝国和民国》

附 Nachwort von R. G. Tiedemann（伦敦）的后记"中国义和团运动之前山东南部的传教背景"

Stephan Pahl 著，马雷凯编　　内特塔尔，1994 年

Stephan Pahl, Hrsg. von Roman Malek:

Georg M. Stenz SVD (1869-1928). Chinamissionar im Kaiserreich und in der Republik. Mit einem Nachwort von R. G. Tiedemann (London): "Der Missionspolitische Kontext in Süd-Shantung am Vorabend des Boxeraufstands in China"

4.《中国个案：中国语境中的宗教、神学和教会（天主教与基督教）论文集》

马雷凯编　　中国中心出版，圣奥古斯丁–内特塔尔，1996 年

Roman Malek (Hrsg.):

"Fallbeispiel" China. Ökumenische Beiträge zu Religion, Theologie und Kirche im chinesischen Kontext

5.《白绿黑上海木刻集 1940—1949》

David Ludwig Bloch 原作，巴佩兰、马雷凯、翁嘉玲编　　华裔学志研究所
与中国中心联合出版，圣奥古斯丁 – 内特塔尔，1997 年

David Ludwig Bloch:
Holzschnitte. Woodcuts. Shanghai 1940-1949
Hrsg. von Barbara Hoster, Roman Malek und Katharina Wenzel-Terber
Eine gemeinsame Veröffentlichung des Instituts Monumenta Serica und des
China-Zentrums

6.《香港：过渡时期的教会和社团，材料和文献汇编》

马雷凯编　　华裔学志研究所与中国中心联合出版，圣奥古斯丁 – 内特塔
尔，1997 年

Roman Malek (Hrsg.):
Hongkong. Kirche und Gesellschaft im Übergang. Materialien und Dokumente
China-Zentrum

7.《澳门：温故以知新论文集》

马雷凯编　　华裔学志研究所与中国中心联合出版，圣奥古斯丁 – 内特塔
尔，2000 年

Roman Malek (Hrsg.):
Macau: Herkunft ist Zukunft
Eine gemeinsame Veröffentlichung des Instituts Monumenta Serica und des
China-Zentrums

8.《南怀仁（1707—1787）：南京的主教和他发自中国的信件》（由 Stephab
　Pull，Sigismund Freiherr 等翻译整理）

马雷凯编　　华裔学志研究所出版，德国圣奥古斯丁 – 内特塔尔，2000 年
Roman Malek (Hrsg.):
*Gottfried von Laimbeckhoven S. J. (1707-1787). Der Bischof von Nanjing und
seine Briefe aus China mit Faksimile seiner Reisebeschreibung*
Transkribiert und bearbeitet von Stephab Pull (1941-1997) und Sigismund
Freiherr von Elverfildt-Ulm unter Mitwirkung von Gerhard Zeilinger. Zum Druck
vorbereitet und herausgegeben von Roman Malek

9.《卫匡国（1614—1661）及其 17 世纪在中国的传教》

马雷凯、Arnold Zingerle 编　　华裔学志研究所出版，圣奥古斯丁－内特塔尔，2000 年

Herausgegeben von Roman Malek, Arnold Zingerle(Hrsg.):
Martino Martini S. J. (1614-1661) und die Chinamission im 17. Jahrhundert

10.《钦天监监正戴进贤（1680—1746）的生平和事业》

Christan Stücken 著　　华裔学志研究所编辑出版，圣奥古斯丁－内特塔尔，2003 年

Christan Stücken:
Der Mandarin des Himmels. Zeit und Leben des Chinamissionars Ignaz Kögler S. J. (1680-1746)

11.《那不勒斯的中国学院及其更名为东方学院的历史》

芮侃如（Karl Josef Rivinius）著　　华裔学志研究所编辑出版，圣奥古斯丁－内特塔尔，2004 年

Karl Josef Rivinius:
Das Collegium Sinicum zu Neapel und seine Umwandlung in ein Orientalisches Institut. Ein Beitrag zu seiner Geschichte

12.《从大陆到台湾：历史学、人类学和宗教学的观察（论文集）》

Elenaor Morris Wu 编　　华裔学志研究所出版，圣奥古斯丁－内特塔尔，2003 年

Elenaor Morris Wu:
From China to Taiwan. Historical, Anthropological, and Religious Perspectives

13.《影响、翻译和比较：〈圣经〉在中国》

高利克（Marián Gálik）著　　华裔学志研究所编辑出版，圣奥古斯丁－内特塔尔，2004 年

Marián Gálik:
Influence, Translation, and Parallels. Selected Studies on the Bible in China

14.《郭实猎（1803—1851）与东亚基督教——在传教士与文化之间》

孔正滔、Reinhard Zöllner 著　　华裔学志研究所编辑出版，圣奥古斯丁－斯泰勒，内特塔尔，2005 年

Thoralf Klein, Reinhard Zöllner:

Karl Gützlaff (1803-1851) und das Christentum in Ostasien. Ein Missionar zwischen den Kulturen

15.《景教：东方教会在中国与中亚》论文集

马雷凯编　华裔学志研究所出版，圣奥古斯丁 – 斯泰勒，内特塔尔，2005 年

Roman Malek (ed.):

Jingjiao. The Church of the East in China and Central Asia

16.《基督宗教在中国的本地化：以现代的视角来评估》

王成勉（Peter Chen-Main Wang）编　华裔学志研究所出版，圣奥古斯丁 – 斯泰勒，内特塔尔，2005 年

Peter Chen-Main Wang (ed.):

Contextualization of Christianity in China. An Evaluation in Modern Perspective

17.《卫礼贤（1873—1930）：到中国的传教士以及中国精神文化的传播者》

魏汉茂（Hartmut Walravens）著，司马涛（Thomas Zimmer）协助

华裔学志研究所出版，圣奥古斯丁 – 斯泰勒，内特塔尔，2005 年

Hartmut Walravens mit einem Beitrag von Thomas Zimmer:

Richard Wilhelm (1873-1930). Missionar in China und Vermittler chinesischen Geistesguts

18.《两个世界的回忆：个人生命的旁白》

傅兰阁（Otto Franke）著，傅复生（Rennta Fu-sheng Franke）、傅吾康（Wolfgang Franke）编　华裔学志研究所出版，圣奥古斯丁 – 斯泰勒，内特塔尔，2009 年

Otto Franke:

"Sagt an, ihr fremden Lande". Ostasienreisen. Tagebücher und Fotografien (1888-1901)

Rennta Fu-sheng Franke, Wolfgang Franke (Hrsg.)

19.《烛颂：与中国的交往与友谊——梁作禄（Angelo Lazzarotto）荣誉纪念文集》

马雷凯（Roman Malek）、柯毅霖（Gianni Criveller）编　　华裔学志研究所出版，圣奥古斯丁－斯泰勒，内特塔尔，2009 年

Roman Malek, Gianni Criveller (eds.):

Light a Candle. Encounters and Friendship with China. Festschrift in Honour of Angelo Lazzarotto P. I. M. E.

20.《生活在冲突中：作为传教士和汉学家的鲍润生神父（1878—1936）》

柯慕安（Miroslav Kollár）著　　华裔学志研究所出版，圣奥古斯丁－斯泰勒，内特塔尔，2011 年

Miroslav Kollár:

Ein Leben im Konflikt. P. Franz Xaver Biallas SVD (1878-1936). Chinamissionar und Sinologe im Licht seiner Korrespondenz

21.《汉语：事实与神话》

约翰·德范克（John DeFrancis）著，Stephan Puhl 译

华裔学志研究所编辑出版，圣奥古斯丁－斯泰勒，内特塔尔，2011 年

John De Francis:

Die chinesische Sprache. Fakten und Mythen

Übersetzt von Stephan Puhl (1941-1997)

22.《跨越宗教差异：19 世纪中国新教传教士的基督教福音翻译事业》

黎子鹏（John T. P. Lai）著　　华裔学志研究所编辑出版，圣奥古斯丁－斯泰勒，内特塔尔，2012 年

John T. P. Lai:

Negotiating Religious Gaps. The Enterprise of Translating Christian Tracts by Protestant Missionaries in Nineteenth-Century China

Monumenta Serica Institute, Steyler Verlag, Sankt Augustin, 2012

23.《欧洲与中国相遇：17 世纪中欧交流的开端》（论文集）

黄淑娟（Shu-Jyuan Deiwiks）、傅熊（Bernhard Fuhrer）、高伊棱（Therese Geulen）编　　华裔学志研究所编辑出版，圣奥古斯丁，2014 年

Shu-Jyuan Deiwiks, Bernhard Fuhrer , Therese Geulen (Eds.):

Europe meets China. China meets Europe. The Beginnings of European-Chinese Scientific Exchange in the 17th Century

24.《汉语族：对汉学语言学的贡献》

金思德（Mieczysław Jerzy künstler）著　　华裔学志研究所编辑出版，圣
奥古斯丁，罗德里奇（Routledge）国际出版，2019 年

Mieczysław Jerzy künstler:
The Sinitic Languages. A Contribution to Sinological Linguistics
Sankt Augustin, Abingdon, Oxon 2019

人名译名对照表

A

阿巴亥　Abahai

阿洛托　Anthony Arlotto

阿列克　V. Alekseev

埃伯　Irene Eber

艾伯华　Wolfram Eberhard

艾尔曼　Benjamin A. Elman

艾克　Gustav Ecke

艾兰　Sarah Allan

艾默力　Emmerich Reinhard

艾儒略　Giulio Aleni

艾士宏　Werner Eichhorn

艾思柯　Ayscough Florence

安东　Anton

安东尼乌提　Ildebrando Antoniutti

安多　Antoine Thomas

安妮·古德里奇　Anne P. S. Goodrich

安文思　Gabriel de Magalhães

安治泰　J. B. Anzer

奥图尔　George O'Toole

B

巴赫霍芬　Ludwig Bachhofen

巴里·斯特本　Barry Steben

巴纳　Noel Barnard

巴佩兰　Barbara Hoster

巴思巴　Hpags-pa

芭芭拉　Barbara Hendrischke

白晋　Joachim Bouvet

白乐日　Stefan Balázs

白润德　Daniel Bryant

白若思　Rostislav Berezkin

柏瑞安　Liam Matthew Brockey

柏应理　Philippe Couplet

包弼德　Peter K. Bol

包华石　Martin J. Powers

包如廉　Julian F. Pas

保罗·博尼特　Paul Bornet

保罗·罗尔巴赫　Paul Rohrbach

鲍德姆斯　Johannes Bodems

鲍国义　Kuo-yi Pao

鲍培　Nicholas Poppe

鲍润生　Franz Xaver Biallas

鲍吾刚　Wolfgang Bauer

比亚乔·马林　Biaggio Marin

俾斯麦　Otto Eduard Leopold von
　　Bismarck

毕罗　Pietro De Laurentis

伯纳德·所罗门　Bernard S. Solomon

伯希和　Paul Pelliot

博格曼　Arnold Burgmann

卜恩礼　Heinrich Busch

卜乐天　William Bruell

卜弥格　Michael Boym

卜松山　Karl-Heinz Pohl

布贝尔　Martin Bube

布鲁姆　Nikolaus Blum

布鲁诺·辛德勒　Bruno Schindler

布绥尔（又译布舍尔）　Stephen W.
　　Bushell

C

蔡宁　Maria Zanin

蔡宗齐　Zongqi Cai

常志静　Florian C. Reiter

晁德莅　Angelo Zottoli

陈观胜　Kenneth Ch'en

陈汉文　Hon-Man Chan

陈鸿舜　H. S. Chen

陈金　Alan K. L. Chan

陈纶绪　Albert Chan

陈明錄　Ming K. Chan

陈启云　Ch'i-Yün Ch'en

陈荣开　Charles Wing-hoi Chan

陈伟强　Timothy Wai-keung Chan

陈英杰　Ying-Kit Chan

程思丽　Sally K. Church

D

达第斯　John W. Dardess

戴何都　Robert des Rotours

戴进贤　Ignaz Kögler

戴卡琳　Carine Defoor

戴乐　Romeyn Taylor

戴梅可　Michael Nylan

戴密微　Paul Demievlle

戴闻达　J. J. L. Duyvendak

德礼贤　Pasquale de Elia

德鲁　Isabella Drew

德西德里　I. Desideri

邓如萍　Ruth W. Dunnell

邓玉函　Johann Schreck

狄德满　R. G. Tiedemann

狄仁吉　J. B. Thierry

杜博妮　Bonnie S. Mcdougall

杜博斯克　Duboscq André

杜鼎克　Adrian Dudink

杜赫德　J. B. du Halde

杜默林　Heinrich Dumoulin

杜润德　Stephen W. Durrant

渡边惠子　Watanabe Keiko

敦林格　Paul B. Denlinger

多罗（又译铎罗）　Charles-Thomas Maillard de Tournon

多米尼克·施罗德　Dominik Schröder

E

鄂法兰　Francoise Aubin

F

法夸尔　M. D. Farquar

范德本　Harrie Vanderstappen

范可法　M. Van der Valk

范礼安　Alexandre Valignani

方博源　J. Michael Farmer

方立中　J. Brandt

方妮安　Newell Ann Van Auken

方兴圆　Robert Poor

方志浵　Achilles Fang

费凯　Kai Filipiak

费乐仁　Laurent F. Pfister

丰浮露（又译范佛）　Eugen Feifel

冯兆基　Edmund S. K. Fung

佛尔克　Alfred Forke

弗朗茨·克萨韦尔（即鲍润生）

Franz Xaver

弗里茨　Fritz Busch

弗里茨·鲍乃曼　Fritz Bornemann

弗里德里希·韦勒　Friedrich Weller

弗吕克　Peter Flueckiger

伏开鹏　John Fu

福开森　John C. Ferguson

福克司（又译福华德）Walter Fuchs

福若瑟　J. Freinademetz

傅恩　Lois Fusek

傅泛际　Francisco Furtado

傅复生　Rennta Fu-sheng Franke

傅海波　Herbert Franke

傅兰阁　Otto Franke

傅兰雅　John Fryer

傅路德　L. Carrington Goodrich

傅圣泽　Jean-FranÇois Foucquet

傅吾康　Wolfgang Franke

傅熊　Bernhard Fuhrer

富善　Chauncey S. Goodrich

G

盖尔·金　Gail King

刚本敬二　Okamoto Yoshiji

刚恒毅　Celso Benigno Luigi Costantini

钢和泰　Baron Alexander von Stael-Holstein

高保罗　Paul Crowe

高本汉　Bernhard Karlgren

高达　F. Anthony Cotta

高岛谦一　Takashima Ken-ichi

高华士　Noël Golvers

高利克　Marián Gálik

高罗佩　R. H. Van Gulik

高马士　Josef Kolmaš

高幕轲　Michael Gasster

高仁安　Jan Konior

高思曼　Robert H. Gassmann

高杏佛　Cordula Gumbrecht

高延（又译格罗鲁特）　J. J. Maria de Groot

高一志　Alfonso Vagnone

高伊棱　Therese Geulen

高主教　Bishop Raimondi

葛尔慈　Joseph Goertz

葛兰言　Marcel Granet

葛林德　Josef Grendel

葛维达　Svetlana Rimsky-Korsakoff Dyer

顾彬　Wolfgang Kubin

顾迪康　Dirk Kuhlmann

顾立雅　Herrlee Glessner Creel

顾路柏　Wilhelm Grube

顾若愚　Hermann Köster

顾史考　Scott Cook

顾孝永　Piotr Adamek

顾英莉　I. Krußmann

郭尚文　Jari Grosse-Ruyken

郭实猎　Karl Friedrich August Gützlaff

H

哈里斯　George L. Harris

海贵春　Matthias Hermanns

海尼士　Erich Haenisch

海陶玮　James Robert Hightower

海西希　Walter Heissig

韩德力　Jerome Heyndrickx

韩禄伯　Robetr G. Henricks

韩宁镐　Augustin Henninghaus

韩献博　Bret Hinsch

韩志吾　Han Tse-wu

韩子奇　Tze-ki Hon

汉斯·斯丁格　Hans Steininger

郝理庵　Leon Hurvitz

郝斯科维茨　Herskovits

何博礼　R. Hoeppli

何尔曼　Thomas O. Höllmann

何可思　Eduard Erkes

何弥夏　Michael Höckelmann

何庆昌　Ho Hing-Cheong

何洵怡　Shun-Yee Ho

何瞻　James M. Hargett

贺碧来　Isabelle Robinet

贺戴维　David Holm

贺登崧　W. Grootaers

贺歌南　Joseph Van Hecken

贺麦晓　Michel Hockx

赫德　Johann Gottfired Herder

赫尔曼　Albert Herrmann

赫米耶莱夫斯基　Janusz Chmielewski

黑格尔　Georg Wilhelm Friedrich Hegel

亨利·魏智　Henri Vetch

洪怡沙　Isabelle Ang

侯道儒　Douglas Skonicki

侯感恩　G. N. Kates

后藤基已　Gotō Motomi

后藤均平　Gotō Kimpei

胡宝柱　Anthony Hu

胡鲁士　Kroes

胡梅尔　Siegbert Hummel

胡若诗　Florence Hu-Sterk

胡司德　Roel Sterckx

花之安　Ernst Faber

华澜　Alain Arrault

黄淑娟　Shu-Jyuan Deiwiks

黄文江　Man Kong Wong

黄秀魂　Shirleen S. Wong

黄蕴智　Wan-Chi Wong

黄作根　Tso-kan Huang

惠泽霖　H. Verhaeren

J

吉尔　Wilhelm Gier

纪安诺　Enno Giele

季博思　Donald A. Gibbs

加里·阿巴克尔　Gary Arbuckle

江日新　Ryh-shin Jiang

蒋达士　Edgar Taschdjian

蒋复聪　Chiang Fu-Tsung

金介甫　Jeffrey C. Kinkley

金尼阁　Nicolas Trigault

金鹏程　Paul Rakita Goldin

金思德　Mieczysław Jerzy künstler

金炫瑱　K. H. J. Gardiner

金永植　Yung Sik Kim

金直　Lutz Geldsetzer

井原西鹤　Saikaku Ihara

K

卡本伯格　A. Gro Kappenberg

卡尔·宾格尔　Karl Bünger

凯特·芬斯特布什　Käte Finsterbusch

康达维　David R. Knechtges

康蕊君　Regina Krahl

康时登　Eleanor von Erdberg Consten

康士林　Nicholas Koss

柯阿米拉　Amira Katz-Goehr

柯博识　Jacques Kuepers

柯克兰　Russell Kirkland

柯兰霓　Claudia Von Collani

柯理　Clemens Treter

柯慕安　Miroslav Kollár

柯睿　Paul W. Kroll

柯若朴　Philip Clart

柯书斐　Sophia Katz

柯蔚南　Weldon South Coblin

柯毅霖　Gianni Criveller

科尔博　Raimund Kolb

科尔德霍夫　Hildegard Coldehoff

克拉克　Cyril Drummond le Gros Clark

克里夫·金　Clifford King

克维林　Michael Quirin

孔达　Victoria Contag

孔好古　August Conrady

孔维雅　Livia Köhn

库恩　Franz Kuhn

L

拉尔夫　Pater Ralph

拉尔夫·宰肯　Ralph E. Thyken

莱布尼茨　Gottfried Wilhelm Leibniz

莱辛　Lessing

赖品超　Lai Pan-Chiu

兰黎　Harry M. Lamley

兰卡斯特　Lewis R. Lancaster

蓝厚理　Harry J. Lamley

郎宓榭　Michael Lackner

郎世宁　Giuseppe Castiglione

劳斐（又译劳费尔）Berthold Laufer

劳伦辛　Laurentian

劳悦强　Yuet Keung Lo

雷焕章　Jean A. Lefeuvre

雷冕　Rudolf Rahmann

雷明萱　Lee Rainey

雷鸣远　F. Vincent Lebbe

雷慕沙　Jean Pierre Abel Remusat

蕾那·汉森　Leina Hanson

黎辉杰　Hui-Chieh Loy

黎子鹏　John T. P. Lai

李安琪　Antje Richter

李嘉乐　A. Rygaloff

李焯然　Cheuk-yin Lee

李渡南　Donald Daniel Leslie

李贵生　Kwai Sang Lee

李鹤洙　Peter H. Lee

李鸿坤　Bony Schachter

李华德　Walter Liebenthal

李集雅　Tiziana Lippiello

李嘉琳　Kathlyn Liscomb

李孟涛　Matthias Richter

李希和（又译李希霍芬）　Ferdinand
　von Richthofen

李约瑟　Joseph Terence Montgomery
　Needham

李贞熙　Jeonghee Lee-Kalisch

理雅各　James Legge

利类思　Lodovico Buglio

利玛窦　Matteo Ricci

梁作禄　Angelo Lazzarotto

林蔼士　Arthur E. Link

林山石　Peter Wiedehage

林悟殊　Wushu Lin

林仰山　F. S. Drake

林毓生　Yü-Sheng Lin

林宗正　Tsung-Cheng Lin

刘绍铭　Joseph S. M. Lau

刘述先　Shu-hsien Liu

刘松龄　Augustin Ferdinand von
　Hallerstein

刘元珠　Yuan-Chu Lam

卢安德　Andrzej Rudomina

鲁保禄　Paul Rule

鲁道夫　Richard C. Rudolph

鲁克斯　Klaas Ruitenbeek

鲁惟一　Michael Loewe

鲁雅文　Erwin Rousselle

罗伯特·克劳福德　Robert B.
　Crawford

罗度华　Eduard Kroker

罗杰瑞　Jerry Norman

罗明坚　Michele Ruggieri

罗思文　Henry Rosemont

罗斯纳　Erhard Rosner

罗泰　Lothar Von Falkenhausen

罗文达　Rudolf Loewenthal

罗依果　Igor de Rachewiltz

罗逸民　Erwin Reifler

罗越　Max Loehr

M

马伯乐　Henri Maspero

马定　Desmond Martin

马几道　Gilbert L. Mattos

马兰安　Anne Mclaren

马雷凯　Roman Malek

马明哲　Matteo Nicolini-Zani

马瑞志　Richard B. Mather

马思劻　Thomas Michael

马西尼　Federico Masini

玛德琳　Madeline K. Spring

麦笛　Dirk Meyer

麦立昂　Christian Meyer

满德贻　Montaigne

曼　Albert Mann

梅道芬　Ulrike Middendorf

梅勒　Hans-Georg Moller

梅欧金　Eugenio Menegon

梅谦立　Thierry Meynard

梅塞泽尔　R. O. Meisezahl

梅维恒　Victor H. Mair

梅原末治　Sueji Umehara

梅约翰　John Makeham

梅祖麟　Tsu-Lin Mei

孟德卫　David E. Mungello

弥维礼　Wilhelm K. Müller

米丹尼　Daniel Mcmahon

米勒　Roy A. Miller

米欧敏　Olivia Milburn

米仕　John L. Mish

苗德秀　Theodor Mittler

闵道安　Achim Mittag

闵明我　Domingo Fernández Navarre

闵宣化　Jos. Mullie

缪勒　R. Mueller

穆蔼仁　Donald MacInnis

穆尔菲　Joseph Murphy

穆尼阁　Jan Smogulecki

穆四基　John Meskill

N

南怀仁　Ferdinand Verbiest

南傚伯　Michael Kropp

倪豪士　William H. Nienhauser

倪雅梅　Amy Mcnair

诺沃特纳　Zdenka Novotná

O

欧大年　Daniel L. Overmyer

欧经朋　Garret P. S. Olberding

欧思德　Francis Oster

P

潘凤娟　Feng-chuan Pan

潘瞻睦　James B. Parsons

裴德　Dulcissima

裴德生　Willard Peterson

裴化行　Henri Bernard

佩特斯　Hermes Peeters

皮尔兹　Erich Pilz

蒲立本　E. G. Pulleyblank

普日吾斯基　Przyluski

普塔克　Roderich Ptak

Q

齐德芳　Franz Giet

钱德梁　Erica Fox Brindley

强一宏　Ch'iang I-Hung

乔恩贝克　K. Groenbech

乔伟　J. W. Chiao

桥本万太郎　Hashimoto Mantarō

秦家懿　Julia Ching

R

荣振华　Joseph Dehergne

儒莲　Stanislas Julien

芮歌尼　F. Harold Regney

芮侃如　Karl Josef Rivinius

S

萨达利　Hans Zacharias Conrad Ernest

萨莫林　William Samolin

塞德拉切克　Kamil Sedláček

沙其敏　Melvin P. Thatcher

沙畹（又译沙望）　Edouard Chavannes

山下泰藏　Taizo Yamashita

什切希尼亚克　Szczesniak Boleslaw

师觉月　P. C. Bagchi

施寒微　Helwig Schmidt-Glintzer

石德懋　A. De Smedt

石眉鸣　Gerhard Schreiber

石坦安　Steinen Diether

史安梅　Angelika C. Messne

史华罗　Panlo Santangel

史景成　C. C. Shih

史禄国　S. M. Shirokogorov

史图博　H. Stuebel

舒德禄　Thodoro Schu

舒斯特　Carl Schuster

司礼义　Paul L.-M. Serruys

司律思　Henry Serruys

司马涛　Thomas Zimmer

司马懿　Chloë Starr

司泰莱　Erzabt Stehle

司徒修　Hugh M. Stimson

司徒资　Joseph Stuls

思风　Viatcheslav Vetrov

斯文·赫定（又译海定）　Sven Anders Hedin

苏德朴　Stephen Eskildsen

苏费翔　Christian Soffel

苏兰　Zuzana Kadlecová-Krylová

苏其康　Francis K. H. So

孙志文　Arnold Sprenger

索伯　Alexander C. Soper

索菲亚·卡琳　Sophia-Karin Psarras

T

谭国根　Kwok-Kan Tam

谭伟伦　Wai-lun Tan

汤普森　Laurence G. Thompson

汤若望　Johann Adam Schall von Bell

唐恩　Willy Tonn

唐纳德·帕拉贡　Donold Paragon

陶德曼　Oskar Paul Trautmann

陶德文　Rolf Trauzettel

田浩　Hoyt Cleveland Tillman

田清波　Antoine Mostaert

田执中　F. Théry

铁爱东　Joseph Thiel

涂经诒　Ching-I Tu

托马勒　Thomala

W

万济国　Francisco Varo

汪荣祖　Young-Tsu Wong

王成勉　Peter Chen-Main Wang

王富文　Nicholas Tapp

王岗　Richard G. Wang

王国尧　Kwok-Yiu Wong

王际真　Wang Qichen

王士元　William S-Y. Wang

王西里（又译瓦西里耶夫）　Vasil'ev

威廉·欧特曼　W. Othmer

威廉·施密特　Wilhelm Schmidt

威廉·史密斯　William Smith

韦礼文　Oliver Weingarten

维昌禄　Georg Weig

卫德明　Hellmut Wilhelm

卫匡国　Martino Martini

卫礼贤　Richard Wilhelm

魏道恒　Gerd Wädow

魏汉茂　Hartmut Walravens

魏宁　Nicholas Morrow Williams

魏丕信　Pierre-Etienne Will

魏若望　John W. Witek

魏思齐　Zbigniew Wesolowski

文青云　Aat Vervoorn

文树德　Paul U. Unschuld

翁嘉琳　Katharina Wenzel-Teuber

沃尔夫　Wolff Christian

沃尔特·鲁本　Ruben Walter

乌尔里希·刘　Ulrich Lau

乌雷　Uray Géza

吴伏生　Fu-sheng Wu

吴和　Jaromír Vochala

吴淑惠　Shu-hui Wu

吴有能　William Ng

伍伯常　Ng Pak-Sheung

X

西肋常记　Tsuneki Nishiwaki

西斯托·罗索　A. Sisto Rosso

席弗林·陶伯　Severin Tauber

夏白龙　Jablonski Witold

夏多明（又译多米尼克·萨克森迈尔）Dominic Sachsenmaier

夏富　Robert Shafer

夏颂　Patricia Sieber

萧公权　Kung-Ch'üan Hsiao

小川环树　Ogawa Tamaki

小山富士夫　Koyama Fujio

谢和耐　Jacques Gernet

谢礼士　Ernst Scherlitz

徐诚彬　Sungbin Suh

徐道邻　Dau-Lin Hsü

徐中约　Immanuel C. Y. Hsu

许理和　Erik Zürcher

薛爱华　Edward H. Schafer

薛光前　Paul K. T. Sih

薛田资　Georg M. Stenz

Y

雅沃尔斯基　Jan Jaworski

严池　Augustin Jaensch

严嘉乐　Karel Slavíček

颜复礼　Fritz Jäger

阳玛诺　Emmanuel Diaz

杨福绵　Paul Yang

杨富雷　Fredrik Fällman

杨富森　Richard F. S. Yang

杨生　Arnold Janssen

叶崇贤　Giovanni Battista Maoletti de Serravalle

叶慈　Perceval W. Yetts

叶德礼　Matthias Eder

叶格正　Henrik Jager

叶翰　Hans Van Ess

叶理绥　Serge Elisseev

伊丽莎白　Elisabeth

伊塞　Gad C. Isay

伊索·克恩　Iso Kern

伊藤仁斋　Ito Jinsai

伊娃卡夫　Eva Kraft

义律　Charles Elliot

易卜生　Henrik Ibsen

殷铎泽　Prospero Intorcetta

英千里　Ying Ts'ien-li

尤锐　Yuri Pines

尤思德　Jost Oliver Zetzsche

袁同礼　Yuan Tung-Li

约翰·德范克　John DeFrancis

约翰·克鲁格　John R. Krueger

约翰·维格　Johann Weig

约翰内斯·贝克曼　Johannes Beckmann

约翰内斯·马林格　Johannes Maringer

约瑟·埃尔霍夫　Joseph Eierhoff

约瑟夫·洛克　Josef Franz Karl Rock

约瑟夫·约翰·思贝　Joseph John Spae

Z

赞克　Erwin Ritter von Zach

詹姆斯·海阿尔　James A. Heiar

湛约翰　John Chalmers

张光远　Kuang Yuan Chang

章沧授　Cangshou Zhang

沼沢　P. Numazawa

赵元任　Yuen Ren Chao

郑寿麟　Cheng Shou-lin

郑用重　Edward Y. J. Chung

钟鸣旦　Nicolas Standaert

周鸿翔　Hung-Hsiang Chou

周永昭　Diana Yeongchau Chou

祝平次　Ping-Tzu Chu

庄锦章　Kim-chong Chong

图书在版编目（CIP）数据

《华裔学志》研究／任大援主编 . —北京：商务印书馆，
2020

ISBN 978 - 7 - 100 - 15319 - 5

Ⅰ.①华…　Ⅱ.①任…　Ⅲ.①汉学—期刊—研究—中国
Ⅳ.① K207.8-55

中国版本图书馆 CIP 数据核字（2017）第 224886 号

《华裔学志》研究

任大援 主编

商 务 印 书 馆 出 版
（北京王府井大街 36 号　邮政编码 100710）
商 务 印 书 馆 发 行
北京顶佳世纪印刷有限公司印刷
ISBN 978 - 7 - 100 - 15319 - 5

2020 年 11 月第 1 版	开本 710×1000　1/16
2020 年 11 月北京第 1 次印刷	印张 24¼

定价：118.00 元